O que as pessoas estão falando sobre
Key Account Management

"Seguindo uma abordagem sistemática, que combina *insights* do mundo real com pesquisas acadêmicas, este livro é um recurso confiável sobre Key Account Management (KAM)."

Mark Johnston
Professor na Rollins College e Coautor
dos livros-textos mais citados do mundo

"Baseado em teoria consagrada, este livro é um guia prático inestimável sobre Key Account Management (KAM). Coletânea rara de conhecimentos e *insights* sobre KAM, é de grande valor para profissionais e estudantes, altamente recomendado para quem aspira a um diploma da AKAM. Malcolm McDonald e Beth Rogers estão entre os primeiros praticantes e estudiosos a pesquisar e validar o KAM, fazendo importantes contribuições para essa disciplina profissional que ainda é mal compreendida pela maioria das empresas."

Dra. Diana Woodburn
Chairman na Association for
Key Account Management – AKAM

"Este livro é um trabalho atualizado e abrangente sobre Key Account Management (KAM). Seu referencial teórico e suas ideias práticas, além da *expertise* e da paixão dos autores, oferece aos leitores uma ferramenta de aprendizado envolvente para o KAM eficaz."

"Achei este livro agregador e instigante na medida em que oferece novos *insights* sistêmicos sobre Key Account Management (KAM). É leitura obrigatória para todos que trabalham como *key account manager* (gerente de clientes estratégicos) ou que pretendem implementar o KAM em suas organizações."

Dr. Kenneth Le Meunier-FitzHugh
Senior Lecturer em Marketing na University of East Anglia

"Key Account Management (KAM) é cada vez mais importante para o sucesso das empresas. Excelente combinação de teoria e prática de *key account* (contas estratégicas), este livro é indispensável para todos os líderes de negócios."

Nick Porter
Chairman na Association of Professional Sales

KAM

KEY
ACCOUNT
MANAGEMENT

EDITOR
Marcelo Amaral de Moraes

REVISÃO TÉCNICA
Marcelo Amaral de Moraes

ASSISTENTE EDITORIAL
Vanessa Cristina da Silva Sá

REVISÃO
Lúcia Assumpção

CAPA
Diogo Droschi

DIAGRAMAÇÃO
Larissa Carvalho Mazzoni

Dados Internacionais de Catalogação na Publicação (CIP)
(Câmara Brasileira do Livro, SP, Brasil)

McDonald, Malcolm

KAM : Key Account Management : como gerenciar os clientes estratégicos da sua empresa para vender mais e melhor / Malcolm McDonald, Beth Rogers ; tradução Afonso Celso da Cunha Serra. -- 1. ed. -- São Paulo : Autêntica Business, 2019.

Título original: Malcolm McDonald on Key Account Management.

ISBN 978-85-513-0473-0

1. Administração de vendas 2. Clientes - Contatos 3. Marketing 4. Planejamento estratégico 5. Vendas e vendedores I. Rogers, Beth. II. Título.

18-23026

CDD-658.8

Índices para catálogo sistemático:
1. Marketing : Estratégias : Gestão empresarial :
Administração   658.8
Iolanda Rodrigues Biode - Bibliotecária - CRB-8/10014

A **AUTÊNTICA BUSINESS** É UMA EDITORA DO **GRUPO AUTÊNTICA**

São Paulo
Av. Paulista, 2.073
Conjunto Nacional, Horsa I
23º andar . Conj. 2310 - 2312
Cerqueira César . 01311-940
São Paulo . SP
Tel.: (55 11) 3034 4468

Belo Horizonte
Rua Carlos Turner, 420
Silveira . 31140-520
Belo Horizonte . MG
Tel.: (55 31) 3465 4500

www.grupoautentica.com.br

MALCOLM MCDONALD
BETH ROGERS

KAM

KEY
ACCOUNT
MANAGEMENT

Como **gerenciar** os
clientes estratégicos da sua empresa
para **vender mais** e **melhor**

TRADUÇÃO Afonso Celso da Cunha Serra

autêntica
BUSINESS

Sumário

Sobre os autores

Este livro foi escrito por dois autores apaixonados por ajudar organizações a crescer. Passamos mais de 20 anos pesquisando, lecionando e prestando consultoria sobre Key Account Management (KAM).

Professor Malcolm McDonald MA (Oxon), MSc, PhD, DLitt, DSc

Malcolm é professor emérito da Cranfield University School of Management, e professor honorário da Warwick Business School.

Malcolm tem pós-graduação em English Language and Literature pela University of Oxford; em Business Studies pela Bradford University Management Center, e tem PhD pela Cranfield University. Escreveu mais de 40 livros, inclusive o best-seller *Marketing Plans: How to Prepare Them, How to Use Them*, e mais de cem artigos e *papers*.

Com antecedentes profissionais em negócios, que incluem muitos anos como diretor de marketing da Canada Dry, Malcolm mantém vínculos estreitos entre o rigor acadêmico e a prática profissional. Presta consultoria a muitas empresas de grande porte do Reino Unido, Europa, Estados Unidos, Extremo Oriente, Sudeste Asiático, Austrália e África, nas áreas de estratégia e planejamento de marketing, segmentação de marketing, KAM, marketing internacional e *marketing accountability*.

Malcolm é *Chairman* da Malcolm McDonald Consulting Ltd e trabalha com a diretoria de muitas das maiores multinacionais do mundo.

Beth Rogers BA, MBA, PhD, PFHEA

Beth Rogers foi, recentemente, chefe do Grupo Disciplinar de Marketing e Vendas da University of Portsmouth Business School.

É mais conhecida por ter introduzido cursos de vendas na educação superior do Reino Unido. A Portsmouth foi a primeira e ainda é uma das poucas universidades do Reino Unido a ser reconhecida como "top sales School" pela Sales Education Foundation, em âmbito global. Ela é "visiting fellow" da Cranfield University School of Management. A primeira pós-graduação de Beth foi em Politics with International Studies (Warwick), e ainda tem MBA por Cranfield. O tema de sua tese de doutorado foi decisões sobre recursos na função de vendas. É *principal fellow* da Higher Education Academy, em reconhecimento não só por sua reputação na área, mas também por suas realizações em aprendizado inovador, métodos didáticos e liderança de equipes acadêmicas. É autora de diversos artigos (para periódicos acadêmicos, revistas profissionais e blogs) e de quatro livros de negócios, inclusive o popular *Rethinking Sales Management*.

Antes de iniciar a carreira acadêmica, Beth trabalhou em funções de desenvolvimento de negócios na área de tecnologia da informação, e durante nove anos foi consultora de empresas globais dos quatro continentes e de diversos setores de atividade. Atualmente, é diretora de uma empresa de pequeno porte e outra de médio porte.

Sobre os colaboradores

Um livro de negócios deve basear-se na experiência de pessoas que fazem acontecer no dia a dia de organizações. Somos extremamente gratos aos seguintes colaboradores, por compartilharem conosco sua *expertise* e experiência para ilustrar diversos pontos abordados neste livro:

- Antes de tudo, nossos agradecimentos especiais a Bev Burgess, pelas contribuições para o capítulo sobre Account-Based Marketing (ABM). Bev é vice-presidente sênior da ITSMA Europe, e lidera a área de ABM global da empresa. A ITSMA (Information Technology Services Marketing Association) foi constituída mais de 20 anos atrás, e desbravou o caminho para a definição, construção e inspiração da excelência em marketing de serviços *business-to-business* (B2B).
- Em seguida, nossa gratidão ao colega Edmund Bradford, diretor gerente da Market2Win Ltd, que forneceu um apêndice para o nosso capítulo sobre planos para clientes estratégicos, explicando como os softwares de simulação podem ser usados em planejamento e treinamento. Ed produz jogos de simulação para ensinar estratégia de vendas e marketing a estudantes e executivos. Esses jogos são usados em várias universidades, nos cursos de MBA, mestrado e graduação.

Estendemos nossos mais sinceros agradecimentos a:

- Paul Beaumont, diretor de vendas interino, por suas contribuições, e, em especial, pela conferência da primeira versão deste livro.
- Phill McGowan, CEO da Positive Sales Limited, por suas contribuições e, em especial, pela conferência da segunda versão deste livro.

Nossa narrativa ganhou vida graças às valiosas observações de alguns profissionais, e somos muito gratos a:

- Simon Derbyshire, vice-presidente da Capgemini Saudi Arabia. *A Capgemini é líder global em serviços de consultoria, tecnologia e terceirização.*
- Karen Bell, diretor de desenvolvimento de negócios da Ashfield, parte da UDG Healthcare plc. *A Ashfield é líder global em serviços de comercialização para as indústrias farmacêutica e de assistência médica.*
- Darren Bayley, diretor comercial da Dentsply Sirona. *Dentsply Sirona é a maior empresa mundial de produtos e tecnologias odontológicos.*
- Bernard Quancard, presidente e CEO, Strategic Account Management Association (SAMA). *A SAMA é a única associação sem fins lucrativos com mais de 10.000 membros em todo o mundo. A SAMA foca exclusivamente em estabelecer o Key Account Management como profissão e carreira, além de estratégia empresarial de eficácia comprovada para promover o crescimento dos negócios.*
- Rob Maguire, consultor de compras e sócio da MaguireIzatt LLP (www.maguireizatt.co.uk). *A MaguireIzatt LLP presta serviços de consultoria estratégica a organizações que precisam melhorar suas relações comerciais com os fornecedores.*
- Duncan Affleck, gerente global de desenvolvimento de negócios e vendas, Beran Instruments Ltd. *A Beran Instruments Ltd, com sede no Reino Unido, é fabricante de sistemas de monitoramento para empresas industriais e de serviços de utilidade pública, que fornece para o mercado global.*
- Andy Proctor, liderança de inovação, Innovate UK. *Innovate UK é a agência de inovação do Reino Unido.*
- Cédric Belliard, gerente de marketing de campo de uma empresa de tecnologia global.
- Mark Jackson, diretor de vendas, Jackson-Jackson & Sons Ltd. *Jackson-Jackson & Sons Ltd é importante construtora de edifícios comerciais no nordeste da Inglaterra.*
- Liz Machtynger, sócia, Customer Essential. *Customer Essential é consultoria em soluções em account management.*
- Stuart Moran, chefe de vendas – mercados verticais, numa empresa global de manufatura e serviços.
- David Lucas-Smith, diretor de vendas empresariais, empresa de tecnologia da NASDAQ 100.
- Steve Jackson, gerente de desenvolvimento de negócios numa empresa global de manufatura e serviços.

Sobre este livro

Este livro explora o desafio de conquistar, reter e desenvolver *key accounts*. É aplicável a situações B2B, *business to business*, em que empresas vendem a empresas, mas os princípios aqui expostos também se aplicam à venda de produtos e serviços complexos a indivíduos com alto patrimônio. *Key accounts* são clientes bastante importantes e são tratados como mercados em si mesmos. Por conseguinte, exercem poder significativo. Embora seja possível alcançar fatia de mercado e crescimento da receita em níveis expressivos, as *key accounts*, por suas características, podem solapar a lucratividade, se não forem bem compreendidas e gerenciadas.

Key Account Management também é conhecido como gestão de clientes estratégicos, por boas razões. É uma capacidade estratégica. Envolve a seleção de oportunidades e a destinação de recursos escassos a essas oportunidades. Por certo, não é fácil, e estamos muito familiarizados com pesquisas que demonstram a necessidade de um compromisso duradouro, ao longo de anos, para garantir que os programas de Key Account Management evoluam e gerem benefícios. Tornar a empresa atraente para as *key accounts* e ajustá-la às necessidades dos clientes estratégicos exige análise, planejamento, implementação e renovação contínua. A mudança é constante. Este livro adota uma abordagem incremental ao desenvolvimento de melhores práticas, alicerçadas em fontes de pesquisas objetivas. Não importa que o seu negócio seja uma startup ou uma empresa estabelecida. Sempre há mais a descobrir sobre como melhorar o processo de criação de valor entre os seus produtos e serviços e os seus clientes mais importantes.

Este livro foi escrito por dois autores apaixonados pela missão de ajudar as empresas a crescer. Passamos mais de 20 anos pesquisando, lecionando e prestando consultoria sobre Key Account Management (KAM). Condensamos esse conhecimento e experiência neste livro, com o propósito de torná-lo fácil de ler e de usar.

Nota sobre os estudos de casos ilustrativos

Começamos a maioria dos capítulos deste livro com a análise de um estudo de caso ilustrativo. Esses casos são fictícios, mas concebidos para ilustrar questões reais no campo de KAM, que estudamos em nossas pesquisas.

Agradecimentos

Dedicamos este livro aos nossos alunos dos cursos e dos programas de educação executiva, da Cranfield University School of Management e University of Portsmouth Business School, cujo interesse diligente por nossos tópicos incentivou nosso trabalho produtivo e sustentou nosso comprometimento com a criação e o compartilhamento de conhecimento sobre KAM. Temos orgulho de nossos ex-alunos, muitos dos quais fizeram contribuições diretas ou indiretas para este livro.

Também saudamos nossos copesquisadores e nossos coautores de outros livros, especialmente Tony Millman, Diana Woodburn e Lynette Ryals.

Agradecemos ao *staff* da Kogan Page pela fé neste livro e nesta série, e por toda a ajuda em sua produção.

INTRODUÇÃO AO KEY ACCOUNT MANAGEMENT (KAM)

As pessoas geralmente nos perguntam por que dedicamos tanto tempo a pensar sobre KAM. Nós o fazemos porque sabemos que KAM é importante. As empresas vivem ou morrem por seus clientes estratégicos, e isso afeta a prosperidade para todos nós.

As *key accounts* têm importância estratégica para os negócios. Eles oferecem estabilidade e continuidade ao fluxo de receita. Trabalhamos para desenvolver relações duradouras com o pessoal-chave das equipes de compras das contas estratégicas. Para oferecer apoio às *key accounts*, temos um conjunto de pessoas, em diferentes níveis e em diversos departamentos – como vendas, finanças, garantia de qualidade, engenharia e atendimento ao cliente. O nível de engajamento é importante nas duas empresas. Ambas estão conscientes da necessidade de trabalhar juntamente com os respectivos *account managers* e gerentes de compras, valorizando a necessidade de abordagens honestas. Os clientes estratégicos sabem que é importante planejar e implementar cronogramas de fornecimento e pagamento, conosco, os fornecedores – de modo a estarmos preparados para proporcionar-lhes o nível de apoio de que precisam – desenvolve-se um processo de aprendizado contínuo para ambas as empresas na identificação e realização de objetivos mútuos.

Duncan Affleck, Gerente de Vendas e Desenvolvimento de Negócios Globais da Beran Instruments Ltd

> *A Beran Instruments Ltd, com sede no Reino Unido, é fabricante de sistemas de monitoramento para empresas industriais e de serviços de utilidade pública, que fornece para o mercado global*

Se você trabalha em alguma empresa que vende para empresas ou para outras organizações complexas, é provável que tenha alguns clientes grandes e poderosos que você chama de *key accounts,* ou *contas estratégicas.* Se você trabalha em uma pequena empresa, eles até podem ser outras pequenas empresas. Alguns dos princípios de KAM ou Key Account Management também se aplicam a alguns cenários *business-to-consumer* (B2C), como vender para *indivíduos com alto patrimônio.* Você quer alcançar o sucesso com esses clientes. Você quer que eles apreciem os valores da marca, o serviço extra que você lhes oferece para que alcancem seus objetivos, e espera que eles lhe retribuam, ajudando-o a crescer e a alcançar seus objetivos. Tudo isso é muito bonito, em princípio, mas nunca, jamais, é fácil. Esperamos que este livro o capacite a absorver parte do conhecimento já acumulado sobre Key Account Management e o ajude a refletir sobre suas próprias situações e a tomar iniciativas que as melhorem.

> Hoje, não é suficiente prestar bons serviços aos clientes, com um ótimo portfólio de produtos e serviços; os clientes querem mais. Cada vez mais, seus clientes estratégicos mais valiosos procuram fornecedores inovadores, com gerentes experientes, capazes de oferecer novos *insights* que impactem seus resultados financeiros. É hora de o KAM aumentar o cacife. Este livro tem muitas atualizações úteis e sugestões pragmáticas capazes de alcançar exatamente esses objetivos.
>
> Diretor de Vendas, setor de manufatura

Definições

O que é Key Account Management, ou KAM? Nós o definimos como método de lidar com os clientes estratégicos (cujas necessidades você compreende em profundidade), que oferece a esses clientes estratégicos um valor que os diferencia dos outros fornecedores.

Quem e o que são clientes estratégicos? Bem, isso depende dos objetivos da sua empresa.

A essência do modelo KAM é destinar recursos escassos a clientes selecionados. Portanto, ter muitos desses clientes impossibilita prestar-lhes bons serviços. Aqui é possível estabelecer uma analogia com a nossa vida pessoal. Conhecemos centenas de pessoas, mas só amamos e cultivamos uns poucos amigos especiais. A ideia da pirâmide (apresentada na Figura 1.1), embora seja uma ilustração muito simples, já lhe dá alguma ideia de uma proposta realista de clientes estratégicos e de clientes comuns.

FIGURA 1.1: Seleção preliminar de *key accounts*

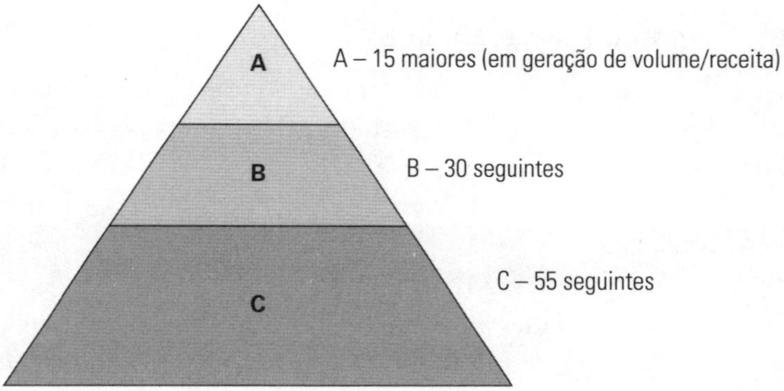

A – 15 maiores (em geração de volume/receita)

B – 30 seguintes

C – 55 seguintes

Fonte: Adaptação de material didático de M. McDonald, Cranfield School of Management

Numerosas empresas caem na armadilha de incluir muitos clientes estratégicos no programa KAM, ou de não monitorar como a qualidade dos relacionamentos *business-to-business* (B2B) muda com o tempo – com alguns clientes estratégicos caindo para o nível de clientes comuns, e novos clientes estratégicos emergindo de outros segmentos de clientes. Analisaremos a natureza dinâmica dos relacionamentos de negócios ao longo de todo este livro.

O KAM é capacidade vital das empresas há mais de 20 anos. As empresas que o gerenciam com eficácia se diferenciam dos concorrentes e desfrutam de crescimento lucrativo. No entanto, as estratégias necessárias para gerenciar as *key accounts* raramente são estudadas e ensinadas aos jovens que entram no mercado de trabalho. Além disso, treinamento e desenvolvimento contínuos poucas vezes são oferecidos a profissionais de desenvolvimento de negócios que têm trabalhado intensamente para acompanhar a velocidade e a complexidade da demanda na moderna cadeia de fornecimento. Como acadêmicos praticantes que passaram os últimos 20 anos tentando preencher essa lacuna de conhecimento, escrevemos este livro como introdução à estratégia e operações de KAM.

> **!** *A essência do modelo KAM é destinar recursos escassos a clientes selecionados. Portanto, ter muitos desses clientes impossibilita prestar-lhes bons serviços. Aqui é possível estabelecer uma analogia com a nossa vida pessoal. Conhecemos centenas de pessoas, mas só amamos e cultivamos uns poucos amigos especiais.*

Jornada de aprendizado deste livro

A premissa básica deste livro é que você o está lendo porque quer que sua empresa ou empregador ganhe dinheiro – e, se você já estiver ganhando dinheiro, é porque quer ganhar ainda mais. O Capítulo 2 analisa como o Key Account Management, ou KAM, se posiciona no esforço total da empresa a fim de gerar valor para os acionistas.

Qualquer tolo pode gerar receita de vendas, concedendo enormes descontos em grandes negócios. Mas qual é o propósito disso se o negócio não gera muito lucro quando se consideram todas as despesas de servir ao cliente? Os profissionais de marketing, vendas e desenvolvimento de negócios (não importa como a empresa descreve e denomina as funções responsáveis pela geração de receita) têm a atribuição de aumentar o valor para os acionistas. Basicamente, alcança-se esse objetivo cultivando clientes altamente satisfeitos, mas também é preciso compreender a base de custos da empresa, o custo de capital e a importância do fluxo de caixa e da geração de caixa, além de lucro.

Depois de compreender esse aspecto fundamental, porém, surge a questão da análise do portfólio de clientes e da seleção das *key accounts*, que analisaremos no Capítulo 3. Considerando o desempenho total da empresa, constata-se que alguns produtos e alguns clientes não geram lucro, enquanto outros são muito lucrativos. A tentação de alguns contadores é abandonar os produtos e clientes deficitários ou aumentar os preços para torná-los superavitários ou lucrativos, correndo o risco de perdê-los.

Os gerentes de desenvolvimento de negócios precisam questionar essa lógica. No caso da Canada Dry, devíamos manter uma ampla variedade de refrigerantes para atender às necessidades dos clientes que queriam fazer negócios conosco. O problema é que, embora nossa especialidade fossem misturas de alta qualidade (refrigerantes misturados com bebidas destiladas fortes, como gin e uísque), que geravam grandes margens, havia outros produtos, como limonada, em que a margem era pequena ou insignificante. Para fazermos negócios, contudo, tínhamos de ter toda uma variedade de produtos, e sem os produtos de baixa margem não conseguiríamos vender os produtos de alta margem, uma vez que os clientes exigem dos fornecedores todo um mix de produtos. A mesma situação se repete com os clientes. Às vezes, é preciso manter um cliente que não é muito lucrativo, porquanto o papel deles no portfólio de clientes amplia o valor total para os acionistas.

Pergunte a qualquer diretor de qualquer grande empresa quais são os seus maiores desafios, e a resposta sempre incluirá o relacionamento lucrativo com clientes grandes e poderosos. Há apenas algumas grandes empresas automobilísticas no mundo; a maioria dos bens de consumo de alta movimentação é vendida por um punhado de grandes varejistas da categoria – e assim por diante. Não fazer negócios com os grandes atores de qualquer setor de atividade é uma grave restrição; portanto, precisamos ser eficazes com esses clientes e, ao mesmo tempo, diversificar o risco, com um portfólio de clientes mais amplo.

Mas por que serão esses clientes tão poderosos? No Capítulo 4, convidamos os leitores a se porem no lugar dos profissionais de compras do século XXI. Em tese, o mundo de negócios das décadas de 1950 e 1960 era muito complacente. Os mercados estavam em crescimento, e é fácil ser bem-sucedido quando há crescimento. Os anos 1970 trouxeram o choque da crise do petróleo e o avanço da tecnologia da informação. Em meados dos anos 1980, a globalização das empresas ofereceu aos profissionais de compras todo um novo mundo de fontes de fornecimento e oportunidades de reduzir drasticamente a base de custos das empresas. Obviamente, também era preciso gerenciar o risco de fornecimento. À medida que desenvolviam competências para assumir a nova função estratégica de compras, os novos compradores precisavam de fornecedores capazes de empreender a jornada ao lado deles. O abastecimento continuou a ganhar foco estratégico ao longo das décadas de 1990, de 2000 e depois do colapso financeiro de 2008. E é também durante as crises econômicas que o

KAM oferece vantagem estratégica – a capacidade de preservar os clientes importantes faz enorme diferença na aptidão das empresas para sobreviver às recessões.

Um erro comum entre os profissionais de vendas foi encarar a demanda por propostas estratégicas como um tipo de cobertura açucarada a acrescentar às vendas. Com efeito, os decisores de compras estavam exigindo mudança de mentalidade e atitudes em relação às vendas oportunistas das décadas de crescimento. Eles queriam discutir suas necessidades com profissionais que compreendessem plenamente suas finanças, seus processos, sua organização e sua cultura. Ademais, queriam fornecedores que lhes oferecessem soluções inovadoras e disruptivas, não apenas produtos e serviços. Assim, no Capítulo 4, explicamos como os profissionais de compras avaliam as categorias de compras e os fornecedores. Caminhe um pouco com os sapatos deles e imagine como eles veem você como fornecedor, em comparação com os seus concorrentes. Pode ser desconfortável, até incomodar muito, mas é absolutamente necessário.

No Capítulo 5, tratamos de como analisar as necessidades das *key accounts* e desenvolver propostas de valor significativas. Nele, incluímos numerosas tabelas, gráficos e análises que você talvez ache úteis para o desenvolvimento de seus próprios planos para clientes estratégicos. A extensão da análise que recomendamos para as *key accounts* confirma a nossa asserção de que a maioria das empresas realmente não tem muitos clientes estratégicos. O planejamento para *key accounts* pode consumir muito tempo e recursos. Queremos evitar, porém, que os leitores não destinem recursos suficientes às propostas para clientes estratégicos e acabem perdendo negócios. Temos pesquisas que apenas confirmam o senso comum: é melhor alocar recursos um pouco de mais do que um pouco de menos para oportunidades estratégicas de negócio. Essas técnicas de planejamento o ajudarão a avaliar as necessidades de recursos. Também incluímos, no Capítulo 5, um apêndice escrito por nosso colega Ed Bradford, da Market2Win, sobre jogos de simulação que o ajudarão a ponderar planos para *key accounts* e reações dos concorrentes.

Depois de mencionar, no Capítulo 3, a importância de um portfólio de clientes equilibrado, não gostaríamos de prosseguir sem explicar como a tecnologia pode ajudar na gestão de clientes estratégicos e de clientes comuns no seu portfólio. Somos muito gratos a Bev Burgess, vice-presidente sênior da Information Technology

Services Marketing Association (ITSMA), por sua contribuição para o Capítulo 6 sobre Account-Based Marketing (ABM). A tecnologia possibilita que cada vez mais informações sejam convertidas em propostas e comunicações customizadas para cada vez mais clientes. Os investimentos nas melhores práticas mais recentes em desenvolvimento de negócios, impulsionadas por TI, devem ser cuidadosos, e esse capítulo o ajudará a considerar o potencial do ABM e o que ele teria para oferecer à sua organização. Há alguns estudos de casos nos apêndices desse capítulo.

Os desafios e soluções referentes à alocação de recursos são explorados no Capítulo 7. Se o KAM requer compreensão profunda dos negócios dos clientes estratégicos, isso, por seu turno, também exige gerentes de contas estratégicas e, também, equipes *ad hoc* ou até semipermanentes, compostas de profissionais com diferentes competências ou conhecimentos funcionais, para criar propostas de valor. Trata-se de investimento considerável, a ser gerenciado cuidadosamente. Uma das maneiras mais rápidas de falir é pretender "encantar" todos os clientes; o Capítulo 7 também considera modelos de recursos alternativos, para outros segmentos de clientes. Os princípios da classificação dos clientes de acordo com o potencial de crescimento lucrativo de cada um, ao longo do tempo, considerando também as vantagens competitivas do fornecedor em atender às necessidades dos clientes, levam a diferentes ponderações na alocação de recursos. Esse escalonamento, por seu turno, orienta a correta definição de objetivos e a distribuição de recursos escassos. Não é viável prodigalizar recursos a todos os segmentos de clientes.

Os negócios são globais, e a globalização promoveu a transição de compras para abastecimento estratégico. Da mesma maneira como reivindicam propostas de valor estratégicas, os compradores também esperam que os fornecedores sejam capazes de entregar-lhes valor em todo o mundo. O Capítulo 8 demonstra modelos de internacionalização e explica alguns fatores que podem ajudar as empresas a se globalizar com os clientes estratégicos – e adverte para entraves que podem inibir a internacionalização. Em especial, analisamos o trabalho no âmbito de culturas muito diferentes. Mais uma vez, oferecemos ferramentas de análise que podem ajudá-lo a escolher as mais adequadas para a sua empresa.

O Key Account Management, ou KAM, também é conhecido como gestão de contas estratégicas. É uma capacidade estratégica.

Envolve a seleção de oportunidades e a alocação de recursos escassos a essas oportunidades. Por certo, não é fácil, e conhecemos muitas pesquisas que concluem ser necessário um compromisso de muitos anos para que os programas KAM progridam e gerem benefícios. No Capítulo 9, discutimos questões de implementação, análises e gestão de riscos.

Finalmente, perscrutamos a nossa bola de cristal, pedimos aos nossos colaboradores que também consultassem a deles, e assim projetamos o futuro do KAM. E nos sentimos muito confiantes nessa sondagem premonitória. Quando, 20 anos atrás, escrevemos sobre KAM, agimos da mesma maneira, e nossas reflexões a respeito, no Capítulo 10, sugerem que alguns de nossos vaticínios foram muito esclarecedores. Como profissional de negócios, você precisa conhecer não só o que as melhores práticas acumuladas revelam sobre o presente, mas também saber se elas dizem alguma coisa útil sobre o futuro.

No todo, o objetivo deste livro é oferecer aos leitores ideias sobre como gerenciar os próprios clientes estratégicos. As versões preliminares foram revisadas por profissionais da área. Gerentes de *key accounts*, diretores de vendas, empreendedores e profissionais de compras ofereceram generosamente suas observações para ajudar a ilustrar os pontos aqui abordados. Nunca duas implementações do KAM são iguais, mas sentimos que as técnicas centrais aqui apresentadas fornecerão a matéria-prima para a consecução dos seus objetivos com o programa KAM. Comecemos agora do princípio – como o KAM pode ajustar-se ao negócio e ajudá-lo a sustentar o crescimento lucrativo...

LISTA DE TAREFAS

Reflita sobre o que a sua organização está tentando alcançar.

Você é capaz de identificar o que torna os seus clientes estratégicos?

As atividades de clientes estratégicos se alinham com os objetivos do negócio?

Analisaremos esses tópicos com mais profundidade no Capítulo 2.

2

A IMPORTÂNCIA DAS *KEY ACCOUNTS* PARA O CRESCIMENTO DO NEGÓCIO

Este capítulo examina como os clientes estratégicos podem ajudar a sua empresa a crescer. Além de propor um método de análise e mapeamento das estratégias de crescimento do negócio, também incluímos aqui as ideias mais recentes sobre o posicionamento relativo do Key Account Management (KAM) em relação a outros tipos de clientes. De maneira sucinta, abordamos a contribuição da tecnologia para a melhoria das relações com os clientes, tópico importante que é revisto em profundidade no Capítulo 6. Também explicamos como o planejamento das key accounts *deve alinhar-se com o planejamento de marketing e com o planejamento da empresa.*

Começamos este capítulo com um estudo de caso muito breve, baseado num exemplo real. Voltaremos a esse estudo de caso mais adiante, neste capítulo, e no fim do capítulo propomos uma solução.

ESTUDO DE CASO

TIX Solutions Ltd

A TIX é fornecedora de médio porte de sistemas de tecnologia da informação, Value-Added Reseller (VAR) de grandes empresas de hardware. A empresa forneceu um grande *upgrade* de sistema a um departamento do governo cinco anos atrás. Na época, esse órgão público mudou-se para uma cidade pequena, a fim de gerar novos empregos numa área carente. A TIX foi selecionada como fornecedora por causa de suas raízes locais, e o contrato ajudou a empresa a crescer. O acordo incluía manutenção, treinamento e apoio aos usuários.

A Diretoria da TIX e os servidores públicos de alto nível tinham reuniões cordiais, mas o *key account manager* estava enfrentando muita inquietação por parte do pessoal técnico e dos usuários do sistema. O sistema já deveria ter sido atualizado, mas os custos das propostas impuseram sucessivos adiamentos. O melhor que os engenheiros da TIX podiam fazer era substituir os componentes defeituosos, mas as trocas reiteradas estavam afetando a disponibilidade do sistema. A segurança do sistema também se deteriorou nos últimos cinco anos, obrigando os analistas de software da FIX a executar muitos reparos temporários para garantir a proteção dos dados. O *key account manager* receava que a TIX viesse a ser responsabilizada por problemas decorrentes da incapacidade de investimento do cliente. Enquanto isso, quando se consideram todos os custos de mão de obra do contrato, parece que a lucratividade do cliente é baixa.

Portanto, não foi assim tão maravilhoso quando um novo ministro resolveu financiar o investimento. Durante as negociações, porém, foi decidido que o departamento terceirizaria todas as funções de tecnologia da informação, como "serviços terceirizados". O prazo do contrato é de dez anos. O novo serviço incluirá a implementação de uma nova tecnologia de comunicação, que propiciará grande redução de despesas para o governo. A licitação será global e os consultores de compras gerenciarão o processo licitatório.

Essa oportunidade envolve numerosas questões estratégicas para a TIX. A empresa pode apresentar uma proposta de "serviços terceirizados", mas ela não é, de modo algum, líder do mercado na área. Como muito pouco se sabia antecipadamente sobre a decisão do ministro, o *key account manager* não tem dúvida de que um concorrente influenciou o novo plano. Além disso, se a TIX apresentar uma proposta, ela terá de assumir a equipe técnica do cliente, que já está insatisfeita com os serviços da TIX. Não será fácil gerenciá-la. A TIX terá que implementar uma nova tecnologia que ela já conhece, mas a qual ainda atribui muitas falhas. No entanto, parece inconcebível que a TIX perca esse cliente tão importante. Se um concorrente vencer a licitação, é muito provável que o vencedor fique com o pessoal da TIX.

Os altos executivos da TIX terão de rever todo o plano estratégico. Quanto deve ser investido na venda de uma oferta de serviço mais ampla a um cliente existente? É a nova tecnologia oportunidade ou ameaça? Terá a TIX que se associar a um ator maior para apresentar uma proposta? Quais seriam as consequências para a empresa com a perda de um cliente de grande porte, mas pouco lucrativo?

As *key accounts* podem construir ou destruir uma empresa. Quando a empresa faz tudo certo para elas, o relacionamento é positivo e as receitas de ambas as partes crescem. Quando as coisas não andam bem, ou quando se muda o rumo ou as pessoas das duas empresas, a situação fica difícil e é necessário tomar decisões corajosas. A TIX tinha um grande cliente estratégico que a estava ajudando a conquistar seus objetivos de negócios. Agora, ela enfrenta a ameaça de uma crise provável. Para apreciar a contribuição das *key accounts* para a consecução dos objetivos de negócios, vamos dar uma olhada na maneira como se desenvolvem os objetivos e as estratégias de negócios.

Desenvolvendo estratégias para o crescimento lucrativo

O KAM pode ser parte integrante do desenvolvimento lucrativo. Cerca de 200 estudos acadêmicos rigorosos sobre as práticas de KAM foram publicados nos últimos 30 anos, e a vasta maioria relata benefícios relacionais e financeiros significativos para os fornecedores que implementaram o KAM com eficácia. As evidências, todavia, não são unânimes. Os clientes estratégicos podem enfrentar problemas, e é essencial que as empresas monitorem as contribuições desses clientes para o lucro e para o crescimento. Em alguns casos, os benefícios gerados pelas *key accounts* podem ser o escopo que oferecem ou a redução do risco em algumas operações. O lucro pode ser direto ou indireto.

Neste capítulo, focamos primeiramente no crescimento como objetivo da empresa. O crescimento em todas as economias decorre de empresas menores ficarem maiores. As grandes empresas têm menos espaço para crescer, mas elas estão sempre preparadas para tirar um naco da fatia de mercado dos concorrentes. Portanto, podemos assumir que uma estratégia como o KAM focará no crescimento do negócio como um todo. De fato, muitas pequenas empresas crescem ao trabalhar com clientes estratégicos maiores.

Vamos começar com algumas definições centrais. Objetivos são *o que* você pretende alcançar; estratégias são *como* alcançar os objetivos.

Embora não estejamos entre inimigos com os clientes, vale recorrer a uma analogia militar para distinguir entre estratégia e tática no planejamento de marketing e vendas. Nos conflitos militares, estratégia é a direção da guerra e tática é a condução das batalhas. Portanto, se seu objetivo for aumentar as vendas em 10% no período de três anos, dos quais 7% resultarão da estratégia KAM, trabalhar com o cliente estratégico X numa nova fórmula para o produto Y seria a tática.

> **!** *O KAM pode ser parte integrante do desenvolvimento lucrativo. Cerca de 200 estudos acadêmicos rigorosos sobre as práticas de KAM foram publicados nos últimos 30 anos, e a vasta maioria relata benefícios relacionais e financeiros significativos para os fornecedores que implementaram o KAM com eficácia.*

Mercados e produtos na estratégia de negócios

Muitos leitores estarão familiarizados com as estratégias genéricas de Michael Porter, baseadas em liderança de custo, diferenciação e nicho. Abordagem mais factível à estratégia de negócios, porém, com boa receptividade entre os profissionais de marketing e vendas, foi concebida por outro grande pensador – Igor Ansoff. Ela é apresentada na Figura 2.1.

FIGURA 2.1: Matriz Ansoff

		Produto	
		Atual	Novo
Mercado	Atual	Penetração de mercado	Desenvolvimento do produto
	Novo	Desenvolvimento do mercado	Diversificação

Fonte: Adaptado de Ansoff (1957)

A matriz de Ansoff recomenda quatro categorias de atividade estratégicas nas organizações focadas no crescimento. Venda dos produtos atuais aos clientes atuais (penetração de mercado) e desenvolvimento de novos produtos para os clientes atuais (desenvolvimento do produto) são altamente relevantes para o KAM. O caso da TIX tem alguns elementos dessas duas estratégias. A venda dos produtos atuais a novos clientes (desenvolvimento do mercado) é relevante para a gestão de marketing e para vendas como um todo, na medida em que precisará de novos clientes estratégicos ao longo do tempo. A venda de novos produtos a novos clientes (diversificação) geralmente é considerada de alto risco.

Nem todas as direções estratégicas são iguais em importância e atratividade. Uma organização multinacional bem conhecida argumentou que, só em esforço de vendas, o quadrante superior esquerdo exige uma unidade de esforço de vendas, o quadrante superior direito exige quatro unidades de esforço de vendas, o quadrante inferior esquerdo exige 40 unidades de esforço de vendas, enquanto o quadrante inferior direito (novos produtos para novos mercados) exige 400 unidades de esforço de vendas!

O principal quadrante, que mais interessa à maioria dos negócios, é o superior esquerdo – os produtos atuais que você vende para os mercados/clientes atuais. Os seus clientes estratégicos atuais, geralmente denominados "clientes estratégicos" ou "*key accounts*", estão nesse quadrante. Para cada um desses clientes estratégicos, você precisa de planos específicos sobre como melhorar a produtividade e aumentar a participação nos gastos do cliente. Analisaremos esse aspecto com mais detalhes no Capítulo 5. Por enquanto, queremos que você reflita cuidadosamente sobre os objetivos gerais do negócio.

Como as estratégias contribuem para a consecução dos objetivos

Ao planejar, a primeira tarefa da pessoa de negócios é definir um objetivo MUST, a ser alcançado em, digamos, três anos. Por exemplo, um dos autores é *Chairman* de uma empresa com receita de £ 5 milhões. Ele sabe que, para vender a empresa em três anos, a receita deve ser de £ 10 milhões, na época da venda. Portanto, para ele, esse é o objetivo MUST. Em todas as realizações da vida, seja o sucesso nos esportes, na direção de uma casa, ou nos relacionamentos pessoais, você precisa identificar a posição final ideal (o objetivo MUST). Você, então, analisa onde está agora e estima a distância entre a situação atual e o objetivo almejado. E, então, você planeja como chegar lá. Às vezes, o objetivo MUST é muito simplesmente a sobrevivência do negócio.

À medida que os altos executivos definem objetivos futuros, eles também refletem sobre o passado. De onde viemos? Como chegamos aqui? O que isso nos diz sobre como avançar?

Vamos dar uma olhada em como uma empresa de construção civil enfrentou o colapso financeiro de 2008.

Depois do colapso financeiro de 2008, muitas construtoras se contraíram ou se extinguiram, uma vez que as novas construções foram suspensas e os contratos de manutenção foram rescindidos. As empresas que sobreviveram tiveram de fazer uma análise profunda do negócio, das raízes aos galhos. Em minha empresa, decidimos implementar o KAM. Acima de tudo, o KAM nos ajudou a manter os clientes existentes. Num setor que é geralmente transacional, cuidamos dos clientes estratégicos. Mais importante, o KAM forneceu os fundamentos para a conquista de novos negócios com grandes organizações de serviços públicos ou de setores regulados. Resolvemos compreender melhor as cooperativas habitacionais e as empresas de serviços de utilidade pública. Vez por outra fizemos negócios com esses clientes, mas nosso plano era sermos o fornecedor preferencial de determinados clientes.

Comprovar-se capaz de ser promovido de fornecedor ocasional a fornecedor preferencial é um processo complexo, mas os benefícios são claros – crescimento substancial e lucrativo. Tínhamos de cultivar contatos, seguir as recomendações dos compradores dos clientes-alvo e fazer o dever de casa para compreender o que é necessário para ser o "fornecedor estrutural" de uma grande organização, que precisa ser sensível ao custo, mas para a qual a confiança, a reputação e a responsabilidade social também são importantes. Por exemplo, nosso compromisso de recrutar aprendizes dos conjuntos habitacionais mantidos por nossos clientes nos ajuda a demonstrar que compartilhamos os valores dos clientes.

O KAM exige abordagem de longo prazo à gestão da lucratividade do cliente. Precisamos investir tempo e dinheiro para projetar e entregar propostas de estruturas e propostas de renovação bem-sucedidas, mas temos fé em nossos serviços e em nosso pessoal, e os nossos investimentos continuam a dar retorno, porque nossas taxas de êxito são impressionantes. Quando somos escolhidos para um novo acordo de estrutura, nossos custos são menores, uma vez que garantimos um *pipeline* significativo de oportunidades por um período de alguns anos, até a renovação. Evidentemente, precisamos demonstrar, todos os dias, que atribuímos importância estratégica aos nossos clientes estratégicos, garantindo que os serviços que prestamos a eles e que as nossas comunicações com eles são de primeira classe.

A conquista desse novo negócio injetou sangue novo na minha empresa e pretendo continuar investindo em KAM, à medida que impulsiono a empresa para novo estágio de crescimento.

Mark Jackson, Diretor de Vendas da
Jackson-Jackson & Sons Ltd, Rochdale, Reino Unido

Como você vê, o sucesso da Jackson-Jackson & Sons Ltd resultou, quase exclusivamente, de fazer mais negócios com os clientes atuais, adotando o método KAM (rotulado como "penetração de mercado" na matriz Ansoff). No entanto, o KAM depende da seleção de uns poucos clientes aos quais dedicar atenção especial, e haverá outros clientes a considerar. As empresas precisam rever os outros elementos da matriz Ansoff. A Figura 2.2 mostra como um negócio pode escolher vários caminhos para o crescimento.

FIGURA 2.2: Como um negócio pode escolher vários caminhos para o crescimento

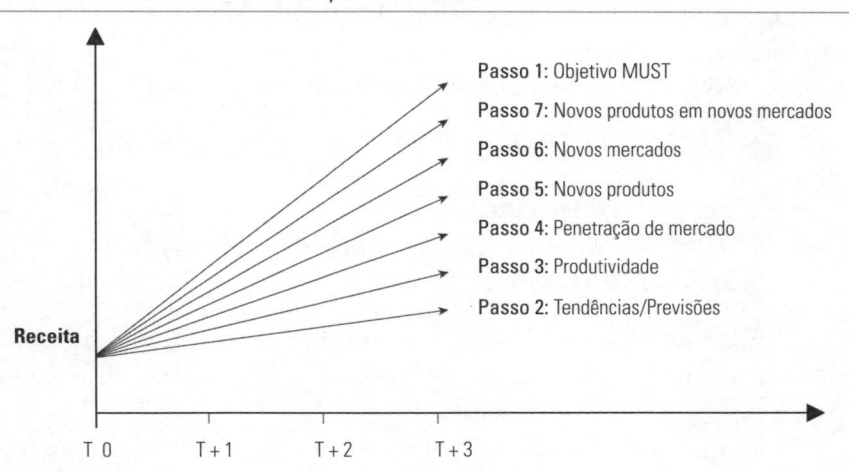

Fonte: Adaptado de McDonald e Wilson (2011)

No exemplo da Figura 2.2, o objetivo MUST é baseado na receita, e o valor da receita é apresentado no eixo vertical, à esquerda. O eixo horizontal mostra o tempo de execução do plano. T0 significa hoje, T+1 é hoje mais um ano, e assim por diante.

O primeiro passo ao usar esse diagrama para mapear seus objetivos de negócios é definir a receita almejada daqui a três anos (o objetivo MUST). O segundo passo é incluir o valor da receita provável a ser alcançada, caso você prossiga com os negócios como são hoje. Essa é a linha de "tendência". Você pode ter um bom registro do crescimento ano a ano, mas as tendências podem descer e subir.

No terceiro passo, é preciso se concentrar na linha de "produtividade". Listamos abaixo numerosas melhorias a serem promovidas na produtividade operacional, que deverão ser consideradas para impulsionar o crescimento do negócio. Por exemplo, conseguimos aumentar em 35% o crescimento da receita de uma empresa, mediante a combinação do seguinte:

- Melhoria do mix de produtos.
- Melhoria do mix de clientes.
- Visitas de vendas mais inteligentes.
- Atividades promocionais mais direcionadas.
- Precificação baseada no mercado, inclusive evitando descontos.
- Cobrança de frete.
- Menores prazos de pagamento.

No quarto passo, precisamos considerar as respostas estratégicas à categoria "penetração de mercado" da matriz Ansoff – vender mais produtos e serviços atuais aos clientes atuais. O exemplo da Jackson-Jackson & Sons Ltd oferece algumas ideias sobre como isso pode ser feito:

- Compreender em profundidade as necessidades de compras dos clientes.
- Fazer ofertas específicas.
- Diferenciar com nitidez seus produtos, serviços, valores e maneira de fazer negócios.

Em outras palavras, KAM. No Capítulo 5, estendemo-nos e aprofundamo-nos em como mapear o valor dos seus produtos e serviços para atender às necessidades dos clientes.

No quinto passo, pense em oferecer "novos" produtos aos mercados e clientes atuais. Entretanto, nunca assuma que esses alvos aceitarão automaticamente suas novas propostas. Vimos muitos planos para *key accounts* em que se presumiu que tão logo as novas tecnologias entrassem em produção, os clientes as adotariam de imediato. Não é assim. Novos produtos podem provocar disrupções e mudanças, que não são bem-vindas. Por exemplo, novos formatos de embalagem não serão adotados se não forem compatíveis com grandes investimentos irrecuperáveis nas instalações dos depósitos e nas prateleiras dos supermercados. Envolva os clientes estratégicos no desenvolvimento de novos produtos, desde os primeiros estágios. A TIX se encontra em posição vantajosa pelo fato de os clientes *quererem* novas tecnologias, o que é um sinal positivo num cenário desafiador.

> **!** *À medida que os altos executivos definem objetivos futuros, eles também refletem sobre o passado. De onde viemos? Como chegamos aqui? O que isso nos diz sobre como avançar?*

À luz de nossa experiência, os clientes gostam de ser clientes estratégicos, pois recebem melhores serviços. Isso se realiza de duas maneiras principais: a primeira é que o *key account manager* e a equipe de contas estratégicas facilitam o acesso a miríades de produtos e serviços de um fornecedor complexo. A segunda é que ser uma *key account* oferece melhor acesso aos altos executivos.

Evidentemente, queremos que os clientes se beneficiem com os melhores serviços, mas nossa principal razão para investir em clientes estratégicos é aumentar as vendas e fazer vendas cruzadas de novos produtos. Igualmente, queremos criar incentivos crescentes ao aumento do volume de compras nos contratos anuais. Os *key account managers* precisam cumprir metas para receber bônus.

Steve Jackson, Gerente de Desenvolvimento de Negócios
de uma empresa global de manufatura e serviços

Como explica Steve Jackson, os clientes estratégicos são escolhidos para cumprir dois objetivos de crescimento – penetração de mercado e desenvolvimento de produtos.

No sexto passo, pense em levar os produtos atuais a novos mercados. Os seus mercados atuais podem declinar com o tempo, e para promover o crescimento do negócio talvez seja necessário operar com novos clientes, novos setores ou novos territórios.

No sétimo passo, considere a introdução de novos produtos em novos mercados, ou seja, "diversificação", como mostra a Figura 2.1. A história da administração está cheia de exemplos de fracassos em diversificação, e as razões não são difíceis de compreender. A reputação da marca é desenvolvida com dificuldade. Levar novos produtos para novos setores em que você não é conhecido exigirá muito investimento. Não é impossível, mas não é a primeira escolha da maioria dos estrategistas.

Agora, voltemos à TIX e à situação que estava enfrentando. A TIX terá de vender um produto tradicional e um produto relativamente novo a seu cliente atual, um departamento do governo, apenas para manter o negócio. Esse projeto absorverá muitos recursos. Se a empresa tiver um objetivo MUST ambicioso, talvez seja necessário descobrir meios para alcançá-lo.

Por certo, será difícil fazer o *downsize* da empresa, ajustando o seu tamanho às novas condições, se perderem esse cliente. Portanto, quanto deverão investir nessa oferta de serviço mais ampla? Pergunta mais instigadora talvez seja até que ponto seria possível convencer o cliente a dividir alguns dos riscos do investimento, em troca de recompensas, como descontos, quando se realizarem economias de custo no futuro. Como nova empresa de tecnologia, embora estejam preocupados com falhas no software, eles realmente precisam oferecer as novas plataformas solicitadas pelo cliente, daí a necessidade de investir no desenvolvimento de novas competências.

Uma possibilidade seria contratar outras empresas como parceiras. Trabalhar com terceiros e recorrer a redes de cadeias de fornecimento é muito comum em setores de negócios complexos. O KAM nem sempre envolve apenas um fornecedor e um cliente. Embora quase sempre falemos neste livro em relacionamentos fornecedor-cliente, alguns clientes estratégicos são parceiros de canal, como revendas, especificadores (por exemplo, arquitetos, no setor de construção civil), marcas dominantes numa cadeia de fornecimento, que determinam as partes a serem usadas por fabricantes de subconjuntos, ou influenciadores, como consultores.

Para concluir essa análise das fontes de crescimento do negócio, depois de mapear as estratégias necessárias para impulsionar o negócio para a consecução do seu objetivo MUST, é importante detalhar o planejamento. Quando e onde acontece o crescimento impactarão as operações da empresa – os ativos fixos e o capital de giro, fluxo de caixa, recrutamento ou retreinamento, e até cultura organizacional. Essas implicações precisam ser esmiuçadas, em coordenação com finanças, operações e recursos humanos. Os profissionais de vendas às vezes indagam por que, ao trazerem um grande negócio, a empresa entra em crise. Equipes de operações ficam histéricas, porque terão de fazer horas extras para produzir o que foi vendido. Alguém em finanças dá um piti, porque o custo da hora extra é muito superior ao da hora normal, o que reduz a lucratividade do negócio, com o risco de comprometer o fluxo de caixa se o cliente não pagar no vencimento, agravando o relacionamento com os bancos e ameaçando a liquidez da empresa. De repente, a empresa se torna insolvente e entra em recuperação judicial!

Você não pode isolar marketing, vendas ou estratégias de *key accounts* do restante da empresa, considerando não só as contribuições dos clientes estratégicos para o crescimento, mas também implicações daí decorrentes para os recursos da empresa. Além da expansão das atividades, também é importante reduzir os riscos das operações e do fluxo de caixa, com um amplo portfólio de clientes capazes de servir à empresa de diferentes maneiras.

> **!** *O KAM nem sempre envolve apenas um fornecedor e um cliente. Embora quase sempre falemos neste livro em relacionamentos fornecedor-cliente, alguns clientes estratégicos são parceiros de canal, como revendas, especificadores (por exemplo, arquitetos, no setor de construção civil), marcas dominantes numa cadeia de fornecimento, que determinam as partes a serem usadas por fabricantes de subconjuntos, ou influenciadores (por exemplo, consultores).*

KAM no portfólio de clientes

O KAM não é a única estratégia de marketing e vendas a ser adotada pelas empresas. A Figura 2.3 mostra um portfólio de clientes grande e complexo de um empreendimento de negócios. Um eixo mede o potencial de vendas e o outro mede os custos.

Nos últimos 20 anos, ocorreu certa polarização entre clientes estratégicos e muitos clientes menores, focados em custos, que se satisfazem em fazer negócios pela internet, ou através de organizações de vendas de terceiros. As *key accounts* são fonte importante de receita e lucro para as organizações. *As empresas, porém, nunca devem negligenciar a lucratividade dos negócios transacionais ou do que geralmente é chamado mid-tier (porte médio), nem devem ignorar os clientes pequenos, que usam o portal, porque alguns deles crescerão. Para encaixar o KAM na estratégia de negócios geral da empresa, o KAM sempre deve ser tratado no contexto de todo o portfólio de clientes.*

Os clientes se apresentam em numerosas formas e tamanhos. A segmentação cuidadosa da base total de clientes garantirá níveis de serviços adequados para todos os clientes. Vejamos as categorias da Figura 2.3.

FIGURA 2.3: O portfólio de clientes

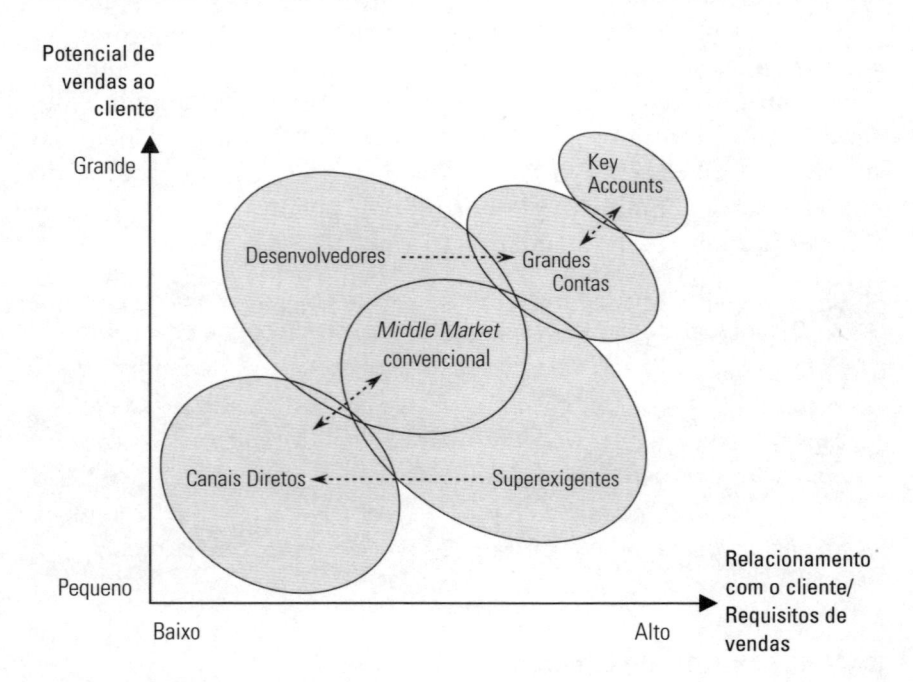

Fonte: Adaptado de Piercy and Lane (2006)

- As *key accounts* são pouco numerosas. Têm enorme potencial, mas também são difíceis de atender.
- As grandes contas estão em vias de se tornar *key accounts* ou são *key accounts* em declínio.

- Os clientes do *middle market* convencional são parte importante do portfólio de clientes, negligenciada com frequência. Inclui futuras *key accounts* e, se receberem atenção, podem ser muito lucrativos.
- Observa-se aqui que alguns clientes *middle market* se transformam em grandes contas (desenvolvedores).
- Alguns clientes *middle market* podem exigir serviços incompatíveis com seu potencial de vendas (superexigentes).
- Os clientes com pequeno potencial de vendas e poucas exigências de serviços podem ser atendidos facilmente pelo Account-Based Marketing (ABM), por meio de portal on-line, televendas ou CSOs (Contract Sales Organization). O papel da tecnologia no desenvolvimento de informações e ofertas customizadas para os clientes menores é *mega-trend* (megatendência) no desenvolvimento de negócios.

> A Dow Corning, gigante de produtos químicos especiais, pegou os concorrentes de surpresa, em 2002, quando lançou o Xiameter, canal de internet para vendas com desconto, cujo propósito era atrair novos negócios e reter clientes com consciência de custo, que estavam fugindo do tradicional relacionamento *high-touch* (de alto contato) com a empresa.
>
> Loren Gary em *Strategy & Innovation*, 7 de março de 2005

Loren Gary explicou que, na opinião de analistas setoriais, aquela era uma manobra suicida. Mas estavam errados. A Xiameter pagou os investimentos da Dow em três meses. Os clientes estratégicos dos setores de cosméticos e telecomunicações ainda receberam a *expertise* em pesquisa e desenvolvimento de que precisavam para desenvolver novas fórmulas para novos produtos; e os clientes que queriam *commodities* aos melhores preços usavam o portal. Assim, o KAM pode conviver com outras estratégias de marketing e vendas para alcançar os objetivos de negócios.

> Alguns relacionamentos de negócios são simples, tão simples quanto vender alimentos enlatados diretamente à loja da esquina. Outros são mais complexos, envolvendo numerosas rotas de fornecimento até o usuário final. Por exemplo, meu negócio

consiste em fornecer produtos de eletrificação, automação e digitalização a empresas industriais. Sua cadeia de fornecimento é extremamente convoluta, abrangendo distribuidores, revendas com valor agregado, empreiteiras, e outros.

Os relacionamentos de negócios simples precisam de KAM, por maiores que sejam? Acho que não. Aqui é onde o ABM e o e-commerce atendem às necessidades dos clientes e reduzem custos para os fornecedores.

Onde o fornecimento é complexo e onde os relacionamentos são necessários em toda a cadeia de fornecimento, sobretudo com especificadores que não são clientes diretos, a estratégia KAM é fundamental. Os relacionamentos com os clientes e outros membros da cadeia de fornecimento precisam ser frequentes, amplos e profundos. Em outras palavras, deve haver relacionamentos no nível diretivo entre as duas empresas, envolvendo todo o espectro de organizações e funções de ambas, e com grau considerável de compreensão mútua minuciosa. O *key account manager* precisa demonstrar conhecimento profundo não só do negócio do cliente, mas também de todo o setor e da cadeia de fornecimento, e tem de desenvolver credibilidade e confiança com profissionais de compras sofisticados, de modo que tenha condições de ajudar o cliente a se preparar para o futuro. Entendo que, em cenários complexos, o futuro do KAM é seguro.

O ABM ainda tem uma função a exercer nos relacionamentos com clientes estratégicos e pode criar valor para o cliente em transações e comunicações automatizadas do dia a dia. Mas quando o processo envolve geração de ideias, julgamento especializado, multiplicidade de *stakeholders*, tomada de decisões com base em diversos critérios e negociações de diferentes interesses, o KAM ainda é majestade.

Stuart Moran, Chefe de Vendas de Mercados Verticais em uma empresa global de manufatura e serviços

As *key accounts* são estratégicas para as empresas e, como sugere Stuart Moran, elas não sairão de moda tão cedo. Outras partes do portfólio de clientes, porém, também podem entregar crescimento lucrativo. O uso da tecnologia para prestar serviços a clientes menores e para reunir informações sobre seus comportamentos de compra é área de investimentos fundamental em muitos negócios. Talvez a tecnologia seja atraente em razão da capacidade de reduzir os custos de servir aos clientes, mas ela também pode oferecer conveniências e escolhas até então inexistentes. A tecnologia ainda é capaz de gerar *insights* sobre clientes comuns, de modo a identificar futuros clientes estratégicos. A pequena empresa que excede constantemente seu limite de crédito é um devedor duvidoso a ser processado? Não, se o seu sistema coletar informações externas sobre os clientes e descobrir que essa empresa está alcançando alto crescimento. Nesse caso, chegou a hora de uma conversa sobre ajudá-la a crescer mais, em troca de maior fatia de seus negócios.

O papel da tecnologia na gestão do portfólio de clientes

Nosso colaborador Stuart Moran mencionou o ABM como maneira de prestar bons serviços a clientes menos complexos. Account-Based Marketing (ABM) é um termo que geralmente se confunde com Key Account Management (KAM), mas os processos em si são diferentes. ABM envolve *comunicações integradas de marketing e vendas, focadas nos clientes e* prospects *individuais*. É o oposto do marketing *spray and pray* (metralhe e reze), em que você atira a esmo e reza para acertar, extremamente dispendioso em mercados B2B. A vantagem dos sistemas modernos de Customer Relationship Management – CRM, ou gestão do relacionamento com o cliente – é a capacidade de reunir muito mais dados sobre o comportamento de compra dos clientes, de modo que até compradores ocasionais no portal de uma empresa possam receber ofertas customizadas compatíveis com seus padrões de uso (ABM).

O Quadro 2.1 resume o papel do ABM em relação aos diferentes tipos de clientes apresentados na Figura 2.3. É provável que os clientes pequenos, usuários de canais diretos, recebam mensagens promocionais orientadas por um sistema CRM, sem muita intervenção de marketing ou vendas. Se o canal direto for uma CSO terceirizada (talvez televendas) ou um agente de vendas, será preciso mais intervenção de marketing, mas muitas empresas compartilham sistemas com os provedores, de modo que estes sejam ativados por padrões de compra específicos para responder aos clientes. Esses clientes podem deslocar-se para o *mid-market* no percurso, se a atividade de desenvolvimento for bem-sucedida.

Os clientes *mid-market* ou *mid-tier* provavelmente terão um *account manager*, mesmo que se limitem a atividades burocráticas ou a atendimentos telefônicos. Os clientes de *mid-market* também podem ser gerenciados por CSOs, para que recebam o foco adequado. Muitos negócios com clientes *mid-tier* podem ser impulsionados por ABM. No entanto, é preciso competência para discernir os que se encontram "em desenvolvimento", com potencial para se tornarem as *key accounts* de amanhã. Talvez haja clientes não lucrativos nesta seção do portfólio de clientes ("superexigentes"), mas algumas pesquisas sugerem que, no todo, os *mid-tiers* são lucrativos e até podem ser mais lucrativos do que as *key accounts*.

As grandes contas e as *key accounts* geralmente têm um gerente de conta exclusivo, mas o ABM desempenha papel importante em garantir que esses clientes sejam bem atendidos por excelentes processos e comunicações. As grandes contas geralmente são descritas como contas importantes, mas nem sempre são estratégicas. Elas devem ser *mantidas*, mas não são necessariamente *key accounts*.

QUADRO 2.1: A função do ABM em relação a diferentes tipos de clientes

Posição no portfólio	Papel do ABM	Apoio de pessoal
Key accounts	Infraestrutura operacional, excelência do processo, plataforma de comunicação regular	*Key account manager* e equipe de *key account*
Grandes contas		Gerente de grandes contas
Mid-market Desenvolvedores		Desenvolvimento de negócios/vendas sênior
Potencial de vendas médio/demanda por serviços média	Suporte – monitora comportamentos de compra e dispara pistas para equipes de clientes e televendas	Gestão de clientes por telefone
Mid-market Superexigentes		Gestão de clientes por telefone
Potencial de vendas baixo Demanda por serviços baixa	Proativo – monitora comportamento de compra, impulsiona comunicações diretas e determina estímulos ao cliente	Muito limitado – como direcionamento de chamadas

Fonte: Adaptado de material fornecido por Paul Beaumont, Diretor de Vendas Interino

O ABM é tendência muito importante no marketing B2B e deve ser considerado junto com o KAM. O pessoal de finanças sempre insistirá na redução dos custos de servir aos clientes, e a digitalização das atividades de marketing e vendas obviamente oferece oportunidades de reduzir os custos dos serviços e de melhorar o direcionamento das atividades de marketing e vendas. O Capítulo 6, escrito por um especialista, oferece mais informações sobre ABM e sua contribuição para o KAM.

O posicionamento do KAM na empresa e nos planos de marketing

Muitos planos precisam ser integrados antes de a empresa ir aos acionistas e fazer uma exposição sobre para onde vai e por que eles devem investir mais. O Quadro 2.2 mostra uma hierarquia de planos numa grande organização.

QUADRO 2.2: Hierarquia de planos numa grande organização

Plano Corporativo								Outros planos funcionais
Plano de Marketing								
Visão geral do KAM			Plano para grande contas	Plano para clientes *mid-tier*		Plano consolidado para o segmento		
Key account 1	Key account 2	Key account 3		Setor *mid-tier* 1	Setor *mid-tier* 2	Segmento de clientes pequenos 1	Segmento de clientes pequenos 2	

Fonte: Adaptado de McDonald and Rogers (1998)

Evidentemente, os investidores não ficarão impressionados apenas com a qualidade dos planos, e precisaremos falar alguma coisa sobre o "panorama geral" hoje predominante e em que atua a maioria dos acionistas, a qual exerce forte influência sobre a maneira como o KAM deve ser implementado.

Planos corporativos

A Figura 2.4 mostra alguns componentes de um plano corporativo típico:

FIGURA 2.4: Componentes de um plano corporativo típico

Objetivos e estratégias corporativas

- Objetivos corporativos (o quê): lucro
- Estratégias corporativas (como):

  - Facilidades (operações, P&D, TI, distribuição, etc.)

  - Pessoas (equipes)

  - Dinheiro (finanças)

  - Produtos e mercados (marketing)

  - Outros (RSE – responsabilidade social da empresa, imagem, etc.)

Fonte: Adaptado de McDonald e Wilson (2011)

O negócio pode ter números objetivos, mas é preciso ter cuidado ao considerar como medir o progresso em busca de sua realização. Se não for mensurável, não é objetivo. Portanto, expressões como "maximizar", "minimizar", "expandir", e equivalentes, não se aplicam a objetivos corporativos, por não serem bastante específicos. Evidentemente, objetivos quantificáveis representam o seu destino. Ao longo da jornada, também a qualidade das suas atividades deve ser medida.

Falamos sobre objetivos de receita e crescimento do negócio. Os objetivos e estratégias de marketing e vendas devem ser analisados em termos de custos de servir aos clientes, por segmento e para cada *key account*. Qual é o uso mais eficiente do fluxo de caixa, do capital e das pessoas, por cliente, para garantir que a empresa continuará sendo bem-sucedida?

Os objetivos também devem ser avaliados com base no impacto sobre a reputação. Hoje, muitas empresas adotam a abordagem do Triple Bottom Line (TBL), ou triplo resultado, como critério de avaliação do desempenho. As empresas podem melhorar a reputação da marca usando medidas internas e externas do desempenho ambiental, social e econômico. "Triplo resultado" significa impactos positivos sobre o planeta, as pessoas e o lucro. Evidentemente, o elemento central da sustentabilidade da empresa de negócios é o lucro. Se a empresa não atender às necessidades dos clientes melhor do que os concorrentes e, portanto, gerar lucro, os empregados perderão o emprego, as instituições filantrópicas não mais receberão contribuições e as comunidades locais já não se beneficiarão com o apoio da organização.

O KAM deve ser parte integrante da estratégia de marketing, mas também afeta muitas outras partes do negócio. O valor para os clientes estratégicos é gerado por operações específicas, tecnologia, logística, etc. Todas as empresas têm recursos escassos que devem ser alocados da melhor maneira possível, para alcançar o objetivo de lucro. Os objetivos e estratégias de KAM devem ser integrados no plano corporativo, através do plano de marketing. Os planos estratégicos para cada *key account* deverão ser inseridos no panorama geral, que explica os volumes de negócios gerados por cada cliente estratégico e influencia o lançamento de novos produtos/serviços. Também informa quantos novos negócios deverão ser gerados por outros segmentos do portfólio de clientes.

Planos de marketing

> **!** *O plano de marketing deve criar um* pool *de possibilidades para os* key account managers, *em busca de ideias a serem levadas aos clientes estratégicos.*

Os planos de marketing não têm a ver apenas com campanhas de propaganda. Eles também oferecem abordagens rigorosas para compatibilizar os recursos da empresa com as necessidades dos clientes e para definir como a empresa comunica e entrega valor aos clientes.

A Figura 2.5 mostra os componentes de um plano estratégico de marketing.

FIGURA 2.5: Componentes de um plano estratégico de marketing

Plano estratégico de marketing

Conteúdo

- Sinopse financeira
- Visão geral do mercado
  - ▫ Como o mercado funciona
  - ▫ Segmentos especiais e suas necessidades
- Análise SWOT (Forças, Fraquezas, Oportunidades, Ameaças) dos segmentos
- Resumo das SWOTs do portfólio
- Premissas
- Objetivos e estratégias
- Orçamento
- Riscos e contingências

Fonte: Adaptado de McDonald e Wilson (2011)

O conteúdo deve ser rico em ideias factíveis, para criar vantagem competitiva sustentável, ou seja, valor para os acionistas, não apenas para efeitos de apuração de resultados, em períodos estanques, mas de maneira contínua e duradoura, ao longo de todo o horizonte de planejamento, que deve ser de pelo menos três anos. O plano de marketing deve criar um leque de possibilidades para os *key account managers*, em busca de ideias para levar aos clientes estratégicos.

A Figura 2.6 compara estratégias de marketing que apresentam maior e menor probabilidade de gerar vantagem competitiva sustentável.

Sem dúvida, as pesquisas demonstram que a principal fraqueza das empresas é a definição dos mercados em termos de *produtos, em vez de necessidades.*

FIGURA 2.6: Comparação de estratégias de marketing

Mais de 40 anos de pesquisas sobre a ligação entre sucesso financeiro no longo prazo e estratégias de marketing excelentes revelam o seguinte:

Estratégias excelentes

▷ **Compreensão dos mercados em profundidade**
- Identificar segmentos baseados em necessidades
- Fazer ofertas específicas a cada segmento
- Ser claro na diferenciação, no posicionamento e no *branding*
- Explorar as forças e atenuar as fraquezas
- Antecipar o futuro

Estratégias fracas

▷ **Orientação para produtos**
- Identificar categorias de produtos
- Fazer ofertas semelhantes a todos os segmentos
- Não diferenciar e ser confuso no posicionamento e no *branding*
- Ignorar as próprias forças e fraquezas
- Planejar usando dados históricos

Fonte: Adaptado de material didático de M. McDonald, Cranfield School of Management

Compreender as necessidades dos clientes é amplamente reconhecido como batimentos cardíacos do marketing bem-sucedido. Também é parte integrante do KAM. O Quadro 2.3 ilustra esse ponto.

Empresas como a TIX Solutions Ltd precisam reconhecer o que os clientes estão tentando alcançar. Evidentemente, a TIX precisa conhecer a tecnologia necessária para chegar lá, mas não deve assumir que os clientes compreendem a tecnologia e se importam com ela.

QUADRO 2.3: Compreender as necessidades dos clientes

Como os clientes falam sobre suas necessidades de TI	
Visão do cliente	**Visão do fornecedor**
Queremos conselhos sobre...	
Redução de custos	PaaS, SaaS, IaaS
Tendências da tecnologia	Internet das coisas: sensores, ativadores
Queremos ajuda para...	
Desenhar e configurar nossos sistemas	Virtualização
Facilitar e melhorar nossos processos	Analytics para otimização de negócios
Fazer negócios com os clientes por via eletrônica	Shopify, Volusion
Assumir o fardo de...	
Redes gerenciadas transfronteiriças internacionais	WANs, cloud; meta-networks
Segurança de rede	Blockchain framework
Recuperação de uma enchente	Azure, VMware
Otimizar o site para dispositivos móveis	Git, Sails, Bluemix

Fonte: Adaptado de material didático de M. McDonald, Cranfield School of Management

Análise das necessidades das key accounts

O que dificulta ainda mais o marketing B2B é que diferentes tomadores de decisão em cada cliente estratégico terão diferentes necessidades pessoais e profissionais.

A Figura 2.7 mostra os resultados de um estudo que poderia ter ajudado a TIX a personificar as atitudes de membros da equipe de compras de seu cliente estratégico. No eixo horizontal, as atitudes em relação a uma compra estão distribuídas num espectro que se estende da expectativa de "recompensa", o que indica interesse em um ganho estratégico, à sensação de "alívio", o que sugere desejo de evitar um problema ou um embaraço operacional. No eixo vertical, as atitudes do decidador de compras se situam num espectro que vai da mentalidade de "negócios" ao preciosismo "técnico". Portanto, quem se encaixar no quadrante negócio/recompensa pode ser um estrategista radical em busca de grandes ideias dos fornecedores, enquanto quem estiver no quadrante alívio/técnico talvez esteja interessado em descobrir que o fornecedor pode oferecer soluções que o ajudarão na carreira profissional e no progresso na empresa. É difícil atender às duas expectativas, mas o *key account manager* deve compreender essas diferentes atitudes e atender às respectivas necessidades com a solução proposta.

FIGURA 2.7: Diferentes categorias de compradores

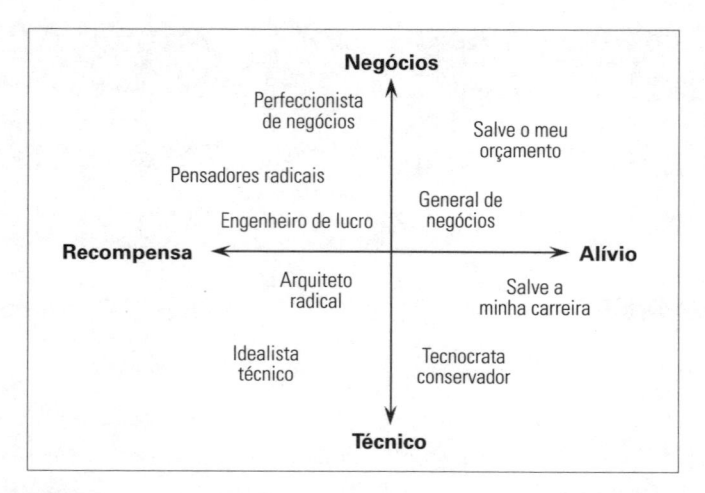

Fonte: Adaptado de material didático de M. McDonald, Cranfield School of Management

Esperamos que os gerentes de marketing de empresas como a TIX estejam elaborando planos de marketing que impulsionem a dinâmica de todo o portfólio de clientes, mas também estejam garantindo o apoio operacional, como pesquisas sobre os decisores, para os *key account managers*. As funções e atribuições dos gerentes de marketing e dos *key account managers* são muito variáveis, e não ignoramos o fato de que, em muitas organizações, vendas e marketing não têm bom relacionamento. Muitas são as pesquisas, cada vez mais numerosas, que mostram os benefícios da integração de vendas e marketing; algumas delas, porém, nos lembram a importância de conflitos criativos ocasionais entre essas duas funções. Em síntese, marketing deve suscitar e sustentar a preferência geral pela marca e pela proposta de valor genérica da empresa, enquanto o KAM deve focar em clientes individuais, com o apoio de marketing em comunicações, como pesquisas e notícias específicas referentes ao cliente, estudos de caso, materiais para apresentações e cenários para reuniões (material conhecido como *marketing collateral* ou *sales-ready marketing*).

As duas funções devem trabalhar juntas em ciclos de planejamento estratégico, nos quais a eficácia do planejamento de clientes depende da robustez do planejamento de marketing, e a eficácia do planejamento de marketing depende da robustez do planejamento de clientes. Ambas também devem cooperar no nível operacional. Veja o exemplo de uma feira comercial, em que marketing espera que o estande da empresa cause a melhor impressão geral possível e os gerentes de clientes querem se reunir com os decisores de compras para discussões específicas. Nunca se deve presumir que marketing é apenas estratégico e que vendas é apenas operacional. Marketing e vendas têm responsabilidade comum pela geração de receita lucrativa, razão pela qual seus interesses devem estar em estreito alinhamento.

De volta à TIX

No contexto da estratégia de negócios e da estratégia de marketing da empresa, conviria à TIX cativar e encantar seu cliente do setor público, superexigente e pouco lucrativo? A TIX decidiu participar da licitação porque a "ausência de lance" acarretaria grave contração no tamanho do negócio, o que implicaria comprometimento devastador do objetivo MUST proposto aos acionistas. Também afetaria a posição da empresa na comunidade de negócios local e desmotivaria os empregados e investidores. Mas a TIX também sabia que teria de explorar a nova situação com esse cliente estratégico, para promover o crescimento e a lucratividade. A TIX conseguiu. O que aconteceu?

Várias foram as razões. Para participar da licitação, eles se associaram, em parceria, com a melhor desenvolvedora da nova tecnologia de comunicação. Investiram muitos recursos na proposta, para garantir que todas as necessidades do cliente seriam atendidas em detalhes. Enfatizaram a contribuição da TIX para a comunidade local. Também empenharam fartos recursos na implementação da nova tecnologia, para que os problemas fossem resolvidos com rapidez.

O retorno foi generoso e duradouro. O cliente, até então relutante e refratário, ficou impressionado, e passou a agir como cliente de referência altamente persuasivo e convincente. Esse é o caso clássico de crescimento sob o impulso de uma *key account*. Como a TIX realmente se empenhou em satisfazer à ambição do cliente por uma nova tecnologia, a empresa tornou-se fornecedor atraente de outras organizações dispostas a assumir os riscos de uma nova plataforma, em troca de seu potencial de redução de custos. A TIX conquistou novos clientes, com menores custos de vendas e marketing.

Havia preocupações com a erosão do valor do negócio para ambas as partes, num período tão longo quanto dez anos, o que sem dúvida é muito tempo em tecnologia da informação, de modo que se programaram avaliações e renovações da proposta. O acordo de "serviços terceirizados" revelou-se mais lucrativo do que o contrato anterior de manutenção e serviço, porquanto a TIX exercia muito mais controle sobre as atualizações.

Com base em uma abordagem estratégica ponderada, o cliente estratégico, que enfrentava dificuldades, contribuiu para a consecução dos objetivos de crescimento do negócio, o que também melhorou a lucratividade do relacionamento.

Pensamentos finais

Os detalhes de uma proposta a uma *key account* podem parecer muito distantes de uma estratégia de crescimento, mas não é bem assim. Estratégia é a alocação de recursos escassos a oportunidades promissoras. Se uma proposta for fundamental para os objetivos de crescimento da empresa, o gerente de vendas precisa arregimentar os melhores recursos e adotar as melhores táticas para produzir uma proposta vencedora. Não há última linha de lucro para os acionistas sem uma primeira linha de receita próspera, impulsionada por marketing e vendas. A primeira linha não se materializa se os clientes não estiverem convencidos de que a empresa é a mais capaz de atender às suas necessidades. No caso de clientes estratégicos, isso requer enorme dispêndio de esforços. Em outras palavras, a maioria das empresas só é capaz de gerenciar um número limitado de *key accounts*. No próximo capítulo, examinaremos como os clientes estratégicos se distinguem dos clientes comuns.

LISTA DE TAREFAS

Coisas a observar ou a descobrir:

Como as metas de vendas da minha empresa se distribuem entre os quadrantes de Ansoff?

Qual é a nossa abordagem para interagir mais on-line com os nossos clientes menores?

Sabemos com clareza quantas *key accounts* podemos gerenciar?

Como o meu plano para as *key accounts* se encaixa com outros planos da empresa?

Qual é a qualidade do meu relacionamento com marketing e do marketing comigo?

Referências

ANSOFF, H. I. Strategies for diversification. *Harvard Business Review*, v. 35, n. 5, p. 113–24, 1957.

LOREN, G. Dow Corning Big Pricing Gamble. *Strategy+Innovation*, 7 mar. 2005.

MCDONALD, M.; ROGERS, B. *Key Account Management: Learning from Supplier and Customer Perspectives*. Oxford: Butterworth-Heinemann, 1998.

MCDONALD, M.; WILSON, H. *Marketing Plans: How to Prepare Them, How To Use Them*. Chichester: John Wiley & Sons, 2011.

PIERCY, N.; LANE, N. The Underlying Vulnerabilities in Key Account Management Strategies. *European Management Journal*, v. 24, n. 2, p. 151–62, 2006.

SELECIONANDO AS
KEY ACCOUNTS CERTAS

3

O Key Account Management (KAM) representa para mim um método de relacionamento colaborativo, no intercâmbio comprador/vendedor. É a moeda com que clientes e fornecedores extraem valor recíproco, que vai muito mais fundo do que o relacionamento transacional.

Do lado do vendedor, ajuda a neutralizar os concorrentes, a abreviar os cronogramas e a validar as previsões. O KAM começa no estágio inicial das vendas, quando o cliente se compromete a embarcar numa jornada com um fornecedor estratégico. A participação ativa do cliente é parte integrante de como a minha equipe vende "valor" e ajuda a nos destacar dos concorrentes.

Se você quiser que a sua iniciativa seja bem-sucedida:

- **Não presuma que os maiores clientes são os que mais merecem a atenção do KAM (em vez de promover os clientes com maior** *potencial para agregar valor).*
- **Nem que todos os clientes querem ser** *key accounts* (você deve perguntar aos clientes se eles querem participar do programa).
- **Lembre-se de que o KAM não envolve relacionamentos transacionais, nem é desculpa para oferecer preços mais baixos para "clientes estratégicos"** (alguns dos seus maiores clientes exigirão preços mais baixos, mas continuarão a tratá-lo como fornecedor de *commodity*).

- **Repense a sua estrutura de remuneração para recompensar comportamentos apropriados** (o sucesso do KAM não acontece da noite para o dia; portanto, considere como você identificará as pessoas certas no curto e no médio prazo).
- **Integre o KAM numa estrutura mais ampla de vendas e marketing, como ABM** (o KAM é uma maneira de extrair valor do marketing, não uma estratégia de marketing em si).

David Lucas-Smith, Diretor de Vendas Empresariais em uma empresa de tecnologia da NASDAQ100

Essa é uma citação valiosa de um diretor de vendas para iniciar nossas considerações sobre os fundamentos do KAM bem-sucedido. Como o Capítulo 2, começamos este capítulo com um estudo de caso real. No fim do capítulo, fornecemos orientações para seguir adiante.

ESTUDO DE CASO

Finsberg Financial Services

Jill Smith trabalha na Finsberg Financial Services como *key account manager* de uma empresa multinacional de produtos alimentícios. A Finsberg é especializada em fornecer seguro para clientes de alto risco, envolvendo armazenamento de material explosivo ou ameaças à integridade do produto nas cadeias de fornecimento. As equipes de clientes estratégicos incluem seguradoras muito requisitadas.

Jill recebe um telefonema da presidente da Câmara Municipal de uma cidade grande – ela é uma de suas conexões no LinkedIn. Ele assumiu recentemente e quer melhorar a base de fornecedores. Estava procurando novos fornecedores e pediu sugestões a alguns contatos. Embora não seja comum no setor público, quase sempre com dificuldades de caixa, ele pretende adotar uma abordagem de parceria com os fornecedores selecionados, com contratos mais duradouros e a oportunidade de agregar valor de maneiras inovadoras. Muitos contratos serão submetidos a licitação, e ele gostaria que a Finsberg apresentasse uma proposta para um portfólio de serviços financeiros. Trabalhar com uma importante Câmara Municipal seria excelente credencial e poderia gerar receita recorrente durante muito tempo. Não é frequente ser procurado por um executivo de alto nível que toma a iniciativa de pedir uma proposta; portanto, o potencial de sucesso é grande.

A Finsberg tem metas de crescimento e dificilmente rejeitaria a oportunidade de trabalhar com um cliente que gosta da marca. No entanto, a empresa sempre focou em sua especialidade. Embora as organizações do setor público precisem fazer seguro contra riscos consideráveis, a Finsberg não tem qualquer outra Câmara Municipal como cliente. O encaixe estratégico não é óbvio. A Finsberg deveria gastar muito tempo e dinheiro apresentando uma proposta a essa Câmara Municipal? Essa Câmara Municipal é uma possível *key account* ou um provável estranho no ninho, difícil e oneroso?

No Capítulo 2, posicionamos o KAM ao lado da estratégia de marketing profissional, e exploramos vários caminhos para o crescimento lucrativo. O KAM sem dúvida é recurso importante para gerar receita e lucro, e precisa ser gerenciado com o mesmo profissionalismo com que se manejam outras capacidades importantes da organização.

Além disso, os fornecedores também precisam lidar com clientes extremamente grandes, seja pela capacidade de geração de receita, seja pela relevância de sua reputação no mercado. Na maioria dos mercados, contudo, há muitos clientes de grande porte, e adotar o tamanho como critério para inclusão no KAM provavelmente os desqualificaria como clientes estratégicos pela quantidade.

No Capítulo 1 insistimos na limitação do número de *key accounts*, mas como seriam escolhidos os poucos felizardos?

Diferentes tipos de relacionamento

Até grandes organizações podem depender demais de seus clientes estratégicos. Se um cliente for responsável por mais de 10% do seu faturamento, é hora de mudar a estratégia, para desenvolver novas *key accounts* oriundas de outras partes do portfólio de clientes, como discutimos no Capítulo 1. Para equilibrar o risco, é importante desenvolver um portfólio de clientes balanceado e concentrar recursos somente onde se justificam, de maneira convincente, relacionamentos integrados. Às vezes, é preciso definir quando parar de valorizar um cliente. Uma empresa de distribuição global conhecida dos autores tinha 18 desses relacionamentos e cada um deles era mais lucrativo do que qualquer outro país isolado. O problema é que esse fornecedor tentou ampliar esse número para cem, e acabou não tendo recursos para tantos, o que o levou a reverter para número bem mais baixo.

Ao selecionar os clientes atuais e potenciais a serem incluídos no programa KAM, haverá inevitavelmente diferentes tipos de relacionamento. Voltando à Finsberg, o estudo de caso do início do capítulo, em que o *prospect* está falando de parceria, antes mesmo de haver relacionamento, seria isso uma mutreta para estimular uma proposta de serviços, vantajosa para o cliente, mas arriscada para o fornecedor?

Embora não seja fácil, é importante classificar todos os relacionamentos com clientes com base em critérios objetivos e empresariais, de modo a gerenciar cada cliente com o propósito de gerar a lucratividade almejada, capaz de criar valor para os acionistas.

A próxima seção deste capítulo explicará em detalhes como fazer isso. *Este é o capítulo mais importante do livro, pois o resultado desse processo influenciará todas as etapas subsequentes, inclusive a definição de objetivos e estratégias para cada* key account, *assim como a elaboração de planos e a distribuição de recursos.*

> **!** *Para equilibrar o risco, é importante desenvolver um portfólio de clientes balanceado e concentrar recursos somente onde se justificam, de maneira convincente, relacionamentos integrados.*

Classificando as *key accounts*

A matriz da Figura 3.1 tem um nome empolado, mas não se exaspere. Garanto-lhe que é muito prático, factível e útil. De agora em diante, vamos denominá-la MPE (matriz de planejamento estratégico).

FIGURA 3.1: Selecionando e classificando os clientes pelo potencial

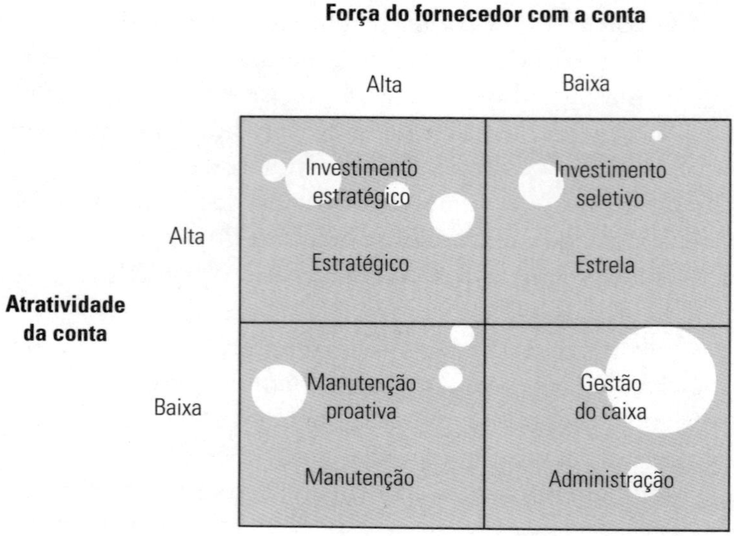

Força do fornecedor com a conta

Fonte: Adaptado de Woodburn e McDonald (2012)

O propósito da matriz de planejamento estratégico (MPE) do KAM de McDonald/Rogers é comparar, uns com os outros, todas as *key accounts*, no contexto de:

- Atratividade relativa de cada *key account* para o futuro da empresa.
- Competitividade relativa da empresa para cada *key account*.
- Contribuição relativa de cada *key account* para a receita e para o lucro da empresa.
- Base para a definição de objetivos e estratégias realistas para alcançar os seus objetivos.

Um subproduto desse exercício de planejamento é a capacidade de explicar a estratégia da empresa de maneira clara e inequívoca aos *stakeholders*.

Mas, por favor, atenção: mude os critérios, escores e pesos, para adequá-los às circunstâncias e objetivos da sua empresa. As pessoas geralmente nos pedem "a fórmula certa". Seria muito errado admitir que uma fórmula única é eficaz para todas as empresas. Insisto com todas as empresas para incluir a lucratividade do cliente como fator de atratividade, mas, raramente, esse é o único fator importante. No Capítulo 1, consideramos os objetivos e estratégias, em geral, e esses são fatores que devem influenciar os critérios de seleção. Por exemplo, o volume dos pedidos dos clientes recebe peso elevado nas empresas industriais que produzem por processos contínuos, uma vez que os pedidos volumosos possibilitam a produção contínua, sem interrupções. Uma empresa de serviços profissionais que trabalhe por projeto tende a atribuir maior peso à lucratividade. Os fatores que determinam a lucratividade dos clientes também podem variar de acordo com o tamanho da empresa. As empresas maiores valorizam o volume por precisarem sustentar o próprio porte e os custos fixos daí decorrentes. Já as empresas menores geralmente procuram *key accounts* que as ajudem a crescer. No caso da Finsberg, além do volume e da lucratividade, também é importante considerar o "encaixe estratégico", ou compatibilidade, como fator de atratividade, com base nos riscos do cliente a serem gerenciados.

O roteiro para completar a MPE é o seguinte.

Passo 1

O primeiro passo é selecionar os clientes a serem incluídos no processo. Se você tiver um sistema poderoso de CRM, você provavelmente poderá aplicar critérios de seleção a toda a base de clientes. Todavia, para fins de conceituar a seleção de clientes pela primeira vez, sugerimos limitar a lista, de início, a dez ou menos clientes estratégicos atuais ou potenciais. Seja aberto com relação aos clientes a serem incluídos. Não importa, neste momento, se o cliente já é servido pela empresa ou ainda é um alvo a ser alcançado. Este passo é de importância crucial, e você deve refletir sobre a perspectiva de aumentar o lucro nos próximos três anos, não só no próximo ano.

Considere o exemplo da Tabela 3.1. Nessa tabela, denominamos *wallet size* (tamanho da carteira) a quantia que o cliente (ou alvo) gasta com o tipo de produto/serviço que você oferece. Por exemplo, se você for uma empresa produtora de papel e vender papel para uma cadeia de farmácias, que gasta £ 4 milhões por ano com produtos de papel, £ 4 milhões é o tamanho da carteira do cliente.

TABELA 3.1: Comparando o *wallet size* de clientes estratégicos (exemplo)

Key account / nome do alvo	*Wallet size* para a nossa faixa, em £ milhões por ano	Nosso *share of wallet* (%)
ABC	4	90
DEF	10	10
GHI	20	15
JKL	6	80
MNO	14	75
PQR	30	12
STU	10	60
VWX	10	63
YZA	24	45
BCD	8	80

E, agora, você precisa selecionar as suas dez *key accounts*.

Passo 2

> Ao selecionar as *key accounts*, sobretudo quando são intermediários de canal, os critérios de seleção devem incluir a sustentabilidade do relacionamento e o valor vitalício potencial do cliente. Os clientes estão sujeitos a rigorosos critérios de seleção, por meio de uma espécie de *due diligence* (dever de diligência), para que seja incluído como *key account*. O sucesso final do relacionamento depende dos recursos investidos no cliente, e investir recursos nos clientes certos é fundamental para o sucesso duradouro.
>
> Darren Bayley, Diretor Comercial da Dentsply Sirona

Agora você tem uma lista de dez *key accounts*, numa espécie de termômetro, com "alto" na parte superior e "baixo" na parte inferior. "Alto" são os clientes que oferecem as melhores perspectivas para qualquer concorrente relevante (não só você) melhorar o lucro nos próximos três anos; portanto, rotularemos esse eixo vertical como "Atratividade do Cliente". Para fazer essa seleção de maneira desapaixonada, será preciso um conjunto de critérios lógicos, conforme sugerido por Darren Bayley na citação acima. Um exemplo é apresentado no Quadro 3.1.

QUADRO 3.1: Sistema de pontuação da atratividade do cliente

Fatores de atratividade do cliente		Sistema de pontuação (de 1 a 10)		
Fator	Peso	1-3	4-6	7-10
Volume atual entregue	40	2-3 cargas por semana	2-3 cargas por dia	Várias cargas por dia
Taxa de crescimento do cliente no respectivo setor	10	Menos de 10% nos últimos 3 anos	10-20% nos últimos 3 anos	10-20% no último ano
Lucratividade dos negócios/negócios potenciais com esse cliente (depois de despesas gerais, juros e depreciação)	20	1-3%	4-6%	7-10%
"Encaixe" organizacional	30	Integração limitada dos processos	Compartilhamento de dados e automação de processos.	Sistemas de cadeia de fornecimento plenamente integrados
	100			

Fonte: Adaptado de McDonald e Rogers (1998)

Vários decisores devem sentar e refletir sobre o que torna um cliente importante para a empresa. No exemplo do Quadro 3.1, quatro fatores de atratividade foram escolhidos, que são típicos dos interesses de muitas empresas ao comparar *key accounts*. Observe que apenas um tenta captar o valor potencial, ou seja, a taxa de crescimento da empresa no respectivo setor. Fazer análises prospectivas é muito difícil, mas é preciso tentar olhar para a frente, em vez de olhar para trás.

Voltando ao Quadro 3.1, agora é preciso decidir quais dos três ou quatro fatores de atratividade do cliente são menos ou mais importantes (processo que denominamos "ponderação"). Por exemplo, numa fábrica em que a taxa de ocupação é de apenas 40%, talvez o fator "volume" deva ter mais peso do que o fator "lucratividade". Por outro lado, numa fábrica operando a plena capacidade, talvez o fator "lucratividade" deva ter mais peso do que o fator "volume".

Diferentes decisores têm diferentes prioridades. O diretor operacional talvez esteja mais interessado em volume do que o diretor financeiro, que tende a se preocupar principalmente com a lucratividade do cliente. Todos os *stakeholders* devem participar do processo de ponderação, mas a distribuição dos pesos deve representar as prioridades estratégicas da empresa como um todo.

Passo 3

No lado direito do Quadro 3.1, vê-se um exemplo do sistema de pontuação. O passo seguinte é decidir como pontuar as *key accounts* com base nos critérios de ponderação. Mais uma vez, vários *stakeholders* precisam concordar quanto à atratividade relativa.

Passo 4

TABELA 3.2: Pontuação da atratividade da *key account* (exemplo)

Fatores de atratividade do cliente		Key accounts				
Fator	Peso	ABC		DEF		GHI	
Volume atual entregue	40	9	360	3	120	4	160
Taxa de crescimento do cliente no respectivo setor	10	4	40	8	80	7	70
Lucratividade dos negócios/negócios potenciais	20	5	100	8	160	6	120
"Encaixe" organizacional	30	9	270	6	90	5	150
	100		770		450		500

Fonte: Adaptado de Rogers (2007)

Pontue cada *key account* de acordo com os parâmetros adotados na Tabela 3.2. Depois, multiplique a pontuação pelo peso (também na Tabela 3.2). Você pode ver como altas pontuações em fatores de baixo peso podem ser compensadas por baixas pontuações em fatores de alto peso.

Desenhe seu próprio quadrante com base na Figura 3.1. Inclua cada cliente estratégico na linha vertical da caixa, com pontuações de baixo para cima. Reflita, na escala, o espectro de pontuações, não uma extensão absoluta. Por exemplo, se a pontuação mais baixa for 350, inicie o eixo vertical em 300, de baixo para cima. Se a pontuação mais alta for 750, termine o eixo vertical em 800, na ponta superior. Assim, você inclui na escala todos os seus dez clientes, distribuídos ao longo do eixo vertical.

Também é importante lembrar que estar mais baixo no eixo vertical não significa necessariamente que o cliente não é atraente. Apenas indica que o cliente é menos atraente que outro que se situe mais acima no eixo vertical, pelo critério de aumentar a lucratividade da empresa nos próximos três anos.

Passo 5

Avalie suas forças com cada *key account*, em comparação com o seu cliente mais relevante. Primeiro, faça isso intuitivamente, apoiado pela mensagem que você percebe em sua *share of wallet*. Se o *share of wallet* for superior a 50%, sua força competitiva deve ser alta; se for inferior, deve ser baixa, na ponta mais baixa da escala. Observe que "baixo" se situa no *lado direito* da matriz. Veja, então, se é possível conseguir do cliente informações detalhadas, como ilustrado no Passo 6.

> Os clientes têm a própria percepção de até que ponto sua empresa é estratégica para o negócio deles; os novos concorrentes, em especial, nem mesmo figuram nos planos deles. Se você tiver acesso aos principais decisores dos clientes, é altamente provável que submetam a sua empresa a uma série de testes de credibilidade, envolvendo oportunidades não muito valiosas e não críticas, com pouco ou nenhum risco para o negócio deles. O pessoal de compras preza muito a segurança das decisões deles; portanto, não lhe concederão um grande contrato da noite para o dia. Muitas vezes, a construção da credibilidade demora anos.
>
> Paul Beaumont, Diretor de Vendas Interino

! *Também é importante lembrar que estar mais baixo no eixo vertical não significa necessariamente que o cliente não seja atraente. Apenas indica que o cliente é menos atraente que outro que se situe mais acima no eixo vertical, pelo critério de aumentar a lucratividade da empresa nos próximos três anos.*

Passo 6

TABELA 3.3: Como uma *key account* avalia os fornecedores (exemplo)

Fatores críticos de sucesso do cliente YZA		Nossa pontuação versus a dos concorrentes			
Fator	**Peso**	**Nós**		**Concorrente A**	**Concorrente B**
Preço	20	6	120	9	180	4	80
Entrega	40	9	360	3	120	6	240
Qualidade	20	7	140	7	140	8	160
Inovação	10	3	30	5	50	9	90
Alcance	10	7	70	8	80	3	30
	100		720		570		600

Fonte: Adaptado de McDonald e Rogers (1998)

> Boa medida da seriedade com que o cliente considera o relacionamento com o fornecedor é atribuir ao fornecedor um gerente de compras exclusivo.
>
> Steve Jackson, Gerente de Desenvolvimento de Negócios em uma empresa global de manufatura e serviços

Para que a pontuação no eixo horizontal da Figura 3.1 seja objetiva, é preciso ver suas qualidades como fornecedor sob o ponto de vista de cada cliente. O ideal é ter a informação apresentada na Tabela 3.3 – como a sua pontuação se compara com a dos concorrentes com base em critérios de compra ponderados. O que é mais importante para essa categoria de compra? Que escore os clientes lhe atribuem em cotejo com os de seus concorrentes mais próximos? Vemos na Tabela 3.3 que o cliente YZA atribuiu peso elevado ao fator entrega. Se superamos nossos concorrentes nesse fator, nossa força competitiva será alta. Podemos melhorar em outros fatores se quisermos conquistar *share of wallets* maiores. Lembre-se que cada cliente estratégico terá diferentes critérios; portanto, esse exercício terá de ser executado individualmente com cada *key account* – normalmente, pelo *key account manager*.

Passo 7

Agora, encontre os pontos de interseção para cada uma das dez *key accounts* da matriz de quatro quadrantes que você desenhou, usando a Figura 3.1.

Passo 8

Sua matriz já está com vários pontos, cada um representando uma *key account*. É possível aumentar o tamanho dos pontos, para refletir o porte relativo do atual nível de gastos da *key account*, com a sua faixa de produtos/serviços.

Passo 9

Defina objetivos e estratégias para essas *key accounts*, usando nossas diretrizes para cada um dos quatro quadrantes (ver Quadro 3.2).

QUADRO 3.2: Objetivos e estratégias típicos para os quadrantes da matriz de planejamento estratégico (MPE) do KAM de McDonald/Rogers

Tipo de Cliente	Objetivos Potenciais	Estratégias Potenciais	Outras Considerações
Estratégico	Garantir projetos de desenvolvimento futuros e investir; sustentar ou aumentar gradualmente volume e receita	Quando o negócio já é assim tão bom, a única maneira de crescer é ajudando o cliente a crescer. Com o planejamento estratégico comum, considerar oportunidades de lançar novos produtos e de entrar em novos mercados	Considerar os riscos inerentes a esse negócio. Será que ele representa alta proporção da nossa receita? Convém investir mais em outros clientes para diversificar o portfólio?
Manutenção	Sustentar volume, receita e lucratividade	Esses clientes devem ser defendidos contra os concorrentes, mas não a qualquer custo. O desenvolvimento do relacionamento ainda é importante	A incompatibilidade entre as intenções dos fornecedores e clientes nem sempre é problema
Estrela	Conquistar fatia do cliente, mas ser seletivo nos investimentos em propostas	É difícil saber quando investir em estrelas. Eles estão satisfeitos com outro fornecedor. Tomar pequenos pedaços do negócio que o concorrente não quer pode ajudá-lo a aumentar a sua fatia no cliente	Manter contato com o cliente e esperar que o fornecedor titular cometa um erro importante também é uma estratégia viável
Administração	Minimizar os custos de servir; maximizar a geração de caixa	Em geral, os clientes se satisfarão com os produtos comuns e com a facilidade de fazer negócios — por telefone ou via portal	As equipes dos call centers devem ser bem treinadas para saber quando a atividade de compras do cliente está aumentando

Fonte: Adaptado de Woodburn e McDonald (2012)

Como já vimos, cada empresa desenvolverá seu próprio sistema de seleção de *key accounts*, com base em seus objetivos e perspectivas. Eis algumas ideias de um alto executivo experiente, que talvez você seja capaz de alinhar com os processos analisados neste capítulo:

O ponto de partida de muitas organizações na seleção dos clientes estratégicos é o valor do negócio, em termos de níveis de receita e vendas conseguidos no passado. Embora esse critério seja compreensível, e até certo ponto inevitável, ele raramente é suficiente para o desenvolvimento e preservação de um relacionamento lucrativo duradouro, de longo prazo. Outros critérios a serem considerados são:

- O contexto macroeconômico da *key account* potencial: ele é favorável no médio e no longo prazo, em termos de estabilidade e crescimento?
- A *key account* potencial tem forte necessidade duradoura e, idealmente, crescente, pelos serviços e produtos oferecidos pelo fornecedor?
- Haverá espaço para *cross-selling* e *up-selling* de ampla variedade de serviços e produtos?
- A *key account* potencial é estável, madura, com forte governança e boa reputação?
- A cultura organizacional da *key account* potencial e do fornecedor são compatíveis, com um senso comum de valores e propósitos?
- Os relacionamentos pessoais entre os indivíduos-chave em ambas as organizações serão fortes, ou capazes de se tornar fortes e duradouros?
- Para grandes empresas multinacionais, as *key accounts* potenciais provavelmente precisarão de uma pegada global, no fornecimento de escopo e escala suficientes para um relacionamento lucrativo duradouro.
- A percepção do fornecedor pela *key account* potencial também é importante. É preciso haver certo grau de reciprocidade entre as organizações quanto ao relacionamento um com o outro e quanto ao papel estratégico de um para o outro, porque sem isso dificilmente se desenvolverá um entendimento mútuo profundo.

- Por fim, haverá uma medida ou limiar financeiro para justificar o investimento em sistemas e infraestrutura KAM. Para *key accounts* globais, esse limiar pode ser da ordem de dezenas de milhões de dólares como ponto de partida para a construção de uma base de negócios suficiente.

Os fornecedores maduros geralmente segmentarão a base de clientes de modo a concentrar recursos na maximização dos retornos. No contexto de gestão de clientes, uma *key account* potencial pode começar como "cliente-alvo", por atender à maioria, se não a todos os critérios, exceto o de superar o limiar financeiro. Normalmente, a *key account* reterá esse *status* até parar de crescer. Talvez continue sendo um cliente substancial e mantenha essa posição durante muito tempo, mas o crescimento é importante, e a estagnação geralmente significa que a *key account* é relegada a segundo plano e se torna "cliente-âncora". Inevitavelmente, a falta de crescimento degenera em queda de receita, situação que, caso se prolongue, levará o cliente-âncora a ser rebaixado novamente, desta vez a "cliente transacional". Com a perda de *status*, à medida que o cliente prossegue no ciclo de vida, ocorre declínio correspondente nos investimentos, nos serviços e na responsividade, até que, por fim, é preciso decidir se faz sentido continuar atendendo ao cliente.

Simon Derbyshire, Vice-presidente da
Capgemini Saudi Arabia

A Capgemini é líder global em serviços
de consultoria, tecnologia e terceirização

Observe que Simon discute a seleção de critérios e a progressão dos clientes, de cliente-alvo a *key account,* e mostra como os clientes também podem retroceder no *status*, conforme analisado em relação à Figura 3.2.

Risco de saída

Todas as empresas devem estar preparadas para gerenciar a transição de *key accounts* para clientes comuns e para gerenciar o risco de os clientes estratégicos mudarem para um concorrente. As principais causas são mudanças na orientação estratégica do fornecedor ou do cliente, ou "incidentes críticos negativos" (ICN) – sabemos que você encontrará um termo coloquial para o que estamos dizendo! ICN é quando alguma coisa dá errado, como:

- Manejo inadequado de mudanças de pessoal-chave (em uma das empresas, ou numa empresa parceira).
- Quebra de confiança – prometeu-se alguma coisa que não aconteceu. A falha pode ser de qualquer uma das partes.
- Abuso de poder – como quando o cliente exige desconto excessivo.
- Complacência.
- Incompatibilidade cultural entre as organizações (por exemplo, burocracia com empreendedorismo, e vice-versa).
- Problemas de qualidade com o produto ou serviço.
- Problemas financeiros (principalmente, atrasos de pagamento pelo cliente).
- O fornecedor ou o cliente perde o *status* no setor.

Relações de negócios estreitas podem ter um lado escuro. Por isso é que selecionar um cliente como destinatário de alocação de recursos especiais exige muito cuidado, razão pela qual a qualidade do relacionamento deve ser monitorada com atenção e reexaminada periodicamente.

> **!** *Todas as empresas devem estar preparadas para gerenciar a transição de* key accounts *para clientes comuns e para gerenciar o risco de os clientes estratégicos mudarem para um concorrente.*

A importância da seleção certa

Os exemplos a seguir ilustram os casos mais difíceis com que você deparará. Afinal, além de dados, também é preciso o conhecimento profundo de cada cliente. Objetividade é importante, mas dados não são *insights*. Os *insights* fulguram quando os dados suscitam o pensamento analítico e criativo.

Exemplo 1

O cliente Ainsworth & Bilbury SA era uma grande editora global, que resolveu racionalizar os seus fornecedores de papel, escolhendo apenas dois, que lhe dariam os melhores preços.

Um dos fornecedores (Supplier Snow Inc) era grande ator no mercado e tinha custos fixos altos. Não podia perder o grande volume de produção de papel que a Ainsworth & Bilbury lhe proporcionava, uma vez que seus custos fixos continuariam altos e teriam de ser diluídos em volume muito menor, tornando seus produtos não competitivos.

Assim, a Snow Inc entrou no processo de licitação para conquistar o contrato, mesmo a preços ridiculamente baixos. Ao ganharem o contrato pouco atraente, ativeram-se rigorosamente aos termos do contrato, e cobraram adicionais por qualquer coisa fora do contrato, além de minimizarem os custos de servir a esse cliente. A Ainsworth & Bilbury despencou de cliente estratégico para a fronteira entre "manutenção" e "administração".

O ponto da história é a possibilidade de haver clientes grandes e relevantes, que não oferecem muito potencial de crescimento no lucro, mas precisam ser mantidos. Reduzir os custos de servir ao cliente é a única alternativa, nesse caso, seguida de tentativas vigorosas de diversificar o portfólio de clientes. Evidentemente, se a Snow Inc fosse uma empresa de serviços, em que grande parte dos custos é variável, eles até poderiam ficar felizes em perder a Ainsworth & Bilbury para um concorrente.

Exemplo 2

A Company Wyvert tinha um cliente grande e atraente (Customer Feedwelk GmbH), com gasto anual de £ 32 milhões em sua categoria de produto, que crescia ano a ano. O problema da Wyvert era ser avaliada pela Feedwelk como o pior de todos os fornecedores, com uma fatia minúscula do gasto anual de £ 32 milhões. A razão disso era que o "sistema" Wyvert mostrava a Feedwelk como um cliente pequeno, que encorajava a maximização do lucro. Uma análise do potencial mais amplo da Feedwelk teria informado à Wyvert que eles deveriam estar investindo na Feedwelk para aumentar sua fatia no cliente.

Somente ao posicionar a Feedwelk no contexto de todos os outros clientes numa MPE é que os altos executivos se conscientizaram da natureza contraproducente daquela estratégia "administrar" para o cliente, e mudaram para a abordagem "estrela".

Fatores temporais nos relacionamentos de negócios

Nos primeiros dias do KAM, os pesquisadores mostravam-se ansiosos por observar como os relacionamentos se desenvolviam ao longo do tempo. É muito importante lembrar-se que as *key accounts* nem sempre foram clientes estratégicos e nem sempre serão clientes especiais. Um dos artigos sobre pesquisa mais convincentes que já vimos argumentava, com base em grande amostra, que a maioria dos relacionamentos de negócios atinge o apogeu na fase de crescimento. Pesquisas sob o ponto de vista dos compradores demonstram preocupação com o excesso de comprometimento em relação aos fornecedores especiais, sugerindo que o declínio é sempre possível depois do amadurecimento dos benefícios pretendidos com o relacionamento estreito (ver Figura 3.2).

FIGURA 3.2: Ciclo de vida dos relacionamentos fornecedor-cliente

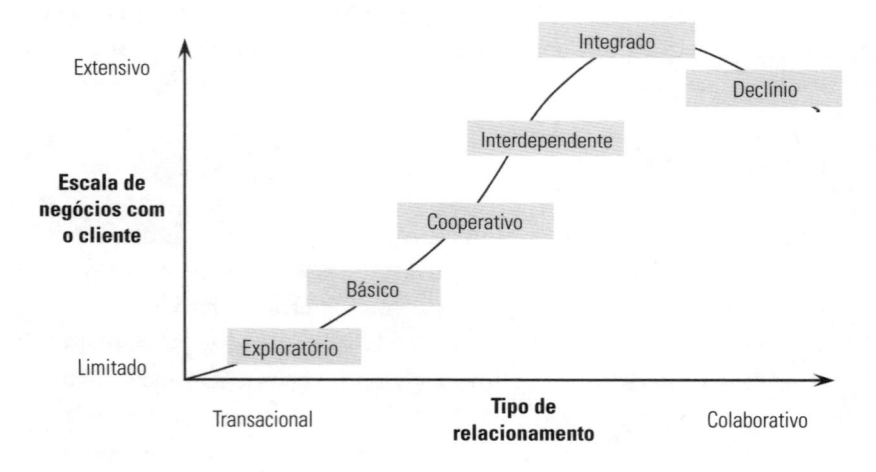

Fonte: Adaptado de Millman e Wilson (1955); Jap e Anderson (2007)

- O KAM exploratório se inicia quando o cliente é identificado como *key account* potencial, mas o comércio entre as duas empresas é limitado. Ambos os lados estão explorando as capacidades um do outro. O fornecedor está construindo sua reputação como desafiante potencial do concorrente que atualmente tem a maior fatia dos gastos do cliente nessa categoria de bens/serviços.

- O KAM básico é principalmente transacional, e o fornecedor precisa comprovar sua eficiência e credibilidade. Nesse estágio, o preço é, frequentemente, importante para o cliente, e o fornecedor tende a ser apenas um entre muitos outros. É fácil para o cliente abandonar o relacionamento, mas também há a oportunidade de promover o crescimento do negócio, demonstrando a credibilidade e a importância dos critérios de preço, qualidade e entrega. Um desafiante pode ganhar reputação de fornecedor "fácil de fazer negócios".
- O KAM cooperativo é o estágio em que o fornecedor é um dos poucos "preferidos" pelo cliente. Há muitos pontos de contato entre o pessoal do fornecedor e o pessoal do cliente, embora o relacionamento principal ainda seja com a equipe de profissionais de compras. O compartilhamento de informações é limitado e o fornecedor não é de absoluta confiança para o cliente. Geralmente é nesse estágio que o fornecedor opera sem lucro em busca de uma "fatia do cliente". Como ideal, os *key account managers* esperam empurrar o relacionamento para a interdependência. Se isso não acontecer em consequência da maneira como o cliente compra (ver Capítulo 4), é provável que seja melhor retroceder para o relacionamento básico, e focar no cumprimento das promessas. Os custos de gerenciar relacionamentos cooperativos devem ser monitorados de perto.
- O KAM interdependente envolve um relacionamento muito mais estreito entre o fornecedor e o cliente, e ambos reconhecem a importância estratégica um do outro. O fornecedor até pode ser exclusivo para determinada categoria de bens ou serviços. Por certo, haverá muito compartilhamento de informações e despontará certo grau de confiança entre as organizações (respeito recíproco pelo valor das marcas) e entre os contatos (respeito entre os profissionais como pessoas). O planejamento estratégico das operações entre as partes será conjunto e surgirão excelentes oportunidades para o crescimento dos negócios. Esses relacionamentos são difíceis e pouco numerosos.
- O KAM integrado envolve o fornecedor e o cliente trabalhando quase como uma organização única, no processo de criar valor para ambas as partes. Tal é o nível de relacionamento entre os negócios que a saída se torna muito difícil, até trau-

mática. As equipes de projetos interfuncionais de ambos os lados trabalham em projetos específicos, geralmente usando sistemas de custos transparentes. Esses relacionamentos podem ser muito lucrativos para ambas as partes, mas são muito difíceis de desenvolver. Todavia, não é incomum logística ou soluções de TI com duas marcas (por exemplo, "Intel Inside"), e, em geral, é em benefício do cliente final que os parceiros da cadeia de fornecimento integram o desenvolvimento de produtos e as operações. Os relacionamentos integrados podem ser controversos, na medida em que são quase *joint-ventures*, que, normalmente, estariam sujeitas a intensa *due diligence* e a aprovação formal pelos acionistas. E, evidentemente, se esses relacionamentos se desintegrarem em algum momento, os riscos e custos são consideráveis.

• Os relacionamentos com as *key accounts* podem declinar gradualmente, à proporção que os interesses comerciais mútuos entre fornecedor e cliente tornam-se divergentes ou são atingidos por crises externas, como recessões, ou internas, como escândalos de relações públicas afetando uma das partes. É sempre prudente para ambas as partes concordar com um plano de saída para os cenários de declínio ou crise.

> **!** *Os* key account managers *esperam empurrar o relacionamento para a interdependência. Se isso não acontecer em consequência da maneira como o cliente compra, é provável que seja melhor retroceder para o relacionamento básico, e focar no cumprimento das promessas.*

O conceito de desenvolvimento de relacionamentos com *key accounts* ao longo do tempo e através dessas categorias é útil no planejamento de clientes estratégicos, analisado no Capítulo 5. Sua importância aqui é mostrar que, depois da seleção cuidadosa, dele se extraem sugestões sobre como cultivar relacionamentos com determinados clientes estratégicos ou com *key accounts* potenciais. Eles não precisam ficar paralisados durante a análise. A principal razão para fazer a análise é conscientizar os clientes de que eles não são tão especiais quanto se havia suposto e identificar os clientes que são oportunidades perdidas, para, finalmente, mudar as coisas para melhor.

Depois de passar muitos anos em vendas e em gestão de clientes, concebendo estratégias para construir vínculos fortes com os clientes, sou agora um investidor em inovação tecnológica e vejo o panorama sob outra perspectiva. Deparei com muitos exemplos de KAM inadequado; de fato, em minha área de atuação, muitos são os exemplos de mal-entendidos das vendas em si. Ajudar as startups a entender vendas e gestão de relacionamentos é difícil; e um aspecto que ainda não é bem compreendido é que a inovação em si não se vende. Para tanto, é necessária uma abordagem positiva e proativa, não só para conhecer o mercado, mas também para compreender o valor que a inovação entrega ao cliente. Com muita frequência, grandes realizações tecnológicas podem ficar na prateleira, por falta do devido esforço de vendas.

Não são só startups que têm dificuldade em compreender como construir relações de negócios. Numerosas grandes empresas parecem ter adotado o mantra de "encantar o cliente" – em outras palavras, "fazer o que cliente diz, seja o que for" – e dizer que é KAM. Isso inclina o equilíbrio de poder para o cliente. Os fornecedores acabam focando com muita intensidade em poucos clientes estratégicos, mantendo-os encantados, enquanto os clientes estratégicos deixam abertas suas opções. Se ocorrer um problema, rompendo-se o relacionamento, o fornecedor enfrenta graves problemas. Constrói-se a colaboração quando o fornecedor e o cliente desenvolvem juntos um novo produto, mas o verdadeiro impacto estratégico acontece quando os dois trabalham juntos para levar o produto ao mercado. Nesse caso, as duas empresas podem focar menos em gerenciar uma a outra e mais em gerenciar o futuro comum. Mesmo assim, ainda é necessário que o *key account manager* trabalhe com afinco para sustentar o sucesso.

Andy Proctor, Liderança de Inovação na Innovate UK
Innovate UK é a agência de inovação do Reino Unido

Evitando armadilhas

Vários trabalhos de pesquisa identificam falhas na seleção das *key accounts* como causa básica de problemas nos programas KAM.

Relacionamos abaixo o que nos parece serem os defeitos mais comuns na seleção de clientes estratégicos.

- Listas longas demais são intratáveis na prática, resultando na impossibilidade de entregar o valor prometido (espalhando e rarefazendo demais a camada de serviços).
- Listas que são exatamente o que são – "listas", nas quais faltam qualquer tipo de orientação ou diferenciação estratégica. Já soubemos de portfólios de clientes que são simplesmente divididos entre os profissionais de vendas, de maneira casuística e improvisada.
- O processo de seleção em si impede a inclusão de novas *key accounts* potenciais. Na prática, esse problema pode ser superado pela avaliação dos clientes a serem incluídos no programa KAM, pelo menos uma vez por ano, no início do ciclo de planejamento anual.
- Frequentemente, há pressões políticas internas para incluir clientes inadequados, por um monte de razões. A mais frequente é a longevidade dos relacionamentos comerciais, o *status* do cliente no setor, ou o fato de determinado cliente sempre ter sido o favorito de um alto executivo.

> **!** *Podemos dissociar evidências fáticas (do mundo real) de objetivos altamente idiossincráticos? Com muita frequência, tenho visto CEOs e membros do Conselho de Administração impor uma lista de key accounts a uma equipe de vendas, na vã esperança de que "A equipe" produzirá os resultados (afinal, é o que ela faz, não é?).*

O maior problema de todos, porém, na nossa opinião, é a inclusão de clientes com base exclusivamente nos resultados atuais, em vez de no potencial para o futuro.

A seleção das *key accounts* exerce grande impacto sobre o sucesso de todo o programa KAM. As empresas precisam adotar os critérios certos, os dados certos, e a capacidade de julgamento para tomar as decisões certas.

E, finalmente...

Voltemos, agora, a Jill Smith e à Finsberg. O governo local pode estar oferecendo um grande naco de negócios, mas é provável que suas propostas sejam limitadas pelo governo central e que eles sejam muito sensíveis aos preços, o que reduziria o potencial de lucro do negócio. O encaixe organizacional será restrito, uma vez que a Finsberg, atualmente, não tem clientes do setor público. Portanto, é provável que esse cliente venha a ser um estranho no ninho, cujo serviço será muito oneroso. Parece razoável sugerir que, nessas condições, a Finsberg não dê lance na licitação, a não ser que esteja pensando em diversificar-se para um novo setor e aproveite essa oportunidade como caso piloto.

Esperamos que você agora seja capaz de compreender os diferentes potenciais de lucratividade de seus principais clientes. A seleção dos clientes certos é incrivelmente importante. Com base em nossa experiência, quando as empresas começam a buscar objetividade na categorização dos clientes, o primeiro benefício é pararem de gastar dinheiro com clientes que não querem relacionamentos de parceria. Evitar esse desperdício libera tempo e gera recursos para investir em verdadeiras oportunidades estratégicas. A maneira de planejar esse processo é explorada mais adiante neste livro. O Capítulo 4 analisa a profissão de compra e sua influência no sucesso ou insucesso dos objetivos e estratégias das *key accounts*.

LISTA DE TAREFAS

Reserve algum tempo para trabalhar no processo de seleção esboçado neste capítulo e elabore alguns exemplos.

Se estiver faltando alguma informação, veja se há como consegui-la.

Referências

JAP, S. D.; ANDERSON, E. Testing a Life-Cycle Theory of Cooperative Interorganizational Relationships: Movement Across Stages and Performance. *Management Science*, v. 53, n. 2, p. 260–75, 2007.

MCDONALD, M.; ROGERS, B. *Key Account Management: Learning from Supplier and Customer Perspectives*. Oxford: Butterworth-Heinemann, 1998.

MILLMAN, T.; WILSON, K. From Key Account Selling to Key Account Management. *Journal of Marketing Practice: Applied Marketing Science*, v. 1, n. 1, p. 9–21, 1995.

ROGERS, B. *Rethinking Sales Management: A Strategic Guide for Practitioners*. Chichester: John Wiley & Sons, 2007.

WOODBURN, D.; MCDONALD, M. *Key Account Management: The Definitive Guide*. Chichester: John Wiley & Sons, 2012.

COMPREENDENDO AS DECISÕES DE COMPRA

4

> Sem dúvida, como líder sênior de uma empresa global, com autoridade para compras em torno de £ 10 milhões em toda a Europa, na área de telecom, eu era uma pessoa importante para o chefe de vendas corporativas (EMEA) em (empresas de telecom). Mas, e esse *mas* é crucial, só porque eu era importante para ele não significava que ele era importante para mim. Compreendo minha importância como cliente pelo fato de ter £ 10 milhões para gastar. Por que será, então, que o fato de eu gastar £ 10 milhões num mercado tornaria algum vendedor, em especial, mais importante para mim do que qualquer outro vendedor, ou até bastante importante para mim a ponto de eu querer passar algum tempo com esse vendedor?
>
> Rob Maguire, Consultor de Compras e Sócio da MaguireIzatt LLP (www.maguireizatt.co.uk).
> Extraído de livro publicado (Maguire, 2017).

De novo, começamos este capítulo com um estudo de caso da vida real e, no fim do capítulo, sugerimos como prosseguir.

ESTUDO DE CASO

Qualität GmbH

Qualität GmbH (conhecida em todo o mundo como QG) cindiu-se de um grande conglomerado dez anos atrás, mas uma ex-coligada

(Zuverlässigkeit AG, conhecida como ZLK) é ainda seu cliente estratégico mais importante. Tendo sido parte do mesmo grupo, os processos são integrados, e os relacionamentos entre os altos executivos sempre foram cordiais. Nessa acolhedora parceria de negócios, entra Heine Schmitt, o novo gerente de compras da ZLK. Ele adota uma abordagem profissional à gestão de fornecedores, e está decidido a reduzir a base de fornecedores e garantir que os aprovados nos testes oferecerão preços competitivos ou inovarão com a ZLK no desenvolvimento e entrega de novas linhas de produtos. Evidentemente, os membros do Conselho de Administração que o admitiram supunham que ele cortaria apenas pequenos fornecedores. Mas Heine sabe que manter muitos "fornecedores estratégicos" também é oneroso, sobretudo se forem complacentes. Ele logo começa a ouvir piadas de várias fontes sobre a complacência da QG – cálculos inexatos em transações, preços altos demais e serviços insatisfatórios, entregas fracionadas, um gerente de clientes relativamente pouco experiente, e assim por diante. Ele é cuidadoso. Os CEOs das duas empresas ainda jogam golfe juntos. Heine desaprova o excesso de familiaridade entre fornecedores e clientes, mas sabe que precisa sacudir a QG, sem aborrecer o novo chefe. Heine resolve procurar o diretor de vendas da QG e sugerir uma reunião de avaliação. O assistente pessoal do diretor de vendas lhe oferece o *key account manager*. Heine fica furioso. Pede, então, ao seu novo comprador, expedito e diligente, para pesquisar todas as deficiências notórias da QG, com base em dados internos, e para avaliar as ofertas dos dois principais concorrentes da QG. Conversa, em seguida, com o *key account manager*, expondo todas as evidências diante dele. Por ser, de fato, ainda muito inexperiente, o KAM não tem respostas, mas promete retornar aos seus superiores e desenvolver uma explicação. "Faça isso", diz Heine. E você tem três dias antes de eu pegar o telefone e procurar os seus concorrentes".

O poder dos clientes

Por que os clientes hoje são tão poderosos? Em tese, o mundo dos negócios nos anos 1950 e 1960 era muito complacente. Os mercados estavam crescendo e é fácil conquistar o sucesso nos mercados em crescimento. A década de 1970 trouxe o choque da crise do petróleo e o avanço da tecnologia da informação. Em meados dos anos 1980, a globalização dos negócios ofereceu aos profissionais de compras todo um novo mundo de possíveis fontes de fornecimento e de oportunidades de reduzir drasticamente a base de custos. Nos últimos 40 anos, compras evoluiu rapidamente de função administrativa para função estratégica – por uma razão simples. Se suas despesas com compras correspondem a 60% dos custos e se o seu lucro é de 5%, se você reduzir suas despesas com compras para 55% dos custos, seu lucro dobra para 10%. A redução dos custos com compras vai direto para a última linha do resultado.

Os consultores A. T. Kearney, no estudo Global Assessment of Excellence in Procurement, de 2014, descobriram que as empresas líderes em *procurement* (suprimentos) conquistam reduções de custo mensuráveis, correspondentes ao dobro da média das outras empresas (BLASKOVIC; FERRER; EASTON, 2014). A excelência em abastecimento envolve a melhoria do desempenho da empresa, mediante o gerenciamento de categorias, de fornecedores e de equipes de compras. Evidentemente, os compradores precisavam gerenciar os riscos, assim como os custos, à medida que assumiam a nova função estratégica de compras e buscavam fornecedores capazes de acompanhá-los na jornada.

> **!** *A redução dos custos com compras vai direto para a última linha do resultado.*

Com efeito, os decisores de compras vinham exigindo mudanças na mentalidade pouco sofisticada de vendas das décadas anteriores. Eles queriam discutir com os vendedores suas finanças, seus processos de negócios, sua organização e sua cultura. Eles buscavam fornecedores que lhes oferecessem caminhos para alcançar vantagem competitiva, não só produtos.

Em muitos setores, constata-se a tendência crescente de redução do número de líderes globais. Tem sido difícil para a "segunda bateria" competir com esses líderes globais, em razão de suas economias de escala e escopo. O resultado de tudo isso tem sido uma mudança dramática no equilíbrio de poder, dos fornecedores para os clientes; daí a importância de compreender como os clientes compram e o que consideram importante.

Definindo o cliente

> A capacidade do *key account manager* de ver e compreender o mundo sob a perspectiva do cliente, assim como sob o próprio ponto de vista, é fundamental para ser capaz de construir um relacionamento realmente sustentável, com criação de valor.
>
> Darren Bayley, Diretor Comercial da Dentsply Sirona

É importante saber quem é o cliente. Abaixo, encontra-se um exemplo de uma conversa sobre definição do cliente:

"E, então, de que cliente estratégico estamos falando?"

"Zapata."

"Toda ela?"

"Sim."

"Inclusive toalhas de papel, guardanapos, proteção para roupas, produtos sanitários e produtos para incontinência?"

"Não, apenas produtos para incontinência."

"Então, é toda a divisão de produtos para incontinência, da Zapata, em todo o mundo?"

"Não, lidamos apenas com a Europa". Pausa. "Bem, na verdade, alguns países da Europa Ocidental."

"Então, qual é a proporção dos gastos da Zapata em nossa categoria de produtos?"

"Desculpe, não tenho a menor ideia."

Quanto menores forem as partes de uma empresa global a que você serve, mais vulnerável você será à exclusão.

A Figura 4.1 ilustra um mal-entendido frequente por parte dos fornecedores sobre o poder que eles têm em relação aos clientes. Ela mostra a crença equivocada dos fornecedores de que eles têm 100% da carteira do cliente, enquanto o cliente vê o fornecedor sob outra luz, sabendo que ele tem apenas 17% da carteira disponível ou, na melhor das hipóteses, 29%. Os fornecedores devem incumbir seus departamentos de marketing de prospectar informações sobre os clientes que realmente revelem todo o seu potencial.

FIGURA 4.1: Definindo a "carteira" (*wallet*) do cliente

Como o cliente vê o gasto?

Compras	Share of wallet
Fraldas para incontinência £ 100 k	100%
Produtos para incontinência sem prescrição médica £ 250 k	40%
Todos os produtos para incontinência com e sem prescrição médica £ 350 k	29%
Todos os produtos para idosos £ 600 k	17%

Verifique o orçamento de compras do grupo

Fonte: Adaptado de material didático de M. McDonald, Cranfield School of Management

Alguns fornecedores e clientes tornaram-se muito complexos em seus relacionamentos uns com os outros. Constata-se uma tendência nos últimos 20 anos de os grupos centralizarem as compras. Alguns fornecedores responderam com divisões centralizadas para clientes globais. Sem dúvida, os clientes ficaram mais poderosos ao centralizarem as compras, enquanto os fornecedores continuam a vender de maneira descentralizada. No caso de empresas menores que vendem a empresas maiores, a centralização das compras pode ser vantajosa, porque ganhar um negócio pode significar crescer com o cliente, por entre suas muitas divisões e geografias, mas só se você for capaz de enfrentar possíveis perdas de controle para agentes remotos e o estiramento do fluxo de caixa.

A ideia de "o comprador" também é ilusória. Falaremos sobre profissionais de compras, por serem extremamente importantes, e, não raro, os que tomam as decisões finais. No entanto, os profissionais de compras, ou "compradores", como os chamaremos, são treinados para assumir a posição dos indivíduos na organização que usarão os produtos e serviços comprados ou que serão impactados por eles. Em nenhuma hipótese os *key account managers* devem tentar contornar "compras".

Como ex-gerente de compras, posso confirmar que os gerentes de compras detestam ser deliberadamente negligenciados ou contornados por *key account managers*. Essa predisposição é também fonte de tensão dentro da empresa, na medida em que muitos gerentes prezam a capacidade de se envolver com quem quiserem trabalhar, sem restrições ou interferências do departamento de compras. A consequência desse choque é o enfraquecimento da função de compras e o comprometimento das políticas e processos de compras. A reação dos profissionais de compras às tentativas dos *key account managers* de ampliar sua rede de contatos inclui a adoção de sistemas digitais e de TI que distanciam os fornecedores, privando-os de contatos face a face e mais uma vez expondo-os à perspectiva de comoditização de seus produtos e de arbitragem do preço no processo de compras. Por seu turno, os KAMs estão retaliando, com o uso de mídias sociais e digitais – e assim prossegue o ciclo.

Há, porém, uma visão mais esclarecida, que reconhece a natureza simbiótica do relacionamento entre clientes e fornecedores. Nesses relacionamentos, o papel e a interação do gerente de compras e do KAM são vitais, não só para a eficácia do relacionamento, mas também para o funcionamento das respectivas empresas. Nesse contexto, os gerentes de compras veem o panorama mais amplo. Eles compreendem que o verdadeiro valor que podem agregar à sua organização resulta da integração profunda com seus fornecedores estratégicos e decorre da compatibilidade ótima entre oferta e demanda.

Simon Derbyshire, Vice-presidente
da Capgemini Saudi Arabia
A Capgemini é líder global em serviços
de consultoria, tecnologia e terceirização

O Quadro 4.1 expõe um método tradicional para a identificação dos principais influenciadores de compras. Na coluna mais à esquerda, incluem-se de cima para baixo os dez passos de um método adotado por muitas empresas ao comprarem bens e serviços dispendiosos. Os passos são mais simples quando se trata de recompra modificada ou de recompra direta.

O mais interessante no Quadro 4.1, porém, é a lista de departamentos ou indivíduos suscetíveis de serem afetados por determinada compra. São as chamadas Unidades Decisórias (UD), embora não se comportem como unidades isoladas. Elas formam um conjunto de *stakeholders*, com diferentes necessidades e expectativas. Por exemplo, os usuários do produto ou serviço sem dúvida estão interessados que o item a ser adquirido seja o mais capaz de atender às suas necessidades, enquanto o pessoal de contabilidade e finanças provavelmente estará mais interessado em reduções ou prevenções de custos. Observe a inclusão de um *expert* independente para ajudar na compra. Algumas empresas terceirizam toda a função de compras.

Alguns dos tipos de critérios de compra a serem considerados por uma UD estão na base do Quadro 4.1. Evidentemente, talvez seja difícil acessar essas informações. Às vezes, é possível obtê-las de outros gerentes de compras. Outras vezes, é preciso recorrer a buscas rigorosas no site dos fornecedores e na internet em geral. Se os seus clientes estratégicos forem pequenos, não presuma que o empreendedor responsável pelo negócio é a única pessoa que toma decisões. Essa pessoa pode ter um assessor de confiança no banco local, ou consultar um membro da família, assim como qualquer empregado de confiança.

> **!** *As UDs não se comportam como unidades isoladas. Elas formam um conjunto de* stakeholders, *com diferentes necessidades e expectativas.*

Os autores dirigiram um workshop para um fabricante de componentes, na Austrália, em que se tratou com alguma profundidade do tópico UD. A empresa tinha participado de uma concorrência – que não ganhou – de um negócio de muitos milhões de dólares, promovida por uma empresa automobilística japonesa. Pedimos-lhes para completar os dados no Quadro 4.1. Eles admitiram que tinham conseguido 30% das informações certas para as pessoas certas. Em consequência, eles concordaram que, no futuro, fariam essa análise para todas as vendas importantes.

QUADRO 4.1: Analisando o envolvimento das UDs no processo de compra (exemplo)

Análise da Compra						
Detalhes sobre contatos para este contrato: Sally Stone	Produtos/serviços a serem comprados: Máquinas/ferramentas: Projeto Júpiter					
Unidade decisória	Finanças	Compras	Grupo de usuários	Operações	Saúde e segurança	Consultor externo
Estágio do processo de compras:						
Identificação das necessidades			Joe Smith	Jenny Fletcher		
Qualificação das necessidades		Sally Stone	Joe Smith			Jose Garcia
Especificações detalhadas		Jan Weitz	Mahmood Ali	Jenny Fletcher	Dr. Ben Graham	Jose Garcia
Busca de fornecedor		Jess Li				
Qualificação de fornecedor		Jan Weitz				Jose Garcia
Preparação de documentos para concorrência	Theo Papas	Jan Weitz				
Avaliação de propostas	Theo Papas	Zak Klein	Mahmood Ali	Jenny Fletcher	Dr. Ben Graham	
Negociação dos termos	Theo Papas	Zak Klein Jan Weitz				
Finalização do contrato com o fornecedor escolhido		Jan Weitz				Advogados: Brill & Gold
Monitoramento da implementação			Joe Smith	Jenny Fletcher	Dr. Ben Graham	
Considerações sobre a decisão: Custo da posse, condições de pagamento, gestão de riscos, confiabilidade das máquinas, serviços, garantias, competências, parceiros, reputação da empresa, fundos de investimentos conjuntos, referências de clientes.						
Notas:						

Fonte: Adaptado de material de consultoria de Malcolm McDonald

Depois de identificar os influenciadores relevantes e suas necessidades, é importante para os fornecedores potenciais garantir a disponibilidade das informações certas, pelas pessoas certas, na hora certa. Compras geralmente tende a dificultar para os fornecedores o acesso direto a pessoas nas UDs, mas, em tempos de mídias sociais, as empresas precisam relaxar quanto ao desenvolvimento de contatos informais. Se o processo for conduzido da maneira adequada, os vendedores podem pedir para serem apresentados às pessoas certas nas UDs, para compreenderem as necessidades delas e apresentarem uma proposta melhor. Evidentemente, impossibilitar esses relacionamentos de trabalho pode ser contraproducente, sobretudo quando se chocar com a cultura da época.

> Alguns clientes estratégicos ocidentais parecem agravar, de propósito, as incertezas dos fornecedores chineses, adotando políticas que proíbem o fornecedor de contatar altos executivos do cliente. Essa atitude pode ser uma manobra estratégica, de modo a manter os fornecedores sempre com medo de se tornarem redundantes, e, portanto, mais dispostos a aceitar exigências [...]
>
> [...] as vantagens auferidas com o bloqueio de guanxi (*) podem ser pouco duradouras [...]
>
> Supõe-se que os fornecedores chineses tenham a opção de reverter boa parte de sua capacidade produtiva para marcas chinesas em ascensão ou para o conjunto crescente de *key accounts* ocidentais de Coreia do Sul, Singapura, etc.
>
> Murphy; Li (2015, p. 1240)
>
> (*) Método chinês de construção de relacionamentos.

O imperativo da informação

Argumenta-se, hoje, que, antes de envolverem os fornecedores potenciais, os compradores já percorreram dois terços do caminho para a venda, sendo tarde demais para os fornecedores começarem a perguntar sobre problemas e necessidades. Como muitas lendas urbanas, também essa não pode ser levada muito a sério. O que sabemos é que, agora, a maioria dos consumidores pesquisa on-line antes de fechar a compra, o que é ainda mais espontâneo e inevitável no caso de compradores profissionais. Antes de se envolverem com um fornecedor potencial, os compradores, ou um colega mais júnior, por certo já visitou o site da empresa, o site de associações industriais, e-marketplaces, mídias sociais e mecanismos de busca para obter todos os tipos de informação, de modo a reduzir os riscos inerentes ao "desconhecido" de compras. Eles querem saber o *value-in-use* (valor de uso) de uma solução do fornecedor, e qual é a sensação de ser um de seus clientes. Por isso, os fornecedores incumbentes geralmente estão em posição vantajosa. Esse tipo de informação geralmente só está disponível depois da compra e do uso de um produto ou serviço.

Os gerentes de clientes precisarão que seus colegas de marketing obtenham informações sobre as forças da empresa, em todos os cantos da internet, inclusive e-marketplaces, feiras comerciais on-line, mídias sociais relacionadas com negócios e grupos de discussão setoriais, assim como o próprio site da empresa. Por exemplo, que fornecedor de empresas industriais pode ignorar a Applegate, o principal destino de compradores de engenharia, que hospeda mais de 400.000 fornecedores e recentemente se associou ao Chartered Institute of Purchasing and Supply (DONATI, 2015)? Referências de clientes, trabalhos de líderes intelectuais e blogs também são conteúdo on-line essencial. Sem esse tipo de presença, os gerentes de clientes teriam dificuldade em começar a desenvolver credibilidade com os compradores. A informação também deve ser de fácil acesso e avaliação. Os compradores apressados dificilmente ficarão muito tempo em sites em que a navegação é lenta e difícil.

> **!** *Eles querem saber o valor de uso de uma solução do fornecedor, e qual é a sensação de ser um de seus clientes.*

Sabemos que os decisores de compras perguntam aos colegas, a outros compradores e a outros contatos de redes sociais sobre as capacidades de um fornecedor potencial. A razão do sucesso do Net Promoter Score (NPS) como medida do sucesso de uma empresa se baseia na credibilidade das relações pessoais. Frederick Reichheld, que concebeu o NPS, disse que esse é o número que você precisa conhecer antes de investir numa empresa (REICHHELD; MARKEY, 2011). Indica quantos clientes recomendariam a empresa menos quantos clientes não a recomendariam. Muitas empresas B2B e B2C conduzem pesquisas regulares sobre quantos clientes as indicariam ou não as indicariam a terceiros. Que empresa se conformaria com um NPS negativo? As percepções são fundamentais. O critério de respeitar contratos não significa nada se o cliente percebe que a empresa se limitou a fazer o mínimo para evitar multas contratuais. No papel, a empresa fez o que lhe cabia. Na cabeça do cliente, ela não observou o espírito do acordo.

> **!** *O critério de respeitar contratos não significa nada se o cliente percebe que a empresa se limitou a fazer o mínimo para evitar multas contratuais.*

Preço e valor

Os compradores profissionais não são apenas parte da UD que compra; eles são, em geral, os indutores da compra. Desde 1980, ensina-se aos profissionais de compras a examinar o custo total da posse (*total cost of ownership*) (ver Quadro 4.2) e toda a cadeia de valor envolvida na compra. O propósito é instruí-los a comprar bens e serviços que ajudem suas organizações a evitar custos, a reduzir custos ou a agregar valor às suas ofertas aos próprios clientes. Nada, porém, é tão simples quanto parece.

No Quadro 4.2, vemos que um dispositivo que custa o dobro do preço de outro pode incorrer em custos de valor de uso muito mais baixos ao longo da vida útil. Com base nessa evidência, é de esperar que o dispositivo de preço mais alto seja o preferido.

QUADRO 4.2: Examinando o custo total da posse

Custo total da posse por dispositivo em $	Empresa 1	Empresa 2
80	Quebras	
70	Inatividade	
60	Custo de descarte	
50	Custo de manutenção	Custo de descarte
40		Manutenção
30	Custo de lubrificação	Lubrificação
20		Preço
10	Preço	

Fonte: Adaptado de Snelgrove (2012)

Há evidências de que alguns profissionais de compras ainda focam na redução do preço. Pesquisa recente (HESPING; SCHIELE, 2015) revela que, mesmo quando consideram o valor agregado, os compradores vez por outra usam táticas transacionais com os fornecedores, situação em que os fornecedores precisam se conscientizar do que está acontecendo e repor a conversa no rumo certo do valor no longo prazo. Num congresso de compradores profissionais, em Genebra, concluímos que se pagava menos 50% para conquistar valor agregado para as organizações, em comparação com o que se pagava para conseguir preços mais baixos. O fato animador que se constatou, porém, foi que a grande maioria afirmou que comprar com base no valor de uso era o método de compra preferido.

> O preço sempre é importante e as discussões sobre preços nunca cessarão. Afinal, essa é a melhor maneira de os clientes ganharem mais à custa do fornecedor. O comprador fará a pergunta. Parece que muitos profissionais de vendas são instigados a negociar, automaticamente, quando, na verdade, não há motivo para essa provocação. Desde cedo, na minha carreira, aprendi que a ferramenta mais importante de um vendedor é a palavra "não".
>
> Contribuição de um *key account manager* experiente

As consequências desastrosas de comprar somente com base no preço podem ser vistas na maioria das grandes compras dos governos, que se revelaram desastrosas e que custaram muito caro para os pagadores de impostos.

As compras induzidas pelo valor podem ser boa notícia para os *key account managers*, mas só se eles conhecerem o cliente em profundidade, seu setor, suas operações, seus clientes e outros *stakeholders*, e o que estão tentando alcançar (mais a esse respeito no Capítulo 5). Do contrário, será muito difícil expressar valor em termos interessantes para os profissionais de compras. Antes de tudo, é vital compreender como o comprador classifica, atualmente, o valor da categoria de produto que você está oferecendo.

> **!** *As compras induzidas pelo valor podem ser boa notícia para os* key account managers, *mas só se eles conhecerem o cliente em profundidade, seu setor, suas operações, seus clientes e outros* stakeholders, *e o que estão tentando alcançar.*

A matriz do comprador

Concentrada, de início, em materiais diretos e componentes, o escopo do profissional de compras se estendeu para todos os aspectos dos gastos empresariais, como viagens, material de papelaria, software de TI e serviços profissionais.

Concomitantemente com essa ampliação da abrangência da função de compras, tem ocorrido enorme investimento em pessoas e sistemas. O profissional de compras moderno está situado no centro de uma teia de informações, com acesso quase ilimitado aos fornecedores e preços.

O paradoxo é que eles geralmente sabem mais sobre os preços e os mercados dos fornecedores do que sobre o próprio negócio. Muitas vezes, informações sobre custo total da posse, inatividade, rupturas, cobranças de garantia e possíveis danos à reputação são difíceis de conseguir e de quantificar. Não é incomum que um bom KAM esteja mais bem informado sobre os benefícios de seus produtos ou soluções do que o executivo de compras. Na verdade, o mais provável é que essa seja a sua expectativa e esperança.

Essa situação envolve um verdadeiro dilema para a comunidade de compras, que foi descrito por George Akerlof, em sua tese ganhadora do Prêmio Nobel: "The market for 'lemons': qualitative uncertainty and the market mechanism" (AKERLOF, 1970). Akerlof demonstrou que nas decisões de compra em que o comprador tem conhecimentos insuficientes para quantificar e avaliar com exatidão o valor agregado a ser adquirido com uma compra mais dispendiosa, o comprador reduzirá o risco de pagar mais do que o devido, adotando a premissa de que o mais seguro é assumir que todos os produtos são mais ou menos os mesmos. Portanto, o comprador prudente comprará ao preço médio de mercado, ou mais baixo, em vez de correr o risco de pagar por algo que não pode comprovar ou obter.

Por fim, os fornecedores de produtos mais sofisticados sabem que não podem competir, nem reduzir a oferta, para competir no mercado ou sair do mercado. No fim de contas, o comprador perde. Consegue um produto ou serviço mais barato, mas inferior, e a inovação aos poucos fenece.

Portanto, a função do *key account manager* moderno não é vender produtos ou serviços aos compradores, mas educá-los a ponto de se tornarem compradores de valor, inteligentes, em vez de supervisores de um processo de tomada de preços.

O comprador moderno tem grande quantidade de dados sobre preços para produtos semelhantes, todos alegando serem muito bons. Por que, então, eles assumiriam o risco de pagar mais, na esperança de conseguirem um prêmio mais alto, quando os dados sobre a obtenção de benefícios são geralmente mais escassos? O *key account manager* precisa eliminar o risco da decisão de compra, melhorando a compreensão e a confiança do comprador no resultado positivo de uma compra a preço mais alto.

Rob Maguire, Consultor de Compras e Sócio da MaguireIzatt LLP (www.maguireizatt.co.uk)

Da mesma maneira como os desenvolvedores de negócios dos fornecedores têm análises e matrizes com que julgar a atratividade relativa dos clientes, é justo reconhecer que a profissão de compras fará exatamente a mesma coisa. Muito tempo atrás, em 1983, Peter Kraljic desenhou uma matriz de compras estratégicas, em resposta às preocupações sobre o risco crescente das cadeias de fornecimento globalizadas (ver Figura 4.2). Essa matriz, ou suas variações, é muito usada nos departamentos de compras, em todo o mundo, para a gestão de categorias, e o artigo da Harvard Business Review em que ela apareceu foi citado mais de 2.000 vezes (KRALJIC, 1983).

FIGURA 4.2: Matriz de compras estratégicas

	Alto	Baixo
Alta	Central	A explorar
Baixa	Desenvolver	Aborrecimento

Importância (impacto no lucro) desta compra

Risco de fornecimento

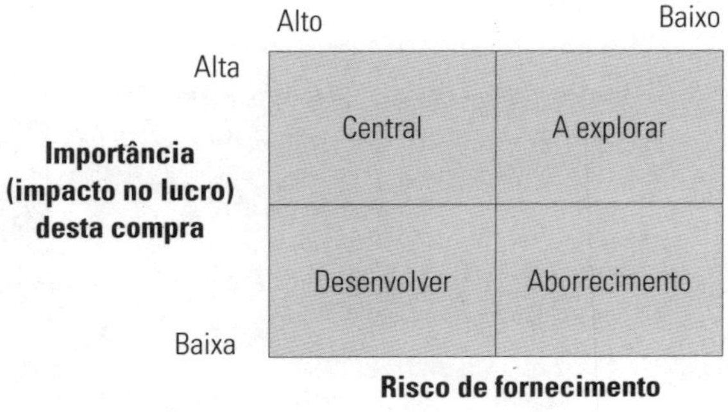

Fonte: Adaptado de Kraljic (1983)

Kraljic identificou quatro categorias de compras, que exigiam diferentes abordagens (ver Quadro 4.3):

- Quando o impacto no lucro e o risco de fornecimento são altos, os compradores estão dispostos a formar parceria com o melhor fornecedor, que pode ser visto como *central* para a sua estratégia de suprimentos.
- Quando o impacto no lucro é baixo, mas há risco de fornecimento, faz sentido garantir o fornecimento regular e esperar que melhorem as condições de fornecimento. Nesse caso, os fornecedores são fontes *Desenvolver*, mas eles podem ser substituídos quando sua diferenciação for desafiada, por exemplo, quando vence uma patente.
- Quando o impacto no lucro é alto e o risco de fornecimento é baixo, há muitos fornecedores com ofertas semelhantes, e os compradores veem os fornecedores como oportunidades *a explorar*. É possível barganhar os preços.
- Quando o impacto no lucro é baixo e o risco de fornecimento é baixo, é possível fazer negócios avulsos, mas o processo de compra será considerado *aborrecimento*.

QUADRO 4.3: Matriz para a gestão de categorias

Tipo de categoria	Objetivos potenciais	Estratégias potenciais	Outras considerações
Central	Garantir projetos de desenvolvimento e investir; fazer previsões de demanda: sustentar ou promover o crescimento incremental do volume, com o melhor fornecedor	Através do planejamento compartilhado, é possível garantir o fornecimento e procurar oportunidades de inovação, por meio de *design* conjunto com o fornecedor	Considerar os riscos de ficar preso ao melhor fornecedor. Gerenciar riscos ou desenvolver planos de contingência para a saída
Desenvolver	Garantir o atual fornecimento Buscar maneiras de reduzir o risco de fornecimento	Oferecer aumentos de volume em troca de redução do preço. Verificar se as especificações não estão muito rigorosas e podem ser padronizadas Pense em transferir alguns riscos para o fornecedor; por exemplo, substituir por serviços os produtos em uso	Necessidade de monitoramento constante para reduzir risco de fornecimento, identificar novas fontes de fornecimento ou desenvolver substitutos

CONTINUA ▷

Tipo de categoria	Objetivos potenciais	Estratégias potenciais	Outras considerações
A explorar	Jogar fornecedores uns contra os outros, em busca de melhores negócios	Para reduzir custos de transação, algumas vantagens de preços podem ser negociadas por contratos de longo prazo ou por cronogramas de pagamento mais favoráveis Recompensar fornecedores eficientes com parcerias	Conhecer novos avanços dos fornecedores que descomoditizem a categoria
Aborrecimento	Minimizar custos de transação Maximizar geração de caixa	e-procurement e automação sempre que possível Empacotamento de subcategorias para aumentar a eficiência da logística	Considerar a terceirização ou o uso de fornecedores para gerenciar processos de compras rotineiras

Fonte: Adaptado de Gelderman e Weele (2002)

Ver Gelderman e Weele (2002) na lista de referências para mais detalhes sobre como usar a matriz Kraljic.

Como mencionamos antes, com ferramentas de análise mais generalizadas, os critérios que tornam a compra importante ou arriscada variam entre as empresas, dependendo do setor de atividade, do porte das empresas e dos objetivos a serem alcançados em diferentes horizontes temporais.

Respondendo à sua categorização

Antes de qualquer fornecedor ser capaz de desenvolver argumentos para que sua oferta seja considerada a mais valiosa, o gerente de clientes deve verificar onde o comprador as classifica. Os gerentes de compras são pagos para serem objetivos, a ponto de receberem bônus para reduzir os custos de compra. A probabilidade de ser esse o caso é ainda maior quando as compras foram terceirizadas para um consultor.

Na matriz de Kraljic, o risco de fornecimento se distribui na horizontal. Compete aos compradores gerenciar esse risco, e eles são extremamente conscientes não só dos riscos econômicos e técnicos, mas também dos riscos profissionais e pessoais. Quem quer ser o comprador que fez uma compra que destruiu a empresa? Os empreendedores até podem incluir, no risco tolerável, perdas suportáveis, ao promoverem a destruição criativa com inovações disruptivas. Os gerentes de compras, porém, estão trabalhando com o dinheiro de uma empresa, e podem ter um limiar muito baixo, se tiverem, para "perdas suportáveis".

Central

Os fornecedores estratégicos de valor central são importantes para os gerentes de compras, mas esses fornecedores são poucos. As pesquisas mostram que os compradores nem sempre gostam de se prender durante muito tempo a um fornecedor, o que os leva a serem muito cautelosos na seleção de parceiros confiáveis. No entanto, esses fornecedores, que compreendem bem os negócios dos clientes, assim como os problemas e questões que eles enfrentam, além de desenvolverem propostas de valor quantificadas com base nas necessidades dos clientes, são os que florescem e prosperam e que criam valor sustentável para os acionistas.

Mas há outras maneiras de fazer negócios em outros quadrantes de compras.

Desenvolver

Se a sua oferta for de baixo impacto no lucro, mas envolver alto risco de fornecimento, espere algum interesse de desenvolvimento do produto pelo comprador. Nesse caso, você terá de melhorar o impacto do produto no lucro, talvez empacotando-o com ofertas complementares ou complementando-o com elementos de serviço significativos, que permitam ao cliente transferir algum risco para você.

A explorar

Se o seu produto for de alto impacto no lucro, mas envolver baixo risco de fornecimento, espere ser jogado contra os concorrentes, sobretudo quanto ao preço. Você terá de oferecer algo muito inovador e diferente, para conquistar a preferência do cliente. Essa inovação e diferenciação, porém, não precisa ser tecnológica; também pode consistir em melhores condições de pagamento ou maior eficiência do processo.

Aborrecimento

Haverá, ainda, alguma esperança se a sua oferta for classificada como "aborrecimento"? Você é um fornecedor de material de papelaria ou de produtos de limpeza, por exemplo? As pesquisas sugerem que, para conquistar a preferência dos clientes, um dos requisitos é tornar muito fácil fazer negócio com você. Portal acessível e fluente, monitoramento eletrônico dos padrões de uso para o reabastecimento de suprimentos, interpretação de dados para sugerir ao cliente maneiras de usar menos material de papelaria e produtos de limpeza menos poluentes – tudo isso serão apelos ao comprador ocupado.

Monitorando o desempenho

Muitos *key account managers* não estão vendendo novos negócios, mas sim gerenciando um cliente com o qual já existe bom relacionamento. Mesmo nessa situação, porém, ainda é importante monitorar todos os aspectos do ambiente de negócios e das necessidades do cliente, para continuar oferecendo ideias interessantes aos decisores de compras. Ainda por cima, como qualquer departamento de compras tem processos de avaliação dos fornecedores ou intermediários, o KAM, além de todas as atribuições já mencionadas, realmente precisa saber o que estaria surgindo na mesa do gerente de compras em relação ao desempenho comparativo. A Tabela 4.1 fornece um exemplo simples.

TABELA 4.1: Exemplo de desempenho comparativo

Fator de sucesso	Ponderação	Seu escore	Seu escore ponderado	Escore do principal concorrente	Escore ponderado do principal concorrente
Preço	10	3	30	6	60
Entrega	10	8	80	4	40
Confiabilidade	10	8	80	8	80
Facilidade de fazer negócios	20	8	160	5	100
Qualidade do relacionamento	10	3	30	6	60
Inovação	20	5	100	3	60
Valor de uso	20	8	160	8	160
	100		640		560

Fonte: Adaptado de McDonald e Rogers (1998)

Vemos na Tabela 4.1 que, embora tenhamos uma vantagem geral, o diabo está nos detalhes. Por que a qualidade do relacionamento é tão baixa? Pense no caso da QG, no começo do capítulo – quando foi a última vez em que o diretor de vendas pegou o telefone? O que talvez nos esteja protegendo da concorrência é o bom escore em "facilidade de fazer negócios" e a incapacidade dos concorrentes de entregar no prazo. O que acontecerá se eles superarem essas deficiências?

É fatal permitir qualquer desvio do desempenho superior em fatores que importam para o cliente. Também é letal questionar o escore do cliente. O importante é a percepção do cliente, não a presunção do fornecedor. Numerosos contratos de TI afundaram quando o fornecedor produziu enxurradas de dados para comprovar o cumprimento dos acordos de nível de serviço (Service Level Agreement – SLA), mas os usuários dos equipamentos não "sentiam" que o "espírito do contrato" estivesse sendo observado. Entre as causas de rescisão de contratos com fornecedores se incluem complacência, rupturas de comunicação, mudança dos principais atores, quebra de confiança, e incapacidade de oferecer novas soluções de maneira oportuna.

Voltemos ao caso da QG. O que vemos é que o negócio do cliente foi dado como certo e menosprezado. Talvez a ZLK já não seja estratégica para a QG e tenha ficado irrelevante. O mais provável, porém, é que o *key account manager* precise promover intensa energização do relacionamento e afastar os concorrentes. Para tanto, ele ou ela precisará de todas as informações e análises possíveis para reiniciar o processo.

E, então, o que o infeliz *key account manager* da QG poderá fazer por Heine, o novo gerente de compras da ZLK? Talvez ele tenha lido este capítulo e calculado quantas pessoas estariam interessadas na categoria de produto/serviço da QG. Quem sabe ele tenha concluído que – cara, será que a QG está na caixa "a explorar" de Heine? Antes de mais nada, ele precisa conseguir o apoio dos altos executivos da QG com muita rapidez. Em seguida, ele deve verificar com sua equipe de clientes estratégicos como eles interpretam as necessidades dos seus contatos. Talvez ele necessite ter o quanto antes conversas difíceis sobre as falhas enfatizadas por Heine. É possível que ele tenha de reivindicar alguma compensação financeira para a ZLK pelos erros da QG no passado. Acima de tudo, ele terá de motivar os colegas a propor ideias que apelem a um gerente de compras orientado para o valor agregado. E tudo deve ser custeado. Serão três dias frenéticos.

A alternativa é risco ainda maior. Os altos executivos que jogam golfe juntos dificilmente rejeitariam um exercício completo de teste de mercado entre a QG e seus concorrentes.

Pensamentos finais

Neste capítulo, analisamos a natureza da compra, algo que muitos *key account managers* conhecem muito pouco. Esperamos que você tenha vestido a camisa do cliente e chegado a algumas conclusões interessantes sobre como eles percebem a sua empresa como fornecedor. No Capítulo 5, mostraremos como analisar as necessidades dos clientes estratégicos. Ainda mais relevante, explicamos como desenvolver propostas de valor quantificadas.

LISTA DE TAREFAS

Descubra todos os departamentos e indivíduos no cliente estratégico que têm interesse no seu produto/serviço. Quais são os contatos deles na sua organização? Esse contato é parte da equipe de clientes estratégicos? Esse contato deverá pelo menos ser incluído na sua lista de distribuição?

Converse com o gerente de compras da sua empresa. Como ele ou ela faz as coisas? Se ele ou ela trabalhasse no seu cliente estratégico, como veria a sua empresa e como lhe daria atenção?

Referências

AKERLOF, G.A. The Market for "Lemons": Qualitative Uncertainty and the Market Mechanism. *Quarterly Journal of Economics*, v. 84, n. 3, p. 488–500, 1970.

BLASKOVIC, J.; FERRER, A.; EASTON, S. *Procurement-Powered Business Performance*. Assessment of Excellence in Procurement Study A. T. Kearney, 2014. Disponível em: <www.atkearney.com>. Acesso em: 20 nov. 2018.

DONATI, M. CIPS Joins Forces with Applegate. *Supply Management*, 25 set. 2015.

GELDERMAN, C. J.; WEELE, A. J. Strategic Direction Through Purchasing Portfolio Management: A Case Study. *Journal of Supply Chain Management*, v. 38, n. 1, p. 30–37, 2002.

HESPING, F. H.; SCHIELE, H. Purchasing Strategy Development: A Multi-Level Review. *Journal of Purchasing and Supply Management*, v. 21, n. 2, p. 138–50, 2015.

KRALJIC, P. Purchasing Must Become Supply Management. *Harvard Business Review*, v. 61, n. 5, p. 109–17, 1983.

MAGUIRE, R. Value Selling: The Crucial Importance of Access to Decision-Makers from the Procurement Perspective. In: HINTERHUBE, A.; SNELGROVE, T. C. (Orgs.). *Value First Then Price*. Abingdon: Routledge, 2017. p. 123–37.

MCDONALD, M.; ROGERS, B. *Key Account Management: Learning from Supplier and Customer Perspectives*. Oxford: Butterworth-Heinemann, 1998.

MURPHY, W. H.; LI, N. Government, Company, and Dyadic Factors Affecting Key Account Management Performance in China: Propositions to Provoke Research. *Industrial Marketing Management*, v. 51, p. 115–21, 2015.

REICHHELD, F.; MARKEY, B. *The Ultimate Question 2.0: How Net Promoter Companies Thrive in a Customer Driven World*. Boston, Massachusetts: Harvard Business Review Press, 2011.

SNELGROVE, T. Value Pricing When You Understand your Customers: Total Cost of Ownership – Past, Present and Future. *Journal of Revenue and Pricing Management*, v. 11, n. 1, p. 76–80, 2012.

5

PLANOS PARA
KEY ACCOUNTS

> Convencionalmente, as forças de vendas eram mobilizadas quando os serviços ou produtos já tinham sido desenvolvidos por uma organização fornecedora. Em ofertas de serviços complexos, as forças de vendas talvez sejam necessárias mesmo antes da existência da solução. Os profissionais de vendas se engajarão com os clientes para cocriar o serviço e, então, aplicar a capacidade de interação coordenada de modo a envolver várias funções da organização fornecedora para entregar o serviço complexo.
>
> Marcos-Cuevas *et al.* (2006, p. 106)

Vimos nos capítulos anteriores que a profissão de compras, nos últimos 30 anos, fez avanços gigantescos rumo à sofisticação, e compreendemos por que os compradores não apreciam os métodos de compra simplistas. Empurrar produtos é demasiado exasperante para os compradores que já fizeram pesquisas amplas e profundas sobre seus problemas e que já formularam ideias sobre o tipo de fornecedor com os quais querem interagir. Portanto, os compradores, hoje, demandam abordagem muito mais sofisticada dos fornecedores e os *key account managers* precisam desenvolver competências estratégicas. Vários projetos de pesquisa sobre os programas de KAM, ou gestão de clientes estratégicos, enfatizam a importância dos planos para *key accounts*, que demonstram como as capacidades do fornecedor podem criar valor para os clientes estratégicos.

Mais uma vez, vamos analisar um estudo de caso que ajuda a ilustrar o tema deste capítulo. Desta vez, vamos segui-lo em cada passo do planejamento.

Planejamento para HGD PLC

Para um ator de médio porte numa categoria de alimentos, como a Tasty Pies Ltd, receber qualquer atenção de um grande cliente de varejo é extremamente difícil. Depois de desenvolver um relacionamento razoável, a necessidade de inovação e de integração de processos se torna imperativa. Sempre há alguém que pode derrubá-lo fazendo uma oferta melhor. Os varejistas importantes, porém, são seguidores dos *insights* dos clientes. Eles sabem que também são vulneráveis. Os consumidores estão mudando muitas de suas compras on-line e, mesmo nas ruas, os novos modelos de varejo estão espremendo os atores tradicionais. Portanto, os fornecedores que podem ajudar os varejistas a maximizar o retorno de cada centímetro quadrado do espaço em prateleira têm maior probabilidade de conquistar acordos de longo prazo. Observe-se que a HGD nitidamente não é um supermercado que se envolve com o lado escuro do comportamento de varejo, como demorar seis meses para pagar e exigir descontos *a posteriori*. Mas a empresa está ansiosa com sua participação no mercado e sua lucratividade sustentável. Por isso, não dará à Tasty Pies Ltd espaço em prateleira, se não puder ajudá-la a alcançar os dois objetivos.

Por que fazer planos?

O pugilista Mike Tyson teria dito que todos têm um plano, até ser nocauteado. Uma visão alternativa é a do cientista Louis Pasteur, a quem se atribui a afirmação de que a sorte favorece a mente preparada. Pouca gente estragaria as férias de 20 dias por não ter encontrado o passaporte, arrumado as malas e conferido o roteiro. No entanto, a análise que precede as visitas aos clientes, para não falar de apresentações sobre criação de valor sustentável, geralmente é insuficiente e inadequada. Os autores conhecem um profissional de vendas sênior que nem se deu ao trabalho de consultar o site de um cliente antes da primeira visita física, e ficou surpreso quando foi questionado a esse respeito. "O dom da embromação" não impressiona os decididores de compras do século XXI.

Os profissionais de compras reiteradamente se queixam da falta de qualidade do pessoal enviado pelo fornecedor para negociar valor com eles, e entre as principais reclamações se destaca a falta de conhecimento sobre os negócios deles. Parece óbvio que o fornecedor precisa conhecer em profundidade o cliente que realmente se destaca como cliente estratégico, mas os clientes de grande porte e os clientes *mid-tier* (porte médio), com potencial de desenvolvimento, podem justificar alguma pesquisa. Os negócios transacionais apenas exigem uma oferta padronizada, que tenha relevância para um grande segmento do mercado. Todavia, algumas empresas menores estão descobrindo que algumas marcas atraentes estão comprando em seus portais, o que as leva a procurar essas marcas atraentes em busca de mais atividades. Antes de partir para esses tipos de visitas, vale a pena fazer algumas pesquisas.

> Os planos para cada *key account* parecem ser muito significativos para impulsionar a satisfação desses clientes.
>
> Davies; Ryals (2014, p. 1191)

Começando a planejar

Geralmente, a página de resumo do plano para a *key account* sinaliza com clareza a importância do cliente, a qualidade do relacionamento e as principais aspirações para o futuro, como mostra o Quadro 5.1.

A HGD é cliente regular, com alta taxa de crescimento. Embora o nível de crescimento deva decrescer com o tempo, é fundamental aumentar a fatia do cliente durante o período de alto crescimento, para maximizar o potencial desse relacionamento. Essa situação, provavelmente de "cliente de grande porte", com potencial de transição para "cliente estratégico", definitivamente justifica o investimento de tempo e recursos numa análise profunda de um plano para a *key account*.

Então, o que pode ser feito a esse respeito? De onde virão os recursos para fazer todo esse trabalho de casa? Não é absurdo atribuir algumas tarefas à área de marketing, como analisar o ambiente de negócios e verificar o que está acontecendo com os clientes. A tecnologia moderna possibilita muitas coisas, e os softwares de internet que "varrem" novas referências ao cliente, conjugados com a análise dos clientes, podem fornecer massas de dados brutos em formato relevante. Com a internet das coisas, a área de operações também pode contribuir, embutindo sensores nos produtos, que enviam alertas aos clientes e aos engenheiros ou aos gerentes de clientes quando alguma ocorrência exige intervenção. Contudo, o *key account manager* também precisa conhecer os clientes estratégicos, não apenas apresentar as contribuições de outras áreas. Portanto, é importante que eles desempenhem papel ativo na interpretação das informações e na elaboração do plano para a *key account*. Comecemos com o panorama geral.

QUADRO 5.1: Página de resumo do plano para a *key account*

Plano de três anos para o cliente HGD PLC			
Setor: Varejo de alimentos			
Volume de negócios no ano anterior: £ 250.000			
Volume de negócios anual no fim do período do plano: £ 800.000			
Situação atual		**Situação planejada**	
Qualidade do relacionamento	cooperativo	Qualidade do relacionamento	interdependente
Fatia da conta	25%	Fatia da conta	65%
Taxa de crescimento do cliente	10% ao ano	Taxa de crescimento do cliente	4% ao ano
Duração do contrato	3 anos	Duração do contrato	7 anos
Lucratividade	15%	Lucratividade	15%
Mapa de contato	16 conexões	Mapa de contato	35 conexões
Breve descrição do valor a ser cocriado com o cliente nesse período:			
Por que esse plano será bem-sucedido?			
Principais riscos:			
Plano preparado por: Harry Quinn		Data: xx/xx/xxxx	

Fonte: Adaptado de material didático de B. Rogers, Portsmouth Business School

Análise em profundidade das *key accounts*

> Os *key account managers* devem ser as interfaces capazes de ver as coisas do ponto de vista do cliente. Para garantir a transmissão do pensamento, o planejamento para a *key account* deve começar com a perspectiva do cliente.

Fontes de oportunidades e ameaças

Os *key account managers* devem ser os *boundary spanners*, isto é, interfaces ou intérpretes, em posição fronteiriça, capazes de ver as coisas do ponto de vista do cliente. Para garantir a captação do pensamento, o planejamento para a *key account* deve começar com a perspectiva do cliente. O que está acontecendo no ambiente de negócios deles? É desse ambiente de negócios que as mudanças advirão, e quando tiverem de mudar alguma coisa, os clientes precisarão identificar os fornecedores capazes de ajudá-los nesse esforço.

Evidentemente, poderíamos esboçar uma matriz SWOT simples (*strenghts, weaknesses, opportunities and threats*), ou de forças, fraquezas, oportunidades e ameaças. Se, porém, realmente não tivermos analisado as forças, fraquezas, oportunidades e ameaças, os clientes perceberão a superficialidade do plano assim que começarem a fazer perguntas pertinentes.

FIGURA 5.1: Fatores externos que afetam o negócio do cliente

Fonte: Adaptado de material didático de B. Rogers, Portsmouth Business School

Em vez disso, compilaremos uma SWOT estendida, que será muito mais fecunda para o pensamento penetrante. É preciso nos lembrarmos de que todas as oportunidades e ameaças decorrem exclusivamente do ambiente externo – o contexto de negócios em que o cliente atua e os fatores do setor de atividade (ver Figura 5.1).

Muitos leitores terão visto planos cujo ponto de partida é uma longa lista de fatores ambientais, que afetam a vida, o universo, e tudo o mais. Obviamente, um plano para a *key account* só deve apresentar fatores particularmente relevantes para o cliente. Entretanto, não devemos restringir demais nosso raciocínio nos primeiros estágios do processo, senão podemos perder alguns fatores interessantes. Por exemplo, políticas de educação superior podem não parecer diretamente relacionadas com o varejo de alimentos; mas, se o aumento das mensalidades escolares resultarem em mais jovens ficando em casa durante os anos de estudos universitários, a consequência será que a fase do ciclo de vida das "compras familiares" se estenderão para grande número de famílias. Para começar, pense com criatividade e, então, submeta as possibilidades à checagem de fatos.

Os fatores a serem usados no plano devem ser documentados. A maioria das organizações usa acrônimos para ajudá-las no processo: PESTEL (político, econômico, social, tecnológico, ambiental [environmental] e jurídico) talvez seja familiar. Resumimos esses fatores em PEST, uma vez que boa parte da legislação decorre da política e boa parte do ambiental alimenta as mudanças políticas, econômicas e sociais (ver Quadro 5.2). Esses fatores podem ser reformulados se o cliente for dos setores de agricultura ou de varejo de moda, que podem ser afetados diretamente pelos padrões de clima. Mas vamos prosseguir com o exemplo do nosso varejista de alimentos, em crescimento acelerado.

A essa altura, talvez seja difícil decidir se um fator PEST é ameaça ou oportunidade. Até certo ponto, toda mudança é ameaçadora. Você precisa definir se é o tipo de mudança que o varejista médio receberia de bom grado ou não. É o caso de ameaças que podem ser convertidas em oportunidades. Por exemplo, se for possível usar a sua cadeia de fornecimento transparente e de alta qualidade para se diferenciar dos concorrentes, a legislação sobre fraudes na cadeia de fornecimento não será problema. Examinaremos essas nuances quando chegarmos à SWOT estendida.

O próximo passo da análise das oportunidades e ameaças potenciais que afetam o cliente é estudar atentamente o setor de atividade. Na década de 1980, Michael Porter, estrategista de Harvard, desenvolveu uma técnica para avaliar o potencial de lucro de um setor de atividade. Ele o chamou de "cinco forças" (ver Figura 5.2).

QUADRO 5.2: Plano para *key account* usando PEST

Ambiente de negócios para a HGD				
Fatores:	**Relevância para o consumo de alimentos**	**Relevância para a HGD**	**Intensidade do efeito nos próximos três anos**	**Oportunidade ou ameaça?**
Políticos				
Medidas para coibir fraudes na cadeia de fornecimento da indústria de alimentos	Confiança do consumidor em alimentos embalados; p. ex. cordeiro de fato é cordeiro	Necessidade de controle e visibilidade da cadeia de fornecimento	Alto	Ameaça
Mudança na abordagem das leis de urbanismo para proteger os centros das cidades e os mercados locais	Facilidade de acesso direto aos fornecedores de alimentos locais	Mais competição para as lojas de recarga	Médio	Ameaça
Econômicos				
Possível mudança de deflação para inflação de alimentos	Aumento nos preços dos alimentos, exigindo mudança nos hábitos de consumo	Eventual necessidade de mudança na escolha e no preço das promoções	Alto	Oportunidade
Sociais				
Maior proporção de pessoas idosas solteiras na população	Segmento crescente de embalagens menores e mais funcionais	Busca de fornecedores para novas faixas	Alto	Oportunidade
Aumento na demanda por produtos dietéticos especiais	Microssegmentos crescentes de produtos sem glúten, sem lactose e veganos	Busca de fornecedores para novas faixas	Médio	Oportunidade
Tecnológicos				
Sensores para controle de estoque – em logística, depósitos e prateleiras	Clientes usuários de tecnologia esperam ofertas especiais nas prateleiras de alimentos	Corrida tecnológica com os concorrentes para aumentar a eficiência da cadeia de fornecimento e a responsividade do cliente	Alto	Oportunidade
Aumento do uso da tecnologia, a qualquer hora, em qualquer lugar	Capacidade de comprar qualquer coisa, em casa e em dispositivos móveis.	Como acima, necessidade de recursos *click and collect* e entrega domiciliar	Alto	Ameaça

Fonte: Adaptado de Ryals e McDonald (2007)

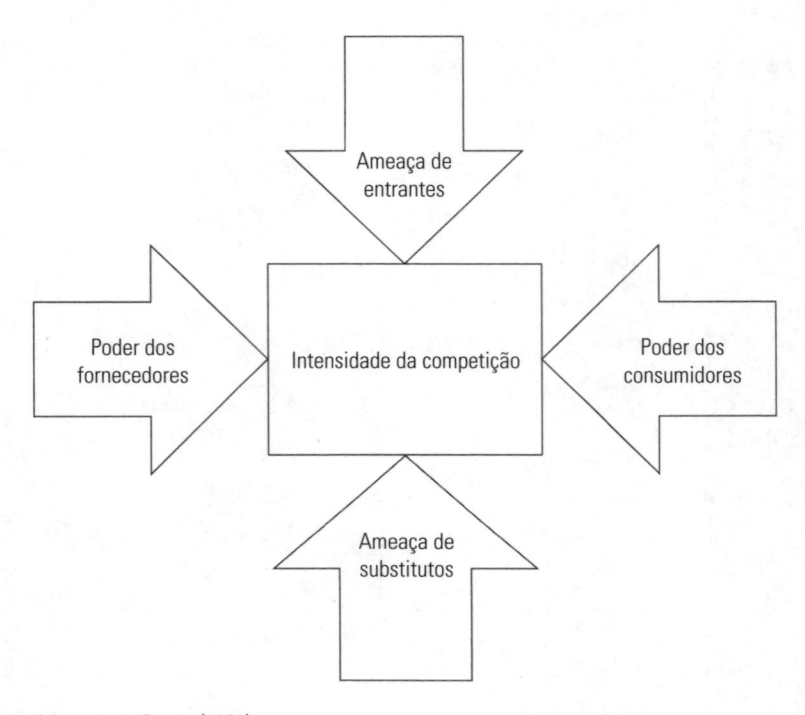

Fonte: Adaptado de Porter (1980)

Vamos aplicar uma versão simplificada ao varejo de alimentos (ver Figura 5.3).

Parece que as perspectivas são muito sombrias para o nosso *key account*! O potencial de lucro está sendo espremido por quatro das cinco forças. O nosso cliente, porém, está crescendo com rapidez. Portanto, é provável que haja algumas oportunidades no setor. Precisamos olhar um pouco mais a fundo (ver Tabela 5.2). Se nos concentrarmos apenas no poder e na cadeia de fornecimento imediata, a análise não irá muito longe.

Aqui estão alguns exemplos. Parece que os fornecedores usam relativamente pouco poder, mas a cadeia de fornecimento está sob a ameaça de escândalo alimentício, como o da carne de cavalo no Reino Unido em 2013, e alguns varejistas foram afetados mais do que outros. A competição é intensa, mas, como os principais atores no varejo de alimentos são indiferenciados, os varejistas diferenciados são menos afetados por esse fator. Alguns varejistas de alimentos tendem a ter clientes relativamente leais.

FIGURA 5.3: Aplicação das cinco forças de Porter ao varejo de alimentos

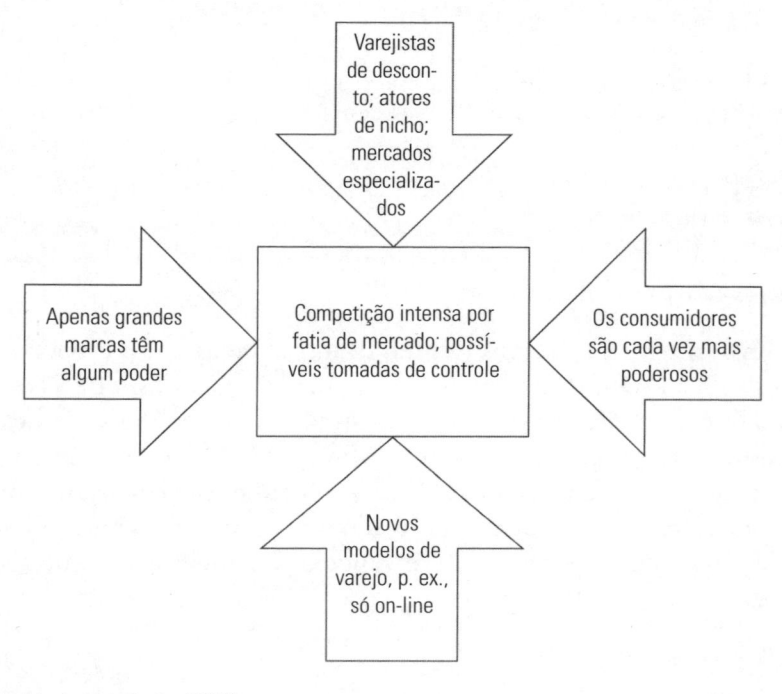

Fonte: Adaptado de Porter (1980)

QUADRO 5.3: O ambiente competitivo da HGD

	Relevância para a HGD	Intensidade do efeito nos próximos 3 anos	Oportunidade ou ameaça?
Fatores:			
Fornecedores			
Poder limitado	Fornecedores competindo por negócios	Médio	Oportunidade
Pode ser fonte de escândalo	Seleção de fornecedores	Alto	Ameaça
Entrantes			
Varejistas de desconto	Deflação de preços	Alto	Ameaça
Mercados	Limitado	Baixo	
Substitutos			
Modelos on-line	Pressões para oferecer mais escolhas e entregas on-line	Alto	Ameaça

CONTINUA ▷

	Relevância para a HGD	Intensidade do efeito nos próximos 3 anos	Oportunidade ou ameaça?
Clientes			
Crescente disponibilidade de informação e de poder de escolha	Pressões para oferecer mais escolhas, flexibilidade e competição de preço	Alto	Ameaça
Intensidade da competição			
Principais atores desesperados por fatia do mercado	Necessidade de diferenciar	Alto	Oportunidade

Fonte: Adaptado de Ryals e McDonald (2007)

Assim, agora, podemos resumir as fontes de ameaças e oportunidades para a HGD. Primeiro, um tema emerge das análises PEST e das cinco forças: é preciso abordar os consumidores que estão mudando das compras em lojas para as compras on-line. A HGD também deve ficar muito atenta na gestão da cadeia de fornecimento, pensar em como diferenciar as suas ofertas e tratar dos microssegmentos emergentes. É preciso examinar o potencial da tecnologia para melhorar as operações e a responsividade dos clientes.

Fontes de forças e fraquezas

Até que ponto a HGD está preparada para lidar com essas oportunidades e ameaças? Precisamos considerar suas forças e fraquezas. Seremos mais eficazes nessa análise se analisarmos o desempenho da HGD em comparação com o desempenho dos concorrentes, na percepção do público comprador. Há, em geral, muitos relatórios de pesquisas de mercado que podem ajudar nessa análise, na maioria dos setores. Vamos dar uma olhada nos escores, de 1 a 10, que uma amostra de compradores atribuiu a uma amostra de varejistas de alimentos, inclusive a HGD (ver Tabela 5.1).

TABELA 5.1: Comparação de escores de desempenho de uma amostra de varejistas de alimentos

Fator de sucesso	HGD	A	B	Varejista de desconto	Nicho
Preço	3	5	6	9	3
Qualidade dos alimentos	9	5	7	5	8
Escolha nas lojas	7	7	8	3	3
Escolha on-line	5	7	6	0	3

CONTINUA ▷

Fator de sucesso	HGD	A	B	Varejista de desconto	Nicho
Disponibilidade de estoque	8	6	4	5	0
Layout das lojas	9	3	5	1	8
Confiabilidade da marca	6	3	5	6	9

Fonte: Adaptado de material didático de B. Rogers, Portsmouth Business School

Vê-se, de imediato, na Tabela 5.1, que a nossa *key account* tem forças notórias em qualidade dos alimentos e *layout* das lojas, e fraquezas notórias na percepção de seus preços pelos compradores. O concorrente mais próximo, em termos de perfil, parece ser B. Considerando a comparação bilateral, outra força é a disponibilidade de estoque, sugerindo que a HGD é muito eficiente. Fraquezas relativas podem ser vistas na variedade de produtos, nas lojas e on-line. A confiabilidade da marca, porém, não é tão forte quanto seria de esperar.

SWOT de nove quadrantes

O Quadro 5.4 mostra uma visão ampliada da SWOT. Vemos aqui os objetivos da *key account*, que deveríamos conhecer ou encontrar em seu relatório anual. Também se vê que, nesse caso, há o que fazer para aplicar suas forças às oportunidades e para desativar as ameaças. O cliente precisa investir para que as fraquezas não neutralizem as oportunidades, nem agravem as ameaças.

QUADRO 5.4: Visão estendida da SWOT

Objetivos Gerenciar a taxa de crescimento Aumentar o *market share* para 10% Manter a lucratividade operacional em 5%	*Forças* Qualidade dos alimentos Armazenamento Disponibilidade de estoque	*Fraquezas* Preço Variedade em loja Variedade on-line Marca
Oportunidades Microssegmentos Principais players sem diferenciação	**VITÓRIAS RÁPIDAS**	**INVESTIR**
Ameaças Mudança do consumidor para on-line Escândalo na cadeia de fornecimento Nova tecnologia para a cadeia de fornecimento Nova tecnologia para a responsividade do cliente	**DESATIVAR**	**DEFENDER**

Fonte: Adaptado de Weihrich (1982)

Como *key account managers*, devemos desenvolver esses raciocínios sob a perspectiva do cliente. Devemos postergar a satisfação de explicar aos clientes onde nossos produtos e serviços podem ajudá-los a alcançar seus objetivos. Os clientes gostam de gerentes de clientes que compreendem o negócio deles em profundidade e lhes apresentam novas ideias sobre como ser bem-sucedido. É o que precisamos fazer. Na vida pessoal, geralmente não gostamos quando alguém diz: "Se eu fosse você..., eu...", mas, em negócios, devemos apreciar e valorizar amigos que nos fazem críticas construtivas. Evidentemente, na condição de críticos construtivos, é preciso conduzir com diplomacia essas conversas delicadas! Vamos dar uma olhada no Quadro 5.5 – a SWOT estendida da HGD. Essa é a análise do KAM sobre o que a HGD deve incluir no planejamento.

QUADRO 5.5: SWOT estendida da HGD

Objetivos	*Forças*	*Fraquezas*
Gerenciar a taxa de crescimento Aumentar o *market share* para 10% Manter a lucratividade operacional em 5%	Qualidade dos alimentos Armazenamento Disponibilidade de estoque	Preço Variedade em loja Variedade on-line Marca
Oportunidades	**VITÓRIAS RÁPIDAS**	**INVESTIR**
Microssegmentos Principais players sem diferenciação	Mensagens de marketing sobre a qualidade e a experiência de compra Exploração de novas variedades com os fornecedores, que se encaixem na imagem de qualidade	Explorar novas variedades com os fornecedores, que se encaixem na imagem de qualidade, mas focadas em microssegmentos Investir em desenvolvimento da marca
Ameaças	**DESATIVAR**	**DEFENDER**
Mudança do consumidor para on-line Escândalo na cadeia de fornecimento Nova tecnologia para a cadeia de fornecimento Nova tecnologia para a responsividade do cliente	Usar tecnologia e políticas de seleção de fornecedores para garantir a qualidade na cadeia de fornecimento Investimentos em TI para alinhar o ambiente on-line com o ambiente nas lojas Garantir logística de "última milha" tão eficiente quanto logística na loja	Defender preço – é o custo da qualidade. Defender seletividade da escolha – abordar vários microssegmentos em vez de diversidade da marca Desenvolver marcas *bricks and clicks*

Fonte: Adaptado de Weihrich (1982)

O cliente talvez não seja capaz de fazer tudo isso de uma vez. É preciso conversar, de preferência no nível de Conselho de Administração, sobre como o cliente vê o ambiente de negócios, o que está planejando fazer e como está priorizando essas estratégias.

Então, você pode passar para a análise de como os recursos da empresa podem atender às necessidades do cliente. Como é a SWOT de nove quadrantes da Tasty Pies, específica para esse cliente estratégico (ver Quadro 5.6)? Nossas oportunidades e ameaças decorrem exclusivamente do que a HDG está tentando alcançar, e nossas forças e fraquezas são totalmente determinadas pela maneira como os principais decisores de compras da HGD nos veem, em comparação com os concorrentes. É possível que estejam fazendo análises muito sofisticadas de fornecedores e que estejam dispostos a lhe dizer o resultado. Ou você pode discernir as forças e fraquezas com base no comportamento de compra deles. Se a sua fatia do cliente for pequena, parece provável que você seja percebido como um fornecedor comparativamente fraco ou marginal.

QUADRO 5.6: SWOT estendida da Tasty Pies Ltd referente a HGD (uso interno)

Objetivos	*Forças*	*Fraquezas*
Melhorar a qualidade do relacionamento, de cooperativo para interdependente Aumentar a fatia do cliente para 65% Manter a rentabilidade operacional em 15%	Ingredientes de qualidade Alta pontuação em testes de sabor Adaptabilidade	Administração Logística *Branding*
Oportunidades A HGD quer novas faixas para solteiros e idosos e para microssegmentos A HGD quer garantia de qualidade na cadeia de fornecimento	**VITÓRIAS RÁPIDAS** Novas receitas e tamanhos de embalagem para solteiros/idosos Trocar mais informações referentes à garantia de qualidade	**INVESTIR** Contribuir para o *co-branding* de produtos de nicho para microssegmentos
Ameaças Aumento de expectativas referentes ao uso de TI na cadeia de fornecimento Expectativas de apoio referentes a compras on-line Investimento de fornecedores em desenvolvimento da marca	**DESATIVAR** Rever implicações de ampliação na variedade on-line da HGD Disposição de contribuir para *co-branding*	**DEFENDER** Potencial para aplicar nova tecnologia e/ou terceirizar e/ou mudar fornecedor de funções fracassadas

Fonte: Adaptado de Weihrich (1982)

> **!** *Nossas oportunidades e ameaças decorrem exclusivamente do que a HDG está tentando alcançar, e nossas forças e fraquezas são totalmente determinadas pela maneira como os principais decisores de compras da HGD nos veem, em comparação com os concorrentes.*

Aplicando nossas competências às necessidades dos clientes

Quando saímos da posição do cliente e voltamos à nossa própria posição, nem sempre compartilhamos nossos papéis de trabalho, embora não tenhamos nada a esconder. No entanto, o primeiro público para a nossa SWOT ampliada com a HGD são colegas da equipe do cliente. Precisamos desenvolver amplas discussões sobre as implicações de novas ofertas ao cliente, como provê-las e como se encaixam em nossas prioridades – antes de completar nosso plano.

Em vendas, geralmente gostamos de ser otimistas sobre o que podemos oferecer aos clientes, sobretudo aos clientes estratégicos. Mas os clientes querem que sejamos realistas. Podemos ter as melhores receitas para as melhores tortas, e sermos muito adaptáveis aos pedidos dos clientes, referentes a seleções novas e diferentes. No entanto, se não consertarmos nossas fraquezas administrativas e logísticas de uma vez quando o cliente precisa de mais eficiência tecnológica, jamais seremos seu fornecedor preferencial. Obviamente, decisões como a terceirização de funções administrativas não podem ser tomadas na base das expectativas de um cliente. Portanto, para as *key accounts*, é preciso elaborar os planos e tomar as decisões em nível mais alto. Algumas grandes empresas são alvos de atenção especial de um subcomitê do Conselho de Administração, que analisa a situação das *key accounts* todos os meses, daí a probabilidade de analisar tendências que afetam todos os clientes estratégicos, como insatisfação com administração e logística. Se a HDG é o único cliente que se queixa da logística, talvez seja necessário desenvolver algum esquema especial que o tranquilize. É o que denominamos "tampar as trincas". Daí o aumento dos custos de atender as *key accounts*. Como vimos em capítulos anteriores, aumentar os custos de servir aos clientes estratégicos pode reduzir sua atratividade estratégica.

Começamos a ver as *trade-offs* a serem manejadas frequentemente pelas equipes de *key accounts*. Pode ser muito fácil gastar dinheiro com *co-branding* ou com campanhas promocionais que o cliente talvez queira desenvolver. Mudar receitas e tamanhos de embalagens exige muitas pesquisas e desenvolvimento. Portanto, o cliente teria de oferecer garantias consideráveis sobre a futura disponibilidade de espaço em prateleira, para que um fornecedor de tortas invista, por exemplo, numa linha sem glúten.

Depois de os membros da equipe de *key account* terem debatido as maneiras de oferecer valor ao cliente e terem chegado a um acordo negociado, com a aprovação do Conselho de Administração, o KAM pode fazer propostas ao cliente. É vital que as propostas ressoem com muita intensidade para o cliente. É como um executivo-chefe que conhecemos costumava dizer a seus *key account managers*: "Onde está a fagulha?". Por exemplo, como a Tasty Pies, todos os fornecedores de bens de consumo de rápida movimentação (BCRM) devem oferecer aos clientes estratégicos uma razão irresistível para lhes oferecer a maior proporção de espaço de prateleira da categoria. Acreditamos que a melhor maneira de explicar tudo isso e desenvolver propostas para cada *key account* é acompanhá-los no processo de chegar a propostas de valor com quantificação financeira. Associar compras incrementais com economias de custo de entrega é argumento convincente só se o comprador tiver absoluta confiança na sua capacidade de entregar, ou se estiver convencido de que você compartilhará algum risco.

> **!** *É vital que as propostas ressoem com muita intensidade para o cliente. É como um executivo-chefe que conhecemos costumava dizer a seus* key account managers*: "Onde está a fagulha?".*

Identificando projetos baseados em valor

A parte mais difícil de um relacionamento KAM é dar a partida. Dizer a um cliente que ele é importante para o seu negócio é como convidá-lo a pedir um desconto. É preferível uma abordagem prática que induza o cliente ao trabalho colaborativo. Uma maneira de alcançar esse resultado é o KAM identificar uma oportunidade de valor para o cliente e, então, propor um projeto para avaliá-la. A palavra "avaliar" é importante aqui porque, deliberadamente, reduz o compromisso exigido do cliente ao mínimo indispensável para considerar *a possibilidade*, em vez de agir com base na sugestão. De onde vem a oportunidade de valor? Decorre de uma análise detalhada do negócio do cliente e do que o cliente está tentando alcançar com os clientes dele. Não há atalhos. O KAM bem-sucedido faz o dever de casa!

Um projeto pode começar com um objetivo avulso – por exemplo, ver como um novo mercado pode ser explorado, ou como uma pequena mudança num produto pode mudar a percepção do cliente final, reduzir os custos de fabricação, e assim por diante. Esteja preparado – entre a proposta e a ação, o cliente pode modificar os objetivos do projeto. Isso é positivo, pois revela ponderação e compromisso por parte do cliente.

Depois de o cliente concordar com os objetivos do projeto, o KAM deve trabalhar com os *stakeholders* do cliente para moldar objetivos dispersos em objetivos factíveis e programados. Enfatize "factíveis" e "programados", pois é com esses atributos que o bom KAM impulsiona o relacionamento com o cliente. Objetivos factíveis precisam de pessoas que os acionem, o que oferece a oportunidade de compor a equipe de projeto com profissionais de diferentes funções, o que reforça ainda mais o relacionamento fornecedor-cliente. A amarração temporal atribui senso de urgência e prioridade ao projeto.

Um projeto de valor bem dirigido pode abrir caminho a áreas do cliente que simplesmente não estão abertas a relacionamentos comprador-vendedor, baseados em *commodities*. Ele gera o benefício duplo de fornecer informações que capacitam o KAM a identificar melhores maneiras de embutir valor recíproco no relacionamento e de promover múltiplos relacionamentos transfuncionais entre o fornecedor e o cliente. Com o passar do tempo, à medida que o processo se reitera com sucesso, o relacionamento com o cliente evoluirá para um processo KAM exploratório e integrado.

Phill McGowan, CEO da Positive Sales Limited
Phill criou empresas B2B a partir do zero e as converteu
em negócios de porte médio, usando métodos de vendas
baseados em relacionamentos

Quantificação financeira das propostas de valor

Valor é, na essência, um conceito simples – benefícios menos custos, em comparação com a melhor alternativa seguinte. Valor não é criado pelo fornecedor e transmitido ao cliente; pode ser produto da colaboração entre fornecedores, clientes e outros parceiros da cadeia de fornecimento. No entanto, é fundamental que o KAM inicie o processo de criação de valor, baseado em suas ideias sobre a combinação das capacidades do fornecedor com as necessidades dos clientes estratégicos.

A proposta de valor deve ser:

- **Diferenciada:** superior à dos concorrentes.
- **Mensurável:** toda proposta de valor deve se basear em diferenciais perceptíveis, sujeitos a quantificação monetária.
- **Sustentável:** deve ter vida duradoura.

Impulsionado por essas considerações, será possível elaborar propostas de valor significativas. No caso do varejo de alimentos, precisa-se de uma para os consumidores e outra para os varejistas.

A maioria dos profissionais de vendas sabe que o desconto é tática para a derrota. Corrói imediatamente a lucratividade do negócio e a capacidade da organização de sustentar o sucesso. Todas as empresas precisam manter sua base de custos baixa, dentro do razoável. Não recomendamos a anorexia produtiva, em que os custos são cortados com tanta continuidade e intensidade, a ponto de comprometer de tal maneira o valor dos produtos, que os clientes não mais o querem, na precariedade do que sobrou. Com que frequência os varejistas corroem a própria marca, com bens e produtos tão ordinários que são fontes de má publicidade e depõem contra a própria empresa.

> Vale notar que alguns clientes só acompanham as economias de custo em determinado exercício social; no seguinte, eles esperam mais. Geralmente, as mudanças são demoradas (evidências inequívocas da sua redução de custos). Os maiores ganhos são, quase sempre, na interface da iniciativa de redução de custos, o que sempre diminui com o passar do tempo. Cuidado com a insistência em reduções de custos incrementais (ano a ano). Elas podem ser inatingíveis.
>
> Paul Beaumont, Diretor de Vendas Interino

A alternativa, evidentemente, é diferenciação significativa. No entanto, a sua diferenciação é, na verdade, apenas uma manchete de marketing para os seus clientes estratégicos. "Ingredientes da melhor qualidade" e "o melhor sabor" posicionam a Tasty Pies Ltd em relação aos concorrentes, e a expectativa é que marketing, pesquisa e desenvolvimento (P&D) e operações estejam trabalhando em estreita integração para garantir que os clientes sempre experimentem qualidade e sabor ao comprar as tortas. Mas, para um comprador como a HGD, o que significa trabalhar de maneira mais interativa com a Tasty? Vejamos algumas das maneiras de converter a SWOT de nove quadrantes em ideias para a HGD, usando outra ferramenta de análise que identifica o grau de valor que a HGD poderia perceber (ver Quadro 5.7).

QUADRO 5.7: Identificando a percepção de valor pela HGD

Criando valor	**ESTRATÉGICO**	**ALTO POTENCIAL**
Por exemplo, aumentar a receita, melhorar a produtividade, aprimorar os serviços, maior velocidade de entrada no mercado	Novas receitas e tamanhos de embalagem para solteiros e idosos Ampliar as ofertas da Tasty para compras on-line	Ofertas com *co-branding* em novos microssegmentos
Evitando desvantagem	**ÊNFASE OPERACIONAL**	**APOIO**
Por exemplo, evitar ou reduzir custos, evitar ou reduzir riscos, evitar ou reduzir "embaraços"	Usar tecnologia e terceiros para o alinhamento dos processos	Trocar mais informações para a garantia da qualidade
	Crítico para as operações	**Não crítico**

Fonte: Adaptado de Ward e Peppard (2002)

Os quadrantes da ferramenta de análise do Quadro 5.7 podem ser interpretadas como segue:

- *Estratégico:* alguma coisa que garante o sucesso duradouro da empresa.
- *Alto potencial:* alguma coisa a ser monitorada, pelo potencial de criação de valor no futuro.

- *Ênfase operacional:* alguma coisa crítica para os negócios normais do dia a dia – pode ajudar o cliente a evitar custos ou riscos.
- *Apoio:* alguma coisa que exerce a função de apoio útil e pode evitar algumas desvantagens.

E aqui surge a questão crucial – como quantificar o valor para a HGD? Há numerosas maneiras de calcular o valor, como mostramos a seguir.

Análise da cadeia de valor

O conceito de Porter de valor agregado é incremental; ele foca em como uma atividade muda o valor dos bens e serviços, à medida que percorre os vários estágios da cadeia de valor interna e externa (ver Tabela 5.2).

TABELA 5.2: Mapa de valor, usando a cadeia de valor interna de Porter (exemplo 1)

Novos tamanhos de embalagem, para idosos solteiros					
	Impacto	Valor agregado	Redução de custos	Benefício líquido	Notas
Cadeia de valor da HGD					
Entrada	Projeto compatível com os *pallets* atuais	0	0	0	
Depósito	Projeto compatível com as condições de armazenagem atuais	0	0	0	Talvez exija espaço adicional
Distribuição	Projeto compatível com os *pallets* atuais	0	0	0	
Na loja	Embalagem para promoção e para *displays* padronizados	0	0	0	Talvez exija espaço adicional para promoções e circulação

CONTINUA ▷

Novos tamanhos de embalagem, para idosos solteiros				
	Impacto	Valor agregado	Redução de custos	Benefício líquido	Notas
Marketing e vendas	Específico para promoção	Aumento das vendas de promoção em 2%, de outubro a março	0	2% do faturamento da categoria, de £ 2.000, em média, por loja, por semana, por 6 meses	O efeito será sazonal – mais tortas vendidas no inverno
Infraestrutura da HGD				
Finanças	Nada	0	0	0
Compras	Nada	0	0	0
Tecnologia	Nada	0	0	0
Pessoas	Nada	0	0	0
Imagem pública	Pode atrair boa publicidade			

Fonte: Adaptado de material didático de M. McDonald, Cranfield School of Management

Embora no exemplo apresentado na Tabela 5.2 a Tasty não esteja oferecendo nenhuma vantagem de custo na cadeia de valor da HGD, a análise mostra que a Tasty pretende ser cuidadosa no *design* da embalagem, de modo a não gerar custos, entregando embalagens que não se encaixam nas atuais instalações físicas do cliente. Esse é um atributo a ser enfatizado na apresentação de novas ideias aos clientes, por minimizar o risco de custo ao iniciar um projeto piloto. É provável que a HGD esperava que a Tasty contribuísse para compensar os custos de qualquer novo espaço promocional. O lucro incremental parece marginal, e pode não contribuir para tudo o que a Tasty espera alcançar com a HGD, daí a necessidade de várias ideias e de muita pesquisa para sustentar as alegações.

Se nos lembrarmos do exemplo dos dispositivos, no Capítulo 4, vê-se que a lista de impactos é muito mais ampla na cadeia de valor do cliente, que podem ser itemizados e custeados como naquele exemplo (ver Tabela 5.3).

Novos dispositivos para a linha de produção da Júpiter				
Impacto		**Valor agregado**	**Redução de custos**	**Benefício líquido**	**Notas**
Cadeia de valor da HGD				
Entrada		0	0	0	
Operações	Menos quebras Menos paralizações	0	£ 100	£ 100	
	Menos manutenção Redução da lubrificação		£ 1.000	£ 1.000	
			£ 1.000	£ 1.000	
			£ 5.000	£ 5.000	
Saída	Redução dos custos de descarte	0	£ 100	£ 100	
Marketing e vendas	Contribui para a continuidade do suprimento	£ 2.000		£ 2.000	
Infraestrutura da HGD				
Finanças	Nada	0	0	0	
Compras	Menos transações por ano	0	£ 500	£ 500	
Tecnologia	Nada	0	0	0	
Pessoas	Nada	0	0	0	
Imagem pública					

Fonte: Adaptado de material didático de M. McDonald, Cranfield School of Management

Análise do valor para os acionistas (AVA)

A pesquisa de Alfred Rappaport (1983) sobre análise do valor para os acionistas (AVA) foi bem recebida. Ela mostra como as decisões afetam o valor presente líquido de caixa para os acionistas e mede a capacidade de uma atividade gerar mais lucro que o custo de capital total. A AVA fornece um referencial para avaliar opções de melhorar o valor para os acionistas, quantificando as *trade-offs* entre reinvestir em atividades existentes, investir em novas atividades e devolver caixa para os acionistas. Podemos simplificar essas escolhas nos cenários de "continuar como está", "fazer alguma coisa", "desistir".

A maioria das empresas hoje reconhece que as metas financeiras em si não são os únicos possíveis objetivos de negócios. Medidas de valor agregado, *brand equity*, lealdade dos clientes ou satisfação dos clientes são indicadores antecedentes, ou indicadores de tendências, para alcançar resultados financeiros. No entanto, em setores B2B, os decisores financeiros podem tratar o valor da marca do fornecedor como fator de redução do risco, mas não suficiente para gerar valor que signifique alguma coisa para os clientes. Há exceções, como ter motores Rolls-Royce em aviões e as campanhas Intel Inside, da Intel, com fabricantes de computadores pessoais.

Quando usinas de geração de energia elétrica são vendidas a empresas de eletricidade; máquinas de produção, a empresas industriais; ou grandes sistemas de TI, a bancos, é muito provável que seja necessário projetar demonstrações financeiras completas que reflitam o impacto do projeto para a empresa (alguns índices característicos são apresentados no Quadro 5.8). No caso de vendas incrementais para clientes estratégicos, bastaria uma análise financeira de seu impacto no fluxo de caixa durante determinado prazo.

Qualquer que seja a maneira escolhida para ilustrar o impacto financeiro de sua proposta, a quantificação financeira o ajudará a aumentar a lucratividade das vendas, por numerosas razões:

- Os consultores sugerem que relativamente poucas empresas esmeram nas propostas de valor com quantificação financeira, fator que pode ajudá-lo a ser visto como mais profissional do que os concorrentes.
- Mesmo que você não apresente muita diferenciação, o ato em si de fazer a quantificação financeira dos benefícios, mesmo que se encaixem no padrão, talvez lhe dê uma vantagem sobre os concorrentes.
- Talvez isso o ajude a reduzir os descontos.
- Talvez isso o ajude a produzir campanhas de marketing mais produtivas.
- No caso de vendas em menor escala, por um portal, supõe-se que a conversão de *leads* (oportunidades de negócios) em vendas seja mais rápida.
- Esse tipo de abertura deve melhorar o relacionamento com os clientes.

QUADRO 5.8: Demonstração do impacto no fluxo de caixa e no balanço patrimonial

Análise financeira									
Índice financeiro (indicador)	Fórmula	Fonte				Situação da empresa	Situação do setor	Parece que precisa de melhoria?		Há alguma ideia inicial de como os produtos/serviços da nossa organização podem ajudar?
		Relatório Anual						sim	não	
Liquidez corrente	Ativo Circulante ——————— Passivo Circulante									
Margem de lucro líquida	Lucro Líquido ——————— Vendas Líquidas									
Retorno sobre o ativo	Lucro Líquido ——————— Ativo Total									
Prazo de cobrança	Devedores menos Devedores duvidosos ——————— Média de Vendas Diárias									
Giro de estoque	Custo dos Produtos Vendidos ——————— Estoque									
Descrição dos indicadores	Liquidez Corrente	Mede a liquidez da empresa – a empresa tem dinheiro suficiente para pagar as contas?								
	Margem de Lucro Líquida	Mede a lucratividade geral da empresa, mostrando a porcentagem das vendas que é retida como lucro depois do pagamento dos impostos. Se esse índice for aceitável, provavelmente não será necessário calcular as margens de lucro bruto e de lucro operacional.								
	Retorno sobre o Ativo	Avalia a eficácia da gestão da empresa, dividindo o lucro pelos ativos, quociente que dá a lucratividade dos investimentos. *Collection Period* = prazo de cobrança.								
	Prazo de Cobrança	Mede a atividade dos devedores. Prazo de cobrança longo significa que os fundos da empresa estão financiando os clientes, não contribuindo para o fluxo de caixa da empresa.								
	Giro de Estoque	Avalia a rapidez com que os fundos estão fluindo do custo dos produtos vendidos para a geração de lucro. Quanto mais rápido for o giro dos estoques, menos tempo eles ficam na fábrica até serem convertidos em produtos vendáveis.								

Fonte: Adaptado de material didático de M. McDonald, Cranfield School of Management

Da estratégia para a ação

Tanto o Conselho quanto os clientes querem saber como executar as boas ideias. Daí a necessidade de a equipe de clientes contar com um gerente de projetos experiente, de maneira permanente ou para períodos específicos, conforme as necessidades. O gerente de projetos usará análises de caminho crítico ou software sofisticado para mapear e rastrear as condições necessárias para a implementação de uma ideia. Para os nossos propósitos, a Quadro 5.9 oferece um exemplo de parte de um dos elementos da execução de um plano.

QUADRO 5.9: Elementos de um quadro de implementação

Ação estratégica	Itens	Quem	Quando
Investimento em *co-branding*	Gerente de marketing se reúne com clientes e agência para explorar ideias	JA se reúne com AW e GT para definir datas	Começo ano 1 1° trimestre
	Agência prepara material de criação e calcula custos	GT (agência)	Fim ano 1 1° trimestre
	Ideias preferidas são aprovadas por ambos os Conselhos	Harry Quinn apresenta	Começo ano 1 2° trimestre
	Equipes de marketing planejam com a agência detalhes de atividades de mídia	HQ organiza	O mais rápido possível depois da aprovação
	Participação de operações e finanças para garantir a disponibilidade de estoque e de caixa		
	Atividades piloto em lojas selecionadas	HGD e fornecedor de merchandising	Aprovação + 6 semanas
	Avaliação e decisão sobre escala do lançamento	Todos os participantes, PA da sede organiza	Piloto + 1 semana

QUADRO 5.10: Planos de contingência para superar
riscos em campanhas de marketing

Ação estratégica	Riscos	Plano de contingência
Investimento em *co-branding*	Agência não testa integralmente a aceitabilidade das criações, e há queixas sobre os anúncios	Garantir que a agência tem plano B para retirada do material a qualquer momento Acordo prévio sobre a divisão dos custos de retirada
	Campanha gera mais demanda do que o previsto	Arranjos prévios com a equipe operacional sobre possível prorrogação da jornada durante o período de campanha
	Campanha gera menos demanda do que o esperado	Elemento potencial de promoção de preços, que pode ser convertido em campanha intermediária; cobertura financeira para a redução do fluxo de caixa
	Concorrentes reagem com redução de preços e contra-campanhas	Elemento potencial de promoção de preços, que pode ser convertido em campanha intermediária; cobertura financeira para a redução do fluxo de caixa

Todas as partes também quererão saber os riscos envolvidos. No caso de campanhas de marketing com *co-branding*, os riscos são muito óbvios, e é preciso desenvolver planos de contingência para enfrentá-los (ver Quadro 5.10).

O que mais deve entrar num plano para *key account*? O KAM e a equipe de clientes estratégicos precisarão planejar certos aspectos que podem ser considerados fatores do progresso operacional do relacionamento de negócios. Quando serão as reuniões? Como construir as ligações entre as duas empresas? Quando os diretores se reunirão para avaliações estratégicas? Quanto tempo dedicar às visitas à sede e às lojas dos clientes estratégicos? Tudo isso pode ser anotado em apêndices, mas são itens necessários para evitar qualquer omissão ou complacência sobre os ingredientes necessários ao desenvolvimento de um plano de relacionamento com as *key accounts*.

Planos e propostas

> **!** *As empresas podem gastar muito dinheiro, e não há prêmio para o segundo lugar.*

Relacionamentos estreitos entre fornecedores e clientes possibilitam o compartilhamento de planos, mas, em muitos casos, os *key account managers* ainda precisam produzir propostas formais, com base em especificações. As propostas serão avaliadas em comparação com as dos concorrentes, antes do início das negociações. É sempre assim nas vendas para o setor público e para todos os outros setores que vendem para o setor público, como o de defesa. As propostas devem incluir todos os elementos que devem compor um plano para *key account*:

- Demonstração de entendimento das necessidades do cliente.
- Confirmação de compreensão dos resultados almejados pelo cliente.
- Mapa de valor – aplicando as capacidades do fornecedor às necessidades do cliente.
- Descrição e custeio de solução específica, demonstrando o impacto das mudanças decorrentes da intervenção sobre as operações do cliente.
- Avaliação do risco e plano para a gestão do risco.
- Demonstração do valor a ser gerado pelo fornecedor, apoiado por evidências e referências.

As empresas podem gastar muito dinheiro na produção de propostas, e não há prêmio de consolação para o segundo lugar. Elas devem ser pródigas em recursos para propostas promissoras e não podem perder tempo com as prováveis perdedoras. Análises objetivas das chances de vitória devem ser repetidas em numerosos pontos dos estágios iniciais do processo licitatório. A proposta deve ser clara, sem jargão, para que seja compreensível pelos diferentes profissionais avaliadores. A tecnologia sempre possibilita inovações – as propostas podem ser entregues com vídeos embutidos (como, por exemplo, para demonstrar o funcionamento de uma máquina na fábrica do cliente) ou com links para várias fontes de informação independentes (mas certifique-se de que o link de fato remete ao destino).

O planejamento melhora à medida que o repetimos, e as propostas também ganham com a melhoria contínua. Ganhando ou perdendo, as principais licitações devem ser avaliadas para o aprendizado contínuo.

Pensamentos finais

Vimos como os planos para *key accounts* são elaborados com base na compreensão profunda dos clientes estratégicos e do mapeamento das nossas capacidades para atender às necessidades futuras deles. Vimos exemplos dos documentos de planejamento referentes à Tasty Pies Ltd e a um varejista, a HGD. No momento em que estamos escrevendo este livro, aumenta cada vez mais a oferta de tecnologia para automatizar partes significativas do processo. No entanto, os *key account managers*, como pessoas, ainda são indispensáveis para interpretar a essência dos dados e para aplicar suas conclusões na construção de novos futuros para o cliente estratégico e sua organização. Antes de passar para o Capítulo 6, que analisa o Account-Based Marketing (ABM), também conhecido como Key Account Marketing, insistimos para que você leia o apêndice deste capítulo sobre planos para *key accounts* usando software de simulação. Quaisquer que sejam os planos que tivermos para as *key accounts*, os concorrentes também terão os deles. Por meio de simulação, podemos prever as manobras dos concorrentes e tentar neutralizá-las antes que aconteçam.

> ### LISTA DE TAREFAS
>
> Reserve algum tempo para reavaliar suas atuais *key accounts* usando a Quadro 5.11.
>
> Pense em atualizar seus padrões e processos para o planejamento de clientes.

Sumário Executivo	Claro e focado Contém todos os fatos e pontos essenciais Apresentação de conclusões: não só de "coisas" indigestas Raciocínio integrado: progressão lógica análise, objetivos, estratégias e ações Reconhecimento das principais questões de negócios e mercados, com o nível de foco adequado
Análise	Necessidade de mudança atribuída ao ambiente de negócios Apresentação de mapas do mercado e das cadeias de fornecimento Fatores cuidadosamente submetidos a SWOTs e considerados nos lugares certos SWOT de nove quadrantes das *key accounts* antes do mapeamento de valor Nossa avaliação como fornecedores pelas *key accounts* alimenta nosso SWOT de nove quadrantes São realistas a posição competitiva das *key accounts* e a nossa posição competitiva como fornecedores?
Objetivos	Definição exata da carteira do cliente Objetivos compatíveis, inclusive retrocessos
Estratégia	Clara, explícita e explicada, principalmente a proposta de valor para o cliente Respostas "Por que nós?" "Não" a previsões de vendas como "listas de desejos" "Não" a simplismos Consistência com as análises: as origens são claras Os recursos são realistas Mais do que *business as usual* (negócios de sempre) Reconhece a importância dos clientes do cliente Considera a reação potencial dos concorrentes
Ação	Não perde o gás em seis meses Define "grandes" ações, sem se limitar a "agendar reuniões" Inclui métricas Avaliação de riscos e definição de atenuantes

Fonte: Adaptado de McDonald et al. (2000)

Referências:

DAVIES, I. A.; RYALS, L. The Effectiveness of Key Account Management Practices. *Industrial Marketing Management*, v. 43, n. 7, p. 1182–94, 2014.

MARCOS-CUEVAS, J. *et al.* Value Co-Creation Practices and Capabilities: Sustained Purposeful Engagement Across B2B Systems. *Industrial Marketing Management*, v. 56, n. 7, p. 97–107, 2016.

MCDONALD, M.; ROGERS, B.; WOODBURN, D. *Key Customers: How to Manage Them Profitably*. Oxford: Butterworth-Heinemann, 2000.

PORTER, M. E. *Competitive Strategy*. Nova York: The Free Press, 1980.

RAPPAPORT, A. Corporate Performance Standards and Shareholder Value. *Journal of Business Strategy*, v. 3, n. 4, p. 28–38, 1983.

RYALS, L.; MCDONALD, M. *Key Account Plans: The Practitioners' Guide to Profitable Planning*. Abingdon: Routledge, 2007.

WARD, J.; PEPPARD, J. *Strategic Planning for Information Systems*. Chichester: John Wiley & Sons, 2002.

WEIHRICH, H. The TOWS Matrix – A Tool for Situational Analysis. *Long Range Planning*, v. 15, n. 2, p. 54–66, 1982.

Apêndice 5.1: Aprendendo a planejar usando uma simulação de Key Account Management

Edmund Bradford, Managing Director, *Market2Win Ltd*

Há ferramentas e modelos muito úteis para ajudar a desenvolver um bom plano para cliente, mas como ele é usado? Todos já vimos até análises SWOT simples malfeitas. Em geral, os planos para cliente são tratados como formulários de impostos, com caixas em branco a serem preenchidas. O resultado do plano pode parecer completo, mas faltam *insights* e estratégias suficientes. Diríamos que isso é resultado da falta de compreensão das ferramentas e da falta de treinamento em como usá-las da maneira adequada. Muitas profissões, como a de pilotos de avião, aprimoram suas competências usando simulações, e os *key account managers* também podem recorrer a simulações para melhorar o planejamento dos clientes, como mostra a Figura 5.4.

Você já jogou xadrez ou damas? Se a resposta for positiva, você saberá que NÃO se sairá muito bem se for movimentando as peças à medida que avança no jogo sem um plano preconcebido. Por exemplo, em xadrez, é preciso ter um objetivo (como capturar a dama do oponente) e uma estratégia (prendê-la num canto e depois removê-la com um dos reis). Os melhores jogadores de xadrez têm uma estratégia clara, que se converte em conjunto de ações claro, *e* são capazes de prever as reações dos adversários às suas decisões muitos movimentos à frente.

FIGURA 5.4: Que problemas a simulação ajuda a resolver?

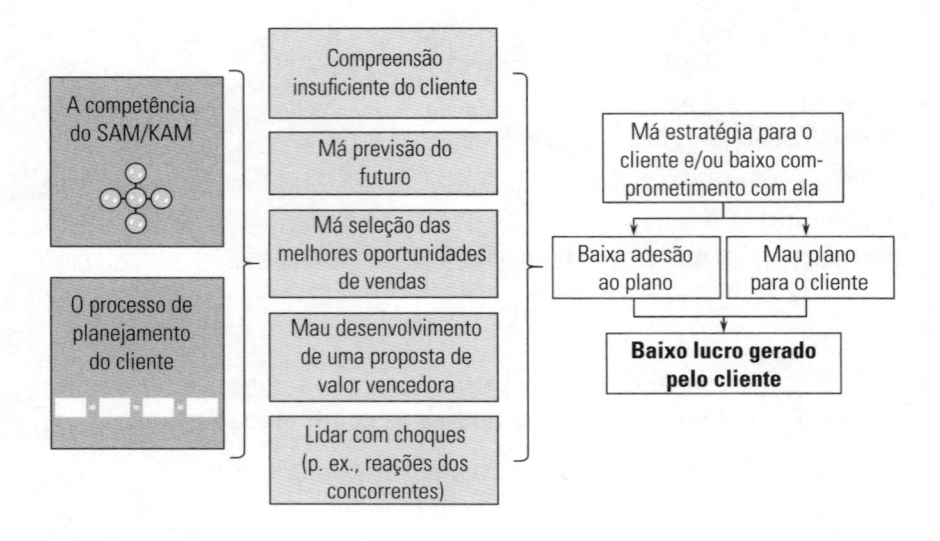

No mundo dos negócios, porém, onde os cacifes são muito mais altos, as empresas, geralmente, têm dificuldade em se antecipar às reações dos adversários às suas decisões em gestão de clientes. É como observaram Coyne e Horn (2009): "Em xadrez, dizem que os melhores jogadores se antecipam a cinco ou mais jogadas [...] Quando questionados sobre o número de movimentos e contramovimentos que analisavam, cerca de 25% dos respondentes disseram que não modelavam interações [...]. Menos de 10% dos gestores que pesquisamos previam mais de uma rodada de respostas por mais de um concorrente".

Há ainda muita inércia no planejamento e implementação do relacionamento com clientes. Desenvolvem-se estratégias com muito pouca consideração sobre a reação dos concorrentes. É como se os concorrentes existissem apenas no papel, não exercessem influência sobre os concorrentes e o mercado, e nossa estratégia de três anos para um cliente viesse a se tornar uma profecia autorrealizada. Isso não é realista. O plano para o cliente precisa refletir uma estratégia que seja não só certa, mas também *vigorosa*. A estratégia precisa ser testada em relação a reações e a cenários prováveis que podem ocorrer durante o período do plano.

> **!** *Há ainda muita inércia na elaboração e execução de planos para cliente. As estratégias são concebidas com pouca consideração sobre como os concorrentes reagirão a essas estratégias.*

Exemplo: simulação numa empresa global de engenharia

Uma empresa global de engenharia usou uma simulação de planejamento de *key accounts* (SAM2Win), num workshop de dois dias, para desenvolver competências de planejamento de clientes em seu *staff* de gestão de clientes globais. O processo envolveu cinco rodadas de decisões, com grande intensidade e velocidade. Também houve sessões específicas sobre a aplicação dos recursos de suprimentos da simulação, para o aprendizado de como alinhar a estratégia de vendas do fornecedor com a estratégia de compras do cliente.

O workshop não só desenvolveu rapidamente as competências dos participantes no desenvolvimento de planos paras clientes, como também forneceu fundamentos e terminologia comuns do que é a boa gestão de clientes. No final do workshop, os participantes formularam um plano de ação pessoal para aplicar o aprendizado a seus próprios clientes. Uma participante parecia feliz ao afirmar que já tinha começado a segmentar seus clientes no verso de um envelope antes de deixar a sala!

Passos do aprendizado básico

Ao conduzir uma simulação, é importante abranger os quatro passos seguintes em cada rodada de decisões:

1. Rever a situação que está sendo enfrentada pelo fornecedor.
2. Aprovar a estratégia para o cliente que melhorará o desempenho do fornecedor.
3. Atualizar o plano para o cliente com base na estratégia atualizada.
4. Implementar o plano na simulação.

Esses passos são mostrados na Figura 5.5, e convém observar que dois são executados com o software de simulação e os dois outros seguem o método tradicional de discussão e redação do plano. A execução desses quatro passos, reiteradamente, em cinco rodadas de decisão melhora significativamente a capacidade dos participantes de usar as ferramentas e os gabaritos da maneira correta.

FIGURA 5.5: Vantagens da simulação como ferramenta de aprendizado

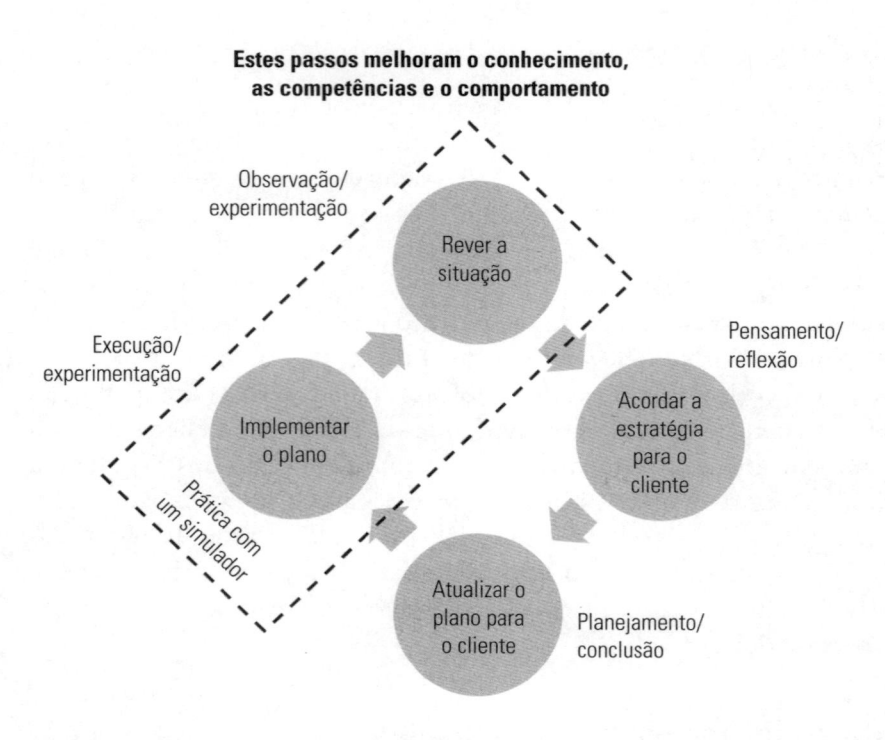

Fonte: Adaptado de ciclo de aprendizado de Kolb (1984)

As vantagens das simulações como ferramenta de aprendizado

Pesquisas acadêmicas e comerciais identificaram várias vantagens no uso de simulações para aumentar a velocidade com que discentes adquirem competências e a profundidade com que as retêm. Os alunos podem imergir no jogo, proporcionando aprendizado mais intenso, o que os motiva a melhorar o pensamento crítico, a solução de problemas e a tomada de decisões (LOON *et al.*, 2015). Os humanos sentem alegria ancestral no jogo. Essa capacidade de aprender com jogos é eficaz em muitas culturas e linhagens diferentes, em todo o mundo. O espírito competitivo se manifesta e o desejo de vencer impulsiona o entusiasmo por aprender novas ideias, o que pode conferir aos jogadores uma vantagem sobre os adversários. Esse processo é muito mais envolvente do que assistir a uma apresentação enfadonha sobre um cliente e percorrer uma lista de todos os projetos que estamos executando para os clientes!

A motivação também aumenta com esse envolvimento transfuncional e multissensorial na simulação. Esse processo tem sido usado por muitas empresas para desenvolver novos produtos e para promover a inovação colaborativa. A vantagem de custo é considerável, especialmente nas situações que envolvem grande número de participantes. As simulações possibilitam a interação dos participantes on-line, em vez de em ambiente físico, eliminando ou reduzindo grande parte dos custos com locomoção e hospedagem. Com base em nossa experiência, incluiríamos na lista de benefícios aumento da flexibilidade, da competência, da relevância e da praticidade dos resultados.

- *Aumento da flexibilidade*

  As simulações podem ser executadas como workshops compactos, de um ou dois dias, por exemplo; como exercícios on-line, com a duração de várias semanas; ou como combinação das duas abordagens. Na terceira hipótese, o programa se encaixa com muita facilidade na rotina de trabalho dos participantes, que têm uma semana para tomar suas decisões e podem trocar ideias sobre as condições de mercado e as opões estratégicas, por e-mail, chat, telefone, webinar, e outros meios. Os participantes também têm liberdade para se organizar como melhor lhes convier – em termos de agenda e de atribuições na equipe.

- *Aumento da competência*

  Para desenvolver líderes estratégicos competentes, precisamos melhorar seus conhecimentos, habilidades e comportamentos. Os métodos tradicionais de treinamento e desenvolvimento, como seminários e workshops, são bons para aumentar conhecimentos, razoáveis para desenvolver competências, e ruins para melhorar comportamentos. Isso porque os participantes aprendem a teoria, mas não têm tempo suficiente para praticá-la. Como em muitas outras coisas na vida, como tocar um instrumento musical, dominar um novo idioma ou praticar um esporte, a prática faz a perfeição. Compreende-se por que tantos gerentes de clientes são ruins em estratégia para os clientes quando não tiveram a oportunidade de praticá-la em ambiente de baixo risco.

• *Aumento da relevância*

Como as simulações são ajustáveis aos desafios específicos de um negócio, elas são mais relevantes para os participantes. Por exemplo, as simulações podem ser adaptadas ao negócio de produtos ou serviços, ao setor de atividade, a empresas B2B e B2C, e ao porte das organizações.

• *Praticidade dos resultados*

E assim chegamos ao ponto final de que as simulações produzem resultados mais práticos. Por exemplo, as boas simulações podem oferecer um gabarito universal de plano para clientes ou permitir que os clientes apliquem seus próprios padrões. Com uma simulação sob medida, os participantes podem elaborar seus próprios planos para a gestão de clientes, à medida que se engajam na simulação. Ao fim do exercício, eles têm uma minuta de plano já escrita, com as contribuições de muitos dos *stakeholders* que participarão de sua implementação. Levado ao extremo, o processo real de desenvolvimento de planos para clientes pode consistir em "jogos de guerra", com uma equipe no papel de anfitrião e a outra no papel de concorrente.

> **!** As horas num simulador de gestão de clientes constrói bons gerentes de clientes, capazes de identificar ameaças com rapidez, responder a elas corretamente e implementar as ações com eficácia e confiança.

Usando simulações de gestão de clientes

Implementar uma estratégia para clientes que não foi testada em campo é como enviar soldados para uma batalha sem Plano B. A estratégia é importante demais para ser feita de improviso, pulando de uma ideia para outra, entrando em pânico com os ataques dos concorrentes e não atingindo as metas de gestão de clientes, porque o mercado ou o cliente não se movimentaram como esperávamos.

As simulações ajudam as equipes de clientes a praticar o desenvolvimento e a implementação de uma estratégia para cliente. Isso significa, em vez de apenas vender mais coisas, dar um passo atrás e perguntar se só queremos vender aquele produto, naquela oportunidade. Aquela oportunidade em si é realmente tão importante para nós? Há outros produtos e serviços mais importantes para nós? Quais são as oportunidades de vendas cruzadas? Mesmo pequenas empresas vendem vários produtos ou serviços em várias áreas de clientes. Frequentemente, a gestão do cliente estratégico para uma empresa consiste menos em estreitar o foco nos detalhes táticos de um produto e vendê-lo melhor, e mais em ampliar o foco para todo cliente e definir onde concentrar o investimento da empresa na gestão do cliente nos próximos anos. Um bom simulador de gestão de cliente ajudará a empresa a focar de maneira realmente estratégica os seus desafios específicos.

Antes de prosseguirmos, fazemos uma advertência. Embora estejamos usando o termo "real", efetivamente queremos dizer "realístico". Nenhuma simulação produzirá um modelo exato dos enredamentos de um mercado complexo e de seus negócios. Há, simplesmente, muitas variáveis e muitos comportamentos humanos irracionais. Todavia, um estudo que compara alguns jogos ao projeto Profit Impact of Marketing Strategies (PIMS), administrado pelo Strategic Planning Institute, que tem analisado milhares de resultados de desempenhos relatados por empresas reais, desde 1975 (http://pimsonline.com/about_pims_db.htm), descobriu que os jogos produziam resultados compatíveis com o PIMS, o que parece validar a relevância dos jogos e os padrões que os produtores de jogos procuram alcançar (FARIA; WELLINGTON, 2005).

Da mesma maneira como pilotos de aeronaves usam simuladores para aprender a voar, os gerentes de clientes podem usar simuladores para aprender a desenvolver e implementar planos para clientes. Os simuladores de voo modelam diferentes panoramas e ajudam os pilotos a lidar com diferentes cenários, a decidir com rapidez e a executar as decisões com eficácia. Os riscos exatos que um piloto enfrenta na vida real provavelmente serão diferentes dos riscos simulados. Mas o treinamento no simulador desenvolve os conhecimentos, as competências e a confiança indispensáveis para um bom piloto. Do mesmo modo, a experiência adquirida num simulador de gestão de clientes desenvolve bons gerentes de clientes, capazes de identificar ameaças com rapidez, responder a elas da maneira adequada e implementar as ações com eficácia e confiança. O resultado do processo pode, então, merecer o título de plano para cliente estratégico.

Para mais informações sobre SAM2Win, visite: www.sam2win.com.

Adaptado por Edmund Bradford de: BRADFORD, E.; ERICKSON, S.; MCDONALD, M. *Marketing Navigation*. Oxford: Goodfellow, 2012. cap. 8, p. 206-216.

Referências

COYNE, K. P.; HORN, J. Predicting your Competitor's Reaction. *Harvard Business Review*, v. 87, n. 4, p. 90–97, 2009.

FARIA, A. J.; WELLINGTON, W. J. Validating Business Gaming: Business Game Conformity with PIMS Findings. *Simulation & Gaming*, v. 36, n. 2, p. 259–73, 2005.

KOLB, D. A. *Experiential Learning: Experience as the Source of Learning and Development*. Englewood Cliffs: Prentice Hall, 1984.

LOON, M.; EVANS, J.; KERRIDGE, C. Learning with a Strategic Management Simulation Game: A Case Study. *The International Journal of Management Education*, v. 13, n. 3, p. 227–36, 2015.

6

COMPREENDENDO O ACCOUNT-BASED MARKETING (ABM)

Contribuição de Bev Burgess, Vice-presidente Sênior da ISTMA

> Hoje, um dos principais temas de conversa em marketing *business-to-business* (B2B) é o impacto do ABM. Os gastos com ABM estão disparando. Há mais de 20 anos, a ISTMA (Information Technology Services Marketing Association) inova em serviços de marketing B2B. Neste capítulo, temos o prazer de receber nosso colaborador convidado, Bev Burgess, Vice-presidente Sênior da ISTMA, que trata do essencial que qualquer profissional envolvido em cultivar clientes deve saber sobre essa técnica de marketing.

Dez anos atrás, era fácil definir Account-Based Marketing (ABM): uma abordagem estratégica, relativamente nova, para promover o crescimento e a lucratividade sustentada de um grupo de clientes importantes da empresa, contribuindo com a mentalidade, as competências e os recursos de marketing para equipes de gestão de cliente. Consiste num processo colaborativo, que envolve vendas, marketing, entrega e executivos relevantes, para alcançar os objetivos de negócios do cliente.

Hoje, em consequência do grande sucesso dos precursores, e na esteira de mudanças no ambiente mais amplo de marketing e tecnologia, o ABM está sendo exaltado como a próxima grande revolução em marketing B2B. Empresas e gurus estão enaltecendo o ABM como abordagem capaz de transformar todo o marketing. Nesse contexto, não faltaram manchetes alardeando cinco passos simples para aplicar o ABM a milhares de clientes e, ao mesmo tempo, *slogans* tolos. Por certo, a mentalidade e os conceitos do ABM podem ser aplicados a milhares de clientes, mas o processo vai muito além de cinco passos simples!

O *hype* em torno do ABM converge de três direções:

1. Os primeiros adeptos, que implementaram o ABM com os seus clientes estratégicos, constataram os resultados e estão expandindo suas atividades na área.
2. A mudança conceitual na geração de *leads*, do foco no indivíduo para o foco no cliente, impulsionada por novas tecnologias para automatizar a geração e o rastreamento de *leads* por cliente.
3. Os provedores e agências de tecnologia de marketing, que viram novas oportunidades de vender tecnologia, ferramentas e serviços que complementam tendências recentes, como *contact intelligence*, marketing de conteúdo personalizado e análise de dados.

Como a organização que lançou o ABM e que ajudou a desenvolver e a difundir as melhores práticas, desde 2004, a ITSMA poderia estar mais feliz com toda essa atenção. Uma das consequências de todo esse *hype*, porém, é a confusão crescente sobre o que é e não é o ABM.

Este capítulo desbrava o ruído com uma definição clara do ABM e descrições detalhadas das três abordagens específicas que as empresas estão adotando. Definições bem elaboradas e compartilhadas garantem que todos os atores − vendas, marketing, entrega e outros *stakeholders* − estão trabalhando com base no mesmo manual operacional. Esse é o primeiro passo para o sucesso com o ABM.

Definição de ABM

Quem procurar no Google "account-based marketing" descobrirá grande variedade de definições, muitas delas confusas e contraditórias. Cada pessoa ou organização vê o ABM através de suas próprias lentes − algumas com agendas autosservidoras, para vender determinada plataforma ou serviço de tecnologia. *A ITSMA concebeu esta definição − Account Based Marketing: tratar cada cliente como mercados por seus próprios méritos.*

Quatro são os princípios básicos do ABM:

- **Centralidade e perspectiva do cliente.** Com o ABM, vendas e marketing focam na solução do problema do comprador, em vez de promover a solução do fornecedor. Essa abordagem de fora para dentro significa compreender o cliente e sua organização com profundidade suficiente para criar propostas de valor que os ajudem a alcançar seus objetivos de negócios.
- **Parceria entre vendas e marketing.** O ABM só realizará seu potencial quando vendas e marketing trabalharem de mãos dadas. Para tanto, é necessário mais do que concordar com definições, regras de engajamento e uma lista de clientes prioritários. Significa que vendas e marketing são parceiros em pé de igualdade, colaborando na mesma equipe.
- **Foco na reputação e nos relacionamentos, não só na receita.** Os objetivos do ABM focam no valor vitalício do cliente, indo além da geração de *leads* e das metas de receita de curto prazo, para impulsionar a notoriedade do produto e estreitar relacionamentos duradouros.
- **Personalização de programas e campanhas.** Usando uma combinação de *insights* de mercado, *insights* de clientes e *insights* de compradores individuais, marketing e vendas elaboram conteúdo personalizado para reforçar o interesse e o engajamento.

Conduzido da maneira certa, o ABM gera retornos significativamente mais altos do que qualquer outra abordagem de marketing (ver Figura 6.1).

FIGURA 6.1: Como o retorno sobre o investimento (ROI) em ABM se compara com o de outras iniciativas de marketing?

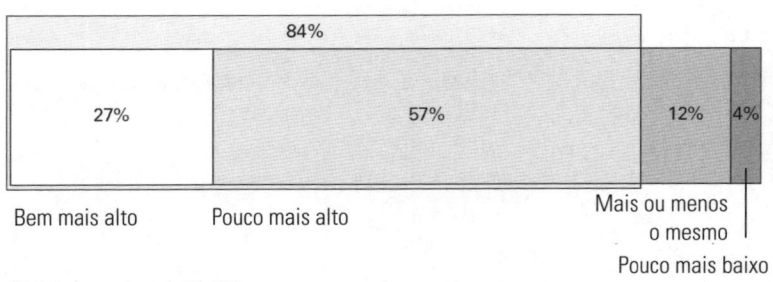

Fonte: Pesquisa ITSMA Account-Based Marketing[SM], março de 2016

Nesse contexto, não admira que os profissionais de marketing queiram alcançar esses resultados com mais do que uma lista limitada de clientes estratégicos e apliquem a abordagem ABM a dezenas, centenas ou até milhares de clientes identificados.

Os três tipos de ABM

O ABM é uma das tendências mais quentes em marketing B2B por uma razão muito simples: funciona. Cerca de 78% dos profissionais de marketing B2B dizem que o ABM é muito importante ou importante para a estratégia de marketing deles,[1] e sua importância continua a crescer. O sucesso do ABM está gerando um círculo virtuoso de aumento da demanda interna (especialmente das equipes de vendas) e dos investimentos. Em 2016, 69% dos profissionais de marketing B2B planejavam aumentar seus gastos com ABM, de acordo com a pesquisa mais recente da ITSMA.[2]

Em resposta a essa demanda crescente por ABM, além do reconhecimento cada vez maior de que a geração e o desenvolvimento de *leads* são mais eficazes se gerenciados e rastreados no contexto de um cliente identificado, as empresas desenvolveram diferentes abordagens para possibilitar expansão mais rápida do programa e cobertura mais ampla dos clientes. Os profissionais de marketing agora estão implementando três tipos diferentes de ABM: ABM Estratégico, ABM Lite e ABM Programático (ver Figura 6.2 e Quadro 6.1).

FIGURA 6.2: Os três tipos de ABM

Fonte: ITSMA, 2016

QUADRO 6.1: Definição dos três tipos de ABM

	ABM Estratégico	ABM Lite	ABM Programático
Definição	*Criação e execução de programas altamente customizados para cada cliente*	*Criação e execução de programas altamente customizados para grupos de clientes com questões e necessidades semelhantes*	*Explorar a tecnologia para ajustar campanhas de marketing às características de clientes identificados específicos, em escala*
Índice profissional de marketing por cliente	Um para um (embora um único profissional de marketing possa ter mais de um cliente de ABM Estratégico)	Um para poucos	Um para muitos
Média de clientes por profissional de marketing ABM em tempo integral	4	22	Não aplicável
Foco	70% atuais, 30% novos	56% atuais, 44% novos	51% atuais, 49% novos
Objetivos básicos	Mudar percepções Construir relacionamentos Identificar oportunidades	Construir relacionamentos Identificar oportunidades	Gerar leads
Natureza da colaboração com vendas	Integração com equipes de clientes estratégicos	Coordenação com liderança de vendas e equipes de clientes	Coordenação com liderança de vendas e operações de vendas
Fonte de financiamento	Unidade de negócios, vendas, marketing	Marketing	Marketing
Conteúdo de marketing	Individualizado, customizado, reformulado	Customizado e reformulado	Reformulado
Principais táticas	Reuniões um para um Liderança intelectual específica para o cliente Dias de inovação Planos de engajamento de executivos Eventos privados	Reuniões um para um Marketing por e-mail Planos de engajamento de executivos *Custom collateral* IP reverso/propaganda digital	Marketing por e-mail Reuniões um para um IP reverso/propaganda digital Mala direta Blogs/engajamento social

Fonte: ITSMA, 2016

Essa abordagem ABM original geralmente é reservada para clientes estratégicos e executada em bases um para um. Com o ABM Estratégico, as equipes de clientes constroem fortes relacionamentos com os clientes e *prospects* mais valorizados da empresa, por meio de segmentações de marketing altamente direcionadas, que demonstram compreensão profunda de suas questões de negócios. Ainda mais importante, o ABM Estratégico é feito *com os* clientes, não *para* eles, com o propósito de impulsionar valor para ambas as empresas (ver estudo de caso da Juniper – Apêndice 6.1, no fim deste capítulo).

Com essa abordagem, um profissional de marketing sênior exclusivo trabalha diretamente com um ou poucos clientes estratégicos ao lado de vendas, e elabora planos ou programas de marketing totalmente customizados, como parte integrante do plano total para o cliente. A tecnologia pode ajudar com *insights* do cliente, comunicações direcionadas e rastreamento do progresso, mas a abordagem também exige conteúdo significativo de "arte", inclusive a criação de propostas de valor sob medida, por meio de iniciativas de desenvolvimento de liderança e relacionamentos.

Geralmente há um compromisso de criação de valor conjunta, por meio de desenvolvimento e inovação de novas ofertas. As principais métricas vão bem além da receita, para incluir percepção da marca, amplitude e profundidade dos relacionamentos, desenvolvimento de novas soluções, colaboração em negócios e defesa do cliente.

Apesar de ter a palavra "marketing" no nome, o ABM estratégico não é exclusivamente um programa de marketing. É, isto sim, uma iniciativa empresarial, que impacta diretamente os resultados de negócios, como crescimento da receita, defesa e valor vitalício do cliente.

Este é um modelo um para poucos, geralmente aplicado a grupos de clientes identificados, estratégicos e/ou de segundo nível. As empresas já engajadas em ABM Estratégico geralmente passam para uma estratégia ABM Lite para estender seu sucesso inicial. Outras empresas começam com ABM Lite para iniciar a transição para uma abordagem AB (baseada no cliente) mais customizada.

Com o ABM Lite, os programas e campanhas de marketing, geralmente concentram-se em pequenos grupos de clientes, em vez de em clientes individuais, em geral de 5 a 10 de cada vez, com atributos, desafios e iniciativas semelhantes (por exemplo, varejistas de primeira linha, que estão mudando para um modelo operacional personalizado e *omnichannel*.

A colaboração com vendas foca principalmente nos principais pontos de decisão, como em que clientes mirar, que questões de negócios enfatizar, que propostas apresentar, e como ajustar o conteúdo existente a esses programas e campanhas um para poucos.

A tecnologia pode ser mais importante para o ABM Lite do que para o ABM Estratégico, ajudando a automatizar o processo de *insight* do cliente, a execução e a avaliação da campanha. A abordagem do ABM Lite pode abranger mais clientes com o mesmo nível de recursos de marketing, o que a leva a se tornar mais atraente à medida que as empresas querem escalar além do pequeno conjunto de clientes estratégicos (ver o estudo de caso Adobe – Apêndice 6.2, no fim deste capítulo). Mas, evidentemente, os retornos para qualquer cliente individual também serão "lite". As principais métricas rastreadas são *pipeline* e crescimento da receita.

ABM Programático: explorando a tecnologia para ajustar as campanhas de marketing a clientes identificados específicos, de tamanho adequado

Este é o mais novo método de ABM. Com o ABM programático, o marketing desloca o seu foco tradicional da geração, desenvolvimento e rastreamento de *leads* por indivíduo para uma perspectiva do cliente, mais compatível com a maneira AB de impulsionar as vendas para o mercado. Além disso, marketing também usa a mesma abordagem AB para promover os processos de *up-selling*, *cross-selling*, renovações e sucesso do cliente.

Essa abordagem um para muitos é viabilizada pelos avanços mais recentes da tecnologia, que possibilitam alta precisão na segmentação, análise e personalização, entre centenas e até milhares de clientes identificados. Com uma visão de mundo baseada em clientes, os profissionais de marketing podem usar ferramentas de ABM Programático para coletar *insights* dos clientes, por meio de tecnologias de escuta social; direcionar conteúdo segmentado, por meio de reconhecimento de IP reverso e *cookies*; e associar o desenvolvimento de *leads* individuais ao progresso total do cliente, ao longo do ciclo de compra.

Com apenas um profissional de marketing trabalhando com centenas de clientes, o ABM Programático é muito menos marketing intensivo em recursos e pode oferecer cobertura muito além do ABM Estratégico e do ABM Lite.

O ABM Programático deve e pode alinhar-se com o modelo de cobertura de vendas da empresa. As empresas usam o ABM Programático para mirar em segmentos específicos (por exemplo, mercados horizontais ou verticais) ou em outros grupos de clientes identificados, escolhidos no mercado total. Elas recorrem a táticas *outbound* para alcançar clientes em listas nominais, suplementadas por filtragem de *leads inbound*, para desenvolver os que se associam aos clientes visados.

As principais métricas incluem aumento do *pipeline* e da receita, assim como a receita total atribuída diretamente às iniciativas ABM.

Qual é o tipo de ABM certo para você?

Embora algumas empresas venham praticando o ABM há mais de dez anos, a abordagem ainda é nova para a maioria das empresas. Grande parte das empresas que participaram da pesquisa mais recente da ITSMA[2] tinham adotado o ABM havia dois anos ou menos, e ainda estão na fase de experimentação ou no início da implementação do projeto. Algumas empresas só fazem um tipo de ABM, geralmente o ABM Estratégico (ver Figura 6.3). Outras optam por uma combinação, de preferência ABM Estratégico e ABM Lite. Cada vez mais, as empresas estão explorando todas as três (ver o estudo de caso da Adobe – Apêndice 6.2, no fim deste capítulo).

A primeira decisão a ser tomada por qualquer empresa, depois da compreensão dos três tipos de ABM, no contexto mais amplo na abordagem *go-to-market*, é a escolha do tipo ou da combinação que oferecerá melhor apoio ao modelo de negócio e aos objetivos de crescimento:

- ABM Estratégico: é o mais indicado para empresas que vendem soluções sofisticadas, de alto valor. Além disso, é mais adequado para clientes de primeira linha, ou seja, aqueles tão importantes que podem fazer ou quebrar a empresa. Outro critério é o valor vitalício do cliente. O objetivo é aumentar sua fatia pequena de uma carteira grande, ou defender sua fatia já grande da carteira.

O ABM Estratégico só faz sentido para clientes com grandes orçamentos, por ser tão intensivo em recursos.

FIGURA 6.3: Até hoje, poucos profissionais de marketing implementaram todos os três tipos de ABM

Tipos de ABM implementados

Só ABM Estratégico	20	
Só ABM Lite	16	49% apenas 1 tipo
Só ABM Programático	14	
ABM Estratégico e ABM Lite	21	
ABM Lite e ABM Programático	13	39% 2 tipos
ABM Estratégico e ABM Programático	6	
Todos os três tipos de ABM	12	12% todos os 3 tipos

Porcentagem de respondentes (N=18)

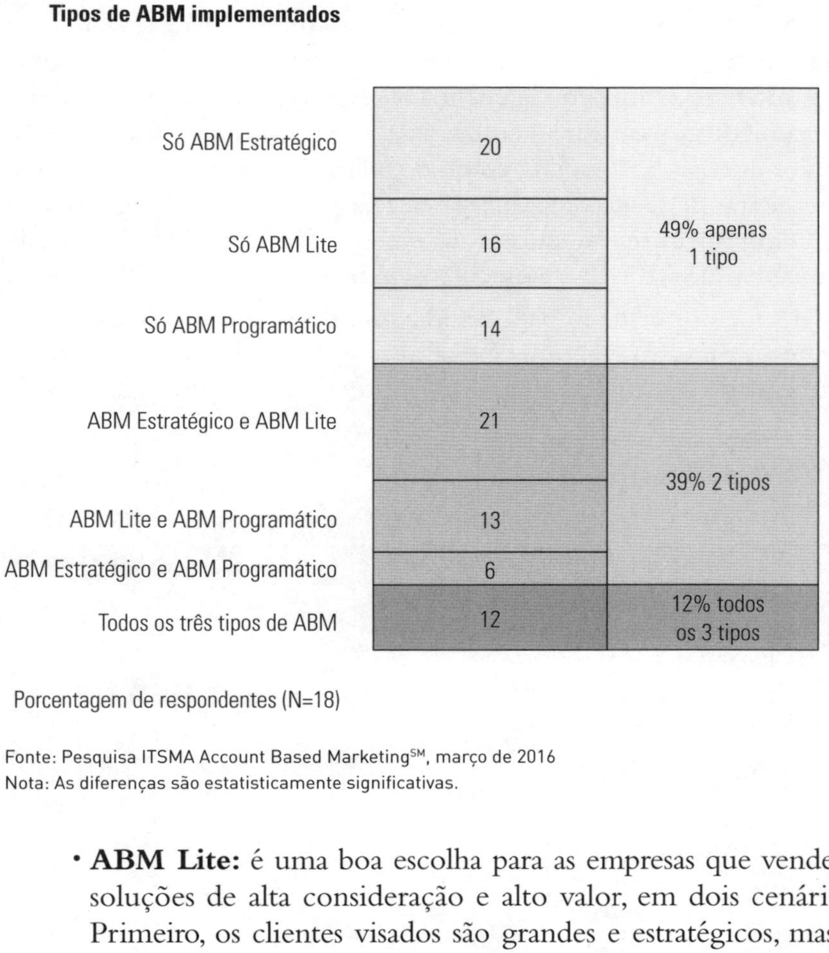

Fonte: Pesquisa ITSMA Account Based Marketing[SM], março de 2016
Nota: As diferenças são estatisticamente significativas.

- **ABM Lite:** é uma boa escolha para as empresas que vendem soluções de alta consideração e alto valor, em dois cenários. Primeiro, os clientes visados são grandes e estratégicos, mas a organização é incapaz de apoiar as equipes de clientes em condições um para um, por várias razões, quase sempre por escassez de recursos ou inexistência de verbas, por falta de vendas, e por falta de apoio da alta administração. Segundo, os clientes visados são de segunda linha e, embora significativos, não justificam o mesmo nível de investimento efetuado nos de primeira linha.

- **ABM Programático:** geralmente é reservado para clientes que ainda não justificam o investimento inicial dos outros dois tipos de ABM, em soluções sofisticadas, para empresas de alto valor. Em empresas com vendas mais baixas, que ainda querem adotar os princípios de ABM para melhorar a eficácia de suas campanhas, o ABM Programático é geralmente a única forma de ABM adotada.

Nas empresas com negócios de alto valor, o ABM Programático geralmente é usado para melhorar o marketing de segmento (por exemplo, marketing para determinados setores, como varejo ou assistência médica) – ou para a customização em massa de campanhas de marketing mais horizontais, como de marca ou de ofertas. As mesmas ferramentas de tecnologia que são usadas para o ABM Programático também podem ser adotadas como apoio tático para a execução de campanhas de ABM Estratégico e de ABM Lite.

O melhor critério para decidir que tipo ou tipos de ABM são melhores para a sua empresa é o alinhamento com as vendas e com a estratégia de gestão de clientes da empresa (ver Quadro 6.2).

QUADRO 6.2: Alinhamento do ABM com a estratégia de vendas

Estratégia de vendas	Estratégia ABM Ideal	Estratégia de ABM Inicial
Diretores e equipes de clientes alocados para clientes ou *prospects* estratégicos	ABM Estratégico	ABM Lite
Diretores e equipes de clientes lidando com vários clientes ao mesmo tempo	ABM Lite	ABM Programático
Modelo de cobertura de vendas abrangendo diferentes setores ou territórios	ABM Programático	Marketing de segmento ou de customização em massa

Fonte: ITSMA, 2016

Evidentemente, esse alinhamento com o modelo de cobertura de vendas da empresa deve ir além do ABM, estendendo-se à estratégia *go-to-market*, abrangendo também o marketing de segmento e o marketing setorial, se essa for a maneira de abordar os mercados, assim como programas de marketing de customização em massa, como os seus programas de capacidade ou marca (ver Figura 6.4).

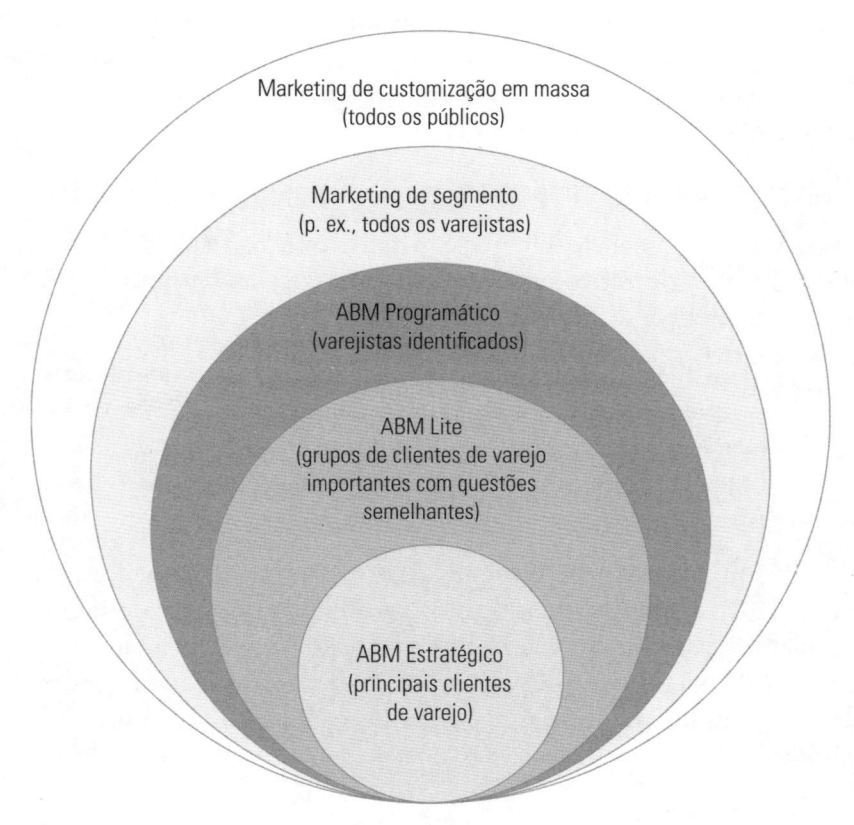

Fonte: ITSMA, 2016

Cinco equívocos sobre ABM

Com todo o atual *hype* sobre ABM, as confusões e equívocos são inevitáveis. Ao longo dos últimos dez anos, a ITSMA conheceu todos eles. Portanto, da mesma maneira como nos damos ao trabalho de explicar cuidadosamente o que é ABM, estamos igualmente comprometidos em esclarecer o que *não é* ABM.

Equívoco nº 1: ABM é apenas coisa de marketing

É importante salientar que ABM não é apenas fazer marketing de maneira diferente. ABM não é tática de marketing ou vendas, nem um conjunto de táticas; é uma *estratégia* para construir relacionamentos duradouros com os clientes visados pela empresa. ABM é uma iniciativa de mudança do negócio, para impulsionar o crescimento. Seu propósito é deslocar o foco organizacional, de "de dentro para fora" para "de fora para dentro", começando com o cliente e seus problemas e oportunidades, e, então, retrocedendo, para descobrir e definir como a empresa pode ajudar.

Equívoco nº 2: O ABM pode ser praticado com sucesso, sem inteligência do cliente

A inteligência do cliente é o fator que o torna "baseado no cliente". Do contrário, ainda é marketing *spray and pray* (pulverize e reze). A inteligência do cliente o prepara para:

- Identificar e explorar, proativamente, novas oportunidades.
- Ampliar os relacionamentos existentes e desenvolver novos relacionamentos com os clientes em nível sênior.
- Expandir o escopo e os termos dos engajamentos.
- Alinhar melhor marketing e vendas.

Pesquisas primárias e secundárias se situam no âmago da atividade ABM. É preciso identificar os vetores e as questões de negócios com que se defronta cada cliente, grupo ou segmento, de modo a orientá-lo para o seu próprio portfólio e desenvolver propostas de valor, liderança intelectual e planos de campanha customizadas ou confeccionadas sob medida.

Equívoco nº3: O ABM é adequado para todos os clientes

O ABM é um investimento e, portanto, mais indicado para os clientes capazes de oferecer melhor ROI. Nessas condições, o ABM definitivamente não é apropriado para todos os clientes. Além disso, o grau de adequação dependerá do método de ABM adotado pela empresa. É importante combinar cada cliente com a melhor forma de ABM, seja ABM Estratégico, ABM Lite ou ABM Programático.

Equívoco nº 4: O ABM é um programa de marketing autônomo – mutuamente exclusivo em relação a outros programas de marketing

O ABM não se sustenta sozinho. Na verdade, poucos recursos de ABM precisam ser totalmente criados a partir do zero. A colaboração com outros grupos, para customizar, personalizar e adaptar outros programas e recursos, é muito mais eficiente, mesmo em relação aos clientes mais estratégicos. Além disso, os clientes ABM não vivem no vácuo. As chances são de que os profissionais dos clientes ABM se exponham a programas de marketing *outbound* e *inbound*, oriundos de outros grupos de marketing em toda a empresa, sejam eles de marketing industrial, de marketing de produto, ou de marketing de campo. A coordenação *cross-marketing* é essencial.

Equívoco nº 5: O ABM Estratégico é outra forma de planejamento de clientes

O ABM Estratégico não substitui, mas facilita, o bom planejamento de clientes. O ABM estratégico deve alinhar-se estreitamente com a gestão de clientes estratégicos (razão pela qual estamos dedicando um capítulo a esse tema neste livro). Um plano para *key accounts*, na melhor das hipóteses, funciona como um plano de negócios, abrangendo objetivos, metas de vendas, posicionamento, entrega e dependências. Esses planos, porém, frequentemente carecem de um elemento de marketing específico.

O desenvolvimento de *expertise* em marketing nas equipes de clientes pode ajudá-las a ir além do foco operacional estreito e identificar novas oportunidades potencialmente lucrativas. O marketing garante que as equipes de clientes tenham as propostas de valor certas e o conteúdo certo, nas horas certas. O marketing fornece *insights* para compreender os decisores e influenciadores, de modo que vendas possa oferecer-lhes os recursos de que precisam para tomar as decisões certas. Além disso, por meio do ABM estratégico, marketing ajuda as equipes de clientes a definir prioridades e a identificar as "grandes apostas" de que precisam para alcançar seus objetivos de vendas.

Alinhando todos

Os melhores programas de ABM começam garantindo que todos realmente saibam o que é ABM, por que você está investindo nisso e como isso funciona. É essencial reservar algum tempo, logo no início, para desbravar a confusão e atenuar o *hype*, para ter a certeza de que todos os *stakeholders*, nessa importante iniciativa de desenvolvimento do negócio, compreendem e concordam em como o processo de ABM pode promover o crescimento e outros objetivos de negócios para os atuais e para os novos clientes.

Além dos fundamentos do ABM, os líderes de marketing e outros *stakeholders* precisam refletir em profundidade sobre as melhores maneiras de aplicar os princípios e métodos de ABM às especificidades do modelo de negócios, do contexto de mercado e da estratégia de vendas. Isso talvez signifique usar mais que um tipo de ABM; talvez haja espaço para todos os três tipos, na medida em que marketing considere investimentos em diferentes níveis de clientes, para complementar os investimentos feitos por vendas e pelos líderes do negócio.

Finalmente, depois de a empresa decidir que tipo ou tipos de ABM se encaixam melhor, é preciso investir e manter o foco contínuo no alinhamento das iniciativas de marketing com a gestão e com os processos de clientes e de vendas totais. O ABM ainda é uma iniciativa bastante nova para a maioria das empresas. Depois dos primeiros momentos de entusiasmo, inicia-se o trabalho árduo de colaboração contínua em toda a empresa. Para garantir todos os benefícios do ABM, é fundamental manter o foco na implementação de programas e campanhas integrados entre marketing e vendas, interagindo cada vez mais com programas de entrega e sucesso do cliente, para acelerar o crescimento e maximizar o valor vitalício de cada cliente.

Apêndice 6.1

ESTUDO DE CASO

Juniper usa ABM Estratégico para criar valor mútuo[3]

O cliente da Juniper neste estudo de caso é uma provedora multinacional de conectividade empresarial e serviços de TI. A mudança para um ecossistema *cloud-first* e o surgimento de novas tecnologias de *networking*, baseadas em *software-defined networking* (SDN) e *network function virtualization* (NFV), estava começando a disromper o fornecimento de soluções de *networking* empresarial.

Além disso, previa-se que o mercado para o produto básico estava em declínio, por causa da erosão do preço e da saturação do mercado. Reconhecendo o desafio com que se defrontava o cliente, a Juniper identificou sua solução Cloud CPE (Virtual Customer Premises Equipment) como um encaixe perfeito para ajudar o cliente a responder aos desafios de negócios que estava enfrentando.

A solução Cloud CPE era reconhecida como a maior oportunidade avulsa de crescimento duradouro para o cliente, que poderia levar a uma mudança de patamar no volume de negócios da Juniper. No entanto, os esforços de vendas em curso estavam empacados nas equipes técnicas e eram vistos como um "projeto de escola". O desafio, portanto, consistia em injetar senso de urgência no cliente e acelerar o *time to market*.

Desde o início, a Juniper reconheceu que essa oportunidade era diferente, pois exigia o convencimento de uma variedade muito mais ampla de *stakeholders* do cliente, muitos dos quais eram completamente desconhecidos para a Juniper. Vários dos novos *stakeholders* eram membros das equipes de gestão de produto e marketing do cliente.

Esses *stakeholders* impunham diferentes desafios aos influenciadores tradicionais de tecnologia e operações.

Decidiu-se que a maneira ideal de se engajar com esses *stakeholders* era por meio do Programa de Criação de Serviços, que consistia numa série de workshops, em que se abordavam as seguintes ideias:

1. Pontos de vista sobre tendências de mercado e sobre fontes do valor de mercado.
2. Concepção de novos serviços, ajustados sob medida aos objetivos do cliente e sob as restrições de negócios existentes.
3. Modelagem de negócios do valor gerado pelos novos serviços propostos.
4. Apoio *go-to-market* para definição do produto, elaboração de mensagens e lançamento.

A abordagem singular do Programa de Criação de Serviços é mais bem resumido pela citação de outro cliente Juniper:

> Nenhum outro fornecedor nos abordou com modelo semelhante ao da Juniper. Realmente faz sentido analisar esse espaço sob uma perspectiva de negócios.
>
> Vice-presidente de Desenvolvimento de Negócios, cliente da Juniper

No começo da campanha, formou-se uma equipe multifuncional, que incluía a equipe de vendas, o arquiteto-chefe da Juniper para o cliente, o líder de ABM, e outros especialistas em marketing da equipe da empresa. Trabalhando juntos, os principais influenciadores foram mapeados e pontuados, com base na compreensão das atuais soluções da Juniper.

Por meio de discussões com os clientes na área de tecnologia, descobriu-se que as equipes de gestão de produto não tinham identificado a necessidade emergente de novos serviços com a urgência adequada. A Juniper desenvolveu o Programa de Criação de Serviços como maneira de construir o consenso de que o mercado estava sendo disrompido e de que o cliente precisava conscientizar-se da urgência do lançamento de novas soluções. A Juniper promoveu uma série de envolvimentos com os principais *stakeholders* na organização de gestão de produto do cliente, para reforçar a conscientização e vender a ideia de participar do Programa de Criação de Serviços, através de uma série de workshops. Em mais ou menos seis meses, foi possível alcançar o consenso e, então, produzir novos workshops. Nesses workshops, a Juniper enfatizou a interação com outros fornecedores de tecnologia, que precisavam participar da solução. Soluções semelhantes que estavam sendo oferecidas ao cliente pelos concorrentes também foram referenciadas, para mostrar que o mercado estava sendo disrompido e que a tecnologia já estava madura para a ação imediata.

Depois de uma série de workshops bem-sucedidos com o cliente, eles identificaram cinco novos serviços que gostariam de levar ao mercado. Quatro dos cinco serviços tinham potencial para absorver parcela significativa da tecnologia da Juniper, como parte da solução. Esses serviços, então, foram condensados numa única solução inovadora, que combinava muitos deles num ambiente multifornecedor.

A Juniper, por fim, produziu uma demonstração da nova solução, que foi apresentada primeiramente ao CEO do cliente, antes de usá-la para influenciar outros executivos. A mesma demonstração é exibida aos clientes da Juniper em eventos externos. Atualmente, o cliente está fazendo as últimas avaliações dos fornecedores de tecnologia, e deve lançar o serviço no mercado nos próximos meses.

Apêndice 6.2

Adobe acelera o crescimento com ABM em escala[4]

Em 2012, a Adobe reconheceu que uma revolução digital do panorama de negócios impactaria a maneira como o pessoal de criação, os gestores de documentos, os tecnólogos e os profissionais de marketing trabalhavam juntos para entregar ao cliente a melhor experiência possível: o fornecimento oportuno de informações relevantes, pelo canal certo, na hora propícia, à pessoa competente. Para manejar essa mudança e posicionar a Adobe como o melhor parceiro capaz de tornar esse propósito possível para os clientes, a Adobe definiu o objetivo de reformular seus modelos de marketing e vendas, de "abordagem de vendas, centrada no produto" para "abordagem ABM, centrada no cliente, com vistas ao desenvolvimento, venda e implementação de soluções de plataformas de marketing digital, plenamente integradas". As metas do ABM da Adobe incluíam:

- Oferecer maior valor aos clientes, fornecendo soluções que os capacitem a trabalhar com mais eficiência, eficácia e criatividade, e criando uma comunidade de pares que amplie seus esforços por meio do aprendizado e do *networking*.
- Aumentar a compreensão dos clientes pela Adobe, prevendo suas necessidades e desenvolvendo soluções e processos mais eficientes, que atendam a essas necessidades, ampliando a participação no mercado e aumentando as vendas.
- Introduzir novos produtos, ideias e processos, que ampliem o campo do marketing digital, em geral.

A Adobe adotou a abordagem ABM em 2013, para o segmento específico dos Clientes Estratégicos. O programa exigiu mudanças amplas, inclusive nova visão e objetivos, reorganização para possibilitar cooperação interdepartamental e educação externa, equipes de inovação para melhorar os processos e práticas, medição do sucesso, e mais.

O cerne da abordagem ABM da Adobe era uma equipe transorganizacional, centrada no cliente, envolvendo todo o empreendimento, dedicada ao sucesso do cliente. A equipe incluía desenvolvimento do produto, marketing e vendas, integração de sistemas, apoio ao cliente e grupos de treinamento, além de orientação financeira e legal. A Adobe apoiava os clientes com um gerente de cliente exclusivo, responsável por alavancar os esforços conjuntos de todos os recursos da Adobe, para maximizar o sucesso do cliente a ser alcançado com as soluções Adobe.

A Adobe também engajou sua organização de Operações de Marketing na reformulação de seus relatórios de dados, para promover a integração completa de análise, modelagem e apresentação de informações. Com o acesso a *feedback* frequente, de alta precisão e de fácil avaliação, sobre os esforços de vendas e marketing, a Adobe podia ser muito mais estratégica, ágil e bem-sucedida na abordagem ABM.

A Adobe lançou todo um complemento, com mais de cem atividades de marketing, abrangendo engajamentos um para um, veículos um para muitos, e programas um para muitos. Tudo isso proporcionou maior compreensão e ajudou a construir relacionamentos valiosos entre a Adobe e seus clientes, assim como entre os membros da comunidade de clientes estratégicos. A situação da Adobe era única no setor para liderar uma abordagem ABM, em face da sua amplitude de produtos a serem reunidos em soluções de plataforma integrada. A execução do programa enfatizava:

- Compromisso com soluções centradas no cliente (foco no sucesso mútuo).
- *Insight* e visão setorial (estrategistas e líderes astutos).
- Disposição para se movimentar com rapidez (curso de ação intenso e objetivos agressivos).
- Realinhamento dos recursos e processos da empresa (plano de implementação sólido).
- Agilidade e flexibilidade (força de trabalho que abraçou mudanças e desafios).
- Monitoramento e mensuração dos resultados (análise inovadora e relatórios rigorosos).
- Compromisso com a melhoria contínua (*benchmarking*, testes, ajustes).

- Alinhamento com a missão da empresa (oferta de soluções que empoderem todos os atores – de artistas emergentes a marcas globais – para vivificar e entregar criações digitais às pessoas certas, no momento certo, de modo a alcançar os melhores resultados).

De 2013 a 2016, a Adobe conseguiu melhorias significativas em vendas, participação no mercado e satisfação do cliente:

- De 2013 a 2015, aumento de 20% nas soluções por cliente.
- De 2013 a 2015, melhoria de 20% na satisfação dos clientes.
- De 2013 a 2015, aumento de 30% no *share of wallet*.
- Em 2015, aumento de 80% na porcentagem dos Top 20 negócios da Adobe (tamanho).
- Em 2015, aumento de 90% nas taxas de retenção/renovação.
- De 2013 a 2015, 1.400% de crescimento da receita.
- Taxas médias de retenção e renovação de 90%.

O programa de marketing inovador da Adobe está sendo objeto de *benchmark* e de escalada, em lançamentos para equipes mais amplas dentro da Adobe, construindo alicerces que beneficiarão colegas e clientes da Adobe, em âmbito global, durante os próximos anos. Com a transição para um novo modelo de negócios, a Adobe também aumentou a altura da barra para todo o setor, introduzindo maneiras mais customizadas, eficazes e eficientes de fazer negócios. Dessa maneira, os esforços da Adobe serviram para promover os campos de marketing digital, mídia digital e comunicação digital.

ESTUDO DE CASO

Acelerando o crescimento com ABM Estratégico na Fujitsu

A Fujitsu não tinha notoriedade no setor de mídia europeu; e, assim, quando um dos maiores *broadcasters* do mundo demonstrou interesse em repensar seus serviços de TI, a Fujitsu encarou a situação como enorme oportunidade e imenso desafio.

O relacionamento da empresa com o *broadcaster* era mínimo, e se limitava às equipes de tecnologia. Os executivos do *broadcaster* não tinham consciência da marca, da *expertise* e das inovações em mídia da Fujitsu. O desafio era criar uma história "imperdível", capaz de conquistar notoriedade e reverter o relacionamento existente. Começando do nada, a Fujitsu precisava construir:

- **Insights** – e inteligência para uma visão holística do *broadcaster*, com base em cem novos contatos e compreendendo seus papéis.
- **Mensagens** – alinhando os valores da Fujitsu com os principais temas digitais do *broadcaster*.
- **Comunicações** – uma conjugação de conteúdo, liderança intelectual e campanhas construídas especificamente para o *broadcaster* e entregues pelos canais mais apropriados.
- **Oportunidades** – acelerar metas de vendas imediatas, com o apoio de ofertas de marketing.
- E, principalmente, construção da **equipe**, garantindo que vendas e marketing trabalhassem juntos.

Ao adotar uma abordagem ABM para enfrentar o desafio, a Fujitsu cativou o *broadcaster*, de maneira rigorosa. Não se limitando a conhecer somente o setor-mercado, nem a organização em si, o ABM procura compreender os indivíduos que realmente importam dentro da organização do cliente.

A Fujitsu identificou os principais decisores, não só das áreas de tecnologia e das equipes funcionais, mas também os que podiam levá-la para os C-Levels e para o todo-poderoso Conselho de Governança, que atuava como intermediário entre o *broadcaster* e os formuladores de políticas. Não podia haver diálogo estratégico sem antes identificar os principais *stakeholders* e suas necessidades.

E, assim, integraram as equipes de vendas, marketing e gestão de clientes, com base num conjunto de objetivos comuns e numa história consistente para o *broadcaster*. Compreendendo o contexto do cliente, marketing pôde oferecer melhor apoio a vendas, conjugando as conversas rotineiras com as atividades nas mídias sociais.

A Fujitsu definiu objetivos de longo prazo para o *broadcaster* e acelerou atividades de vendas imediatas, apoiando o trabalho pré-licitação das equipes de vendas, em três grandes projetos de transformação.

Em consequência dos *insights* e mensagens, as três propostas foram unidas por um conjunto de temas comuns, com o apoio de um *design* visual que refletiu o impulso digital do *broadcaster* e reforçou a mensagem estratégica mais ampla da Fujitsu. Essa abordagem desbravou novos rumos.

A Fujitsu, então, implementou uma estratégia ABM mais ampla para o *broadcaster*. Por meio de uma combinação de pesquisas bibliográficas, análise de mercado e workshops internos, eles fizeram uma imersão profunda no cliente, em busca de uma visão holística de suas principais funções, vulnerabilidades e estratégias.

As campanhas e comunicações genéricas da Fujitsu foram individualizadas para o cliente e reforçaram a mensagem da campanha ABM. Elas promoveram o engajamento social por meio de mensagens por Twitter, LinkedIn e blog da empresa, o que aumentou a influência dos principais membros da equipe sobre os temas mais relevantes para o *broadcaster*, reforçando suas credenciais no setor.

Além de comunicações digitais, eventos setoriais relevantes, identificaram-se e escolheram-se eventos setoriais relevantes, que contavam com a participação de pessoal-chave do *broadcaster*. Esses eventos ofereceram à equipe da Fujitsu raras oportunidades para se encontrar com importantes decisores do *broadcaster* e abriram as portas para a continuidade das conversas. O patrocínio de um evento de talentos para aprendizes e estudantes ajudou a salientar os valores de marca, compartilhados pelo *broadcaster* e pela Fujitsu. A Fujitsu apoia as iniciativas de responsabilidade social (RSE) do cliente e tem participado intensamente da prestação de apoio técnico, na condição de patrocinadora, para ajudar a impulsionar essas iniciativas.

A campanha de ABM ajudou a Fujitsu a fechar um acordo preliminar com o cliente, que lhe conferiu o *status* de fornecedor estratégico. A Fujitsu também foi incluída entre os finalistas que disputavam dois outros negócios. E, em comparação com a situação inicial de ser ignorada pelo cliente, a Fujitsu hoje desfruta de excelente relacionamento com o *broadcaster*, com quem mantém entendimentos regulares, no nível de altos executivos. O sucesso dessa campanha é prova de que o alinhamento de marketing e vendas é o começo de grandes coisas.

Notas

1- A ITSMA é importante fonte de insight, comunidade e ajuda participativa para marketers B2B na economia conectada. Há mais de 20 anos, a ITSMA reúne os melhores marketers, analistas, consultores e treinadores, para liderar os avanços em marketing de serviços e soluções B2B. Este capítulo se baseia no relatório atualizado da ITSMA "Account-Based Marketing (Re)Defined". Mais detalhes em itsma.com.
2- ITSMA Account-Based Marketing[SM] Survey, março de 2016.
3- Este estudo de caso se baseia na inscrição da Juniper no Marketing Excellence Awards de 2016, da ITSMA, em que a Juniper conquistou o prêmio Diamond na categoria ABM.
4- Este estudo de caso se baseia na inscrição da Adobe no Marketing Excellence Awards de 2016, da ITSMA, em que a Adobe conquistou o prêmio Gold na categoria ABM.

7

PESSOAS E COMPETÊNCIAS PARA O KEY ACCOUNT MANAGEMENT (KAM)

A função de *key account manager* (KAM) transpõe as fronteiras funcionais dentro da empresa. O KAM precisa não só compreender profundamente o cliente, mas também conhecer as entranhas dos processos e capacidades de sua própria organização, além de contar com o pleno apoio de sua equipe para assumir e cumprir compromissos em nome da organização. Os conjuntos de competências dos *key account managers* são diferentes das habilidades dos profissionais de vendas. Por força da natureza funcional transfronteiriça de seu papel, a formulação de programas bastante adequados e extensos de treinamento e desenvolvimento ainda é um desafio.

O pilar central da abordagem KAM é a confiança; a confiança interorganizacional é fundamental para a sustentabilidade do relacionamento e talvez seja um dos principais determinantes do sucesso duradouro. A organização fornecedora precisa estar plenamente alinhada para apoiar o KAM. O cumprimento dos compromissos pela equipe mais ampla é essencial para a capacidade do KAM de cumprir suas próprias promessas, em nome do empregador.

Darren Bayley, Diretor Comercial da Dentsply Sirona

Grandes negócios maduros, com clientes estratégicos maduros, evoluíram ao longo das décadas de 1980 e 1990, retreinando profissionais de vendas seniores que, historicamente, haviam sido preparados para adotar uma abordagem de negócios avulsos, entre partes adversárias. A profissão de compras assumiria a responsabilidade de convencer os fornecedores de que eles realmente precisavam adotar um método mais estratégico para conquistar e preservar os clientes. Pesquisa dos autores, da década de 1990, que abrangeu entrevistas com gerentes de vendas, *key account managers* e decisores de compras, deixou claro que tinha ocorrido algum tipo de movimento, de vendas transacionais para gestão de relacionamentos, e que a profissionalização de compras havia sido fator crítico nesse processo.

Compras, até então, era uma função administrativa, que servia aos decisores. Por exemplo, no setor de TI, os fornecedores paparicavam os gerentes de processamento de dados que definiam suas escolhas de marcas para compras. Em parte porque os mercados estavam se globalizando e começaram a surgir novas fontes de fornecimento que, apesar de serem mais baratas, apresentavam novos riscos; e em parte devido ao lobby bem-sucedido de entidades profissionais, como o Chartered Institute of Purchasing and Supply – com suas qualificações relevantes e sua liderança intelectual poderosa –, fator que contribuiu para que os gerentes de compras conquistassem a atenção dos Conselhos de Administração. Eles podiam oferecer as reduções de custos tão necessárias, mas precisavam de mais poder para gerenciar os fornecedores, como recursos estratégicos. Não queremos desrespeitar os fornecedores visionários que iniciaram relacionamentos mais estratégicos com os clientes, mas muitas empresas tiveram dificuldade em transitar para parcerias com as *key accounts*. Tampouco devemos fugir à ironia de que, no século XXI, há o receio de que o poder dos profissionais de compras se tornou destrutivo. Cadeias de fornecimento enxutas devem servir a todos seus os elos. A busca frenética de redução de custos pelo ator mais poderoso pode sair pela culatra. Uma grande marca da indústria aeronáutica estava tão empenhada em espremer os fornecedores que estes acabaram descobrindo maneiras de contornar o cliente que se supunha estratégico e vender diretamente às empresas de aviação.

Eis um cenário dos maus tempos do passado, descrito sob a perspectiva do gerente de compras de uma grande empresa industrial:

Transformação de compras na Darnley plc

A Darnley usa apenas três matérias-primas básicas, e precisa de quantidade e qualidade consistentes, entregues conforme programação regular. À primeira vista, não é pedir muito. Não se trata de uma grande empresa, mas o seu efetivo de pessoal equivale à população de uma cidade de tamanho razoável.

Ela mantinha apenas três fornecedores para uma dessas matérias-primas, só que o esquema não estava funcionando. Embora fosse considerada *commodity*, a qualidade era um pouco variável, o suficiente para causar problemas no produto final. Também constataram que a pontualidade das entregas era insatisfatória. O caminhão de um dos fornecedores quebrava, a mercadoria não chegava, e o fornecedor nem se dava ao trabalho de preveni-los. Evidentemente, o gerente de operações confiava na pontualidade da entrega. As paradas de produção são extremamente onerosas. O gerente de compras, Joe Simms, comentou: "Ninguém parecia muito interessado em nossos produtos, em nossa fábrica, em nossos processos. Os fornecedores se comoditizaram, não oferecendo nenhum diferencial nos serviços".

Então, a Darnley decidiu fazer uma licitação para um esquema de fornecedor único. É um risco enorme. De um lado, é preciso garantir a segurança do abastecimento, mas, se alguma coisa acontecer com o fornecedor, é difícil mudar para outro de repente. Joe Simms preparou um plano de contingência para que pequena proporção das compras fosse feita em outra fonte, apenas para ter uma alternativa, mas ele sentia que deveria desenvolver outro fornecedor, que tivesse planos de contingência para resolver questões de abastecimento, o que o deixaria mais tranquilo. "Propusemos uma parceria profissional", explicou Joe. "O fornecedor poderia gerenciar o estoque de seus produtos em nossa fábrica e fazer as entregas, conforme nossas necessidades de reposição. Também teria de garantir o nível e a consistência da qualidade do produto. Por ser a matéria-prima sujeita a flutuações de preços, queríamos definir parâmetros para estabilizar os preços por ano, durante três anos. De início, parecia que estávamos pagando muito, mas os preços se equilibraram com o tempo. Queríamos acesso a contatos técnicos relevantes, assim como um gerente de cliente que se interessasse por nossos negócios. Por exemplo, gostaríamos de reduzir as emissões de nossa fábrica, o que exigiria cooperação de vários fornecedores para atingirmos as nossas metas."

A Darnley fez a licitação com base nesses requisitos. Três fornecedores potenciais foram selecionados. Joe Simms percebeu que "apenas um dos *key account managers* pareceu capaz de pelo menos compreender o que estávamos querendo". Esse KAM era do fornecedor com a menor parte dos negócios da Darnley. Com esse desempenho, passou de poucos por cento para mais de 90% de nossos gastos. Evidentemente, eles tiveram de assumir alguns compromissos de longo prazo em termos de dinheiro e pessoas, mas os resultados foram compensadores, para o fornecedor e para o cliente.

O tráfego, porém, não flui em sentido único. Um de nossos ex-alunos comentou recentemente que um diretor de compras com mentalidade estratégica, que ele conhecia, retornou a uma organização com um intervalo de vários anos, e expressou desânimo ao constatar que os fornecedores ainda estavam sendo tratados de maneira transacional.

A ascensão do *key account manager*

Uma das queixas mais persistentes dos profissionais de compras na década de 1990, e ainda hoje, é que os fornecedores atribuem-lhes gerentes de clientes não qualificados que não compreendem seus negócios e seus objetivos. Infelizmente, muitos eram considerados muito bem remunerados para falar de catálogos e anotar pedidos. Os compradores esperavam que, da mesma maneira como a profissão deles havia mudado, de atividade tática para atividade estratégica, também vendas deveria evoluir de maneira semelhante. Alguns desses novos compradores tinham altas qualificações profissionais, como Fellowship of the Chartered Institute of Purchasing and Supply, outros tinham mestrado em gestão de cadeia de fornecimento, além de longa experiência, e os fornecedores lhes enviavam vendedores que haviam recebido treinamento sobre a categoria de produto, mas pouco sabiam como eram usados. Alguns haviam sido treinados para fazer perguntas inteligentes, mas também isso estava ficando superado, na medida em que os levantamentos de informação podiam ser feitos facilmente pela internet.

Em consequência, grandes empresas começaram a treinar seus vendedores nas competências de KAM, o que incluía mapeamento de valor, casos de negócios, desenvolvimento de parcerias e liderança de equipes. Um *key account manager* precisava conquistar credibilidade na organização do cliente, do chão da fábrica ao Conselho de Administração. Reciclar os atuais empregados pode levar muito tempo e custar muito caro. Alguns vendedores abraçaram o novo conjunto de competências com entusiasmo, outros se mostraram céticos, e ainda outros demonstraram interesse, mas não conseguem chegar lá. Isso não é problema quando a empresa tem um grande portfólio de clientes, e os vendedores menos qualificados podem ser redistribuídos para clientes comuns, onde seu conjunto de competências seria mais adequado. Além disso, considerando que o *turnover* de vendedores é mais alto do que na maioria das outras atividades profissionais, havia chances de recrutar profissionais com os requisitos e atributos que os clientes estratégicos estavam exigindo. No entanto, não é fácil recrutar pessoas que se encaixem nas atribuições e especificações de função tão complexa quanto a de *key account manager*. O Quadro 7.1 mostra o conjunto de expectativas em relação a essa função.

QUADRO 7.1: *Key account manager* "ideal"

	EMBAIXADOR DA MARCA: Personificação dos valores da marca da empresa	RELAÇÕES PÚBLICAS: Capaz de adotar diferentes pontos de vista	CRIADOR DE VALOR: Explora novas oportunidades para haurir os benefícios da parceria cliente-fornecedor	IMPLEMENTADOR Capaz de executar do design aos resultados mensuráveis, para o fornecedor e para o cliente
Competências com pessoas	Comunicação verbal e por escrito de alta qualidade	*Networking* dentro do cliente e na própria organização; saber ouvir	Negociação ganha-ganha Apresentações	Liderança e persuasão
Competências de raciocínio	Visão estratégica, de longo prazo	Análises sob o ponto de vista do cliente; compreensão da experiência/*value-in-use* do cliente	Criação de novas ideias	Atenção para detalhes

CONTINUA ▷

	EMBAIXADOR DA MARCA: Personificação dos valores da marca da empresa	**RELAÇÕES PÚBLICAS:** Capaz de adotar diferentes pontos de vista	**CRIADOR DE VALOR:** Explora novas oportunidades para haurir os benefícios da parceria cliente-fornecedor	**IMPLEMENTADOR** Capaz de executar do design aos resultados mensuráveis, para o fornecedor e para o cliente
Competências técnicas	Fluência em comunicação on-line e móvel, e em ferramentas de informação	Línguas; mapeamento de valor	Capacidade de conceber novas soluções; competência em finanças, p. ex. custeio	Gestão de projetos; recursos de equipe
Conhecimento do tema	Conhecimento do setor	Conhecimento do cliente e da cadeia de fornecimento	Conhecimento das capacidades da empresa e de suas aplicações no mercado	Consciência ética e legal
Qualidades pessoais	Credibilidade; integridade	Compreensão transcultural; simpatia	Criatividade; flexibilidade	Resiliência; persistência

Fonte: Adaptado de material didático de McDonald, Rogers e Woodburn (2000) e B. Rogers.

> **!** *Em razão do amplo conjunto de competências necessárias, o desenvolvimento é um processo contínuo para os* key account managers. *É o tipo de profissão que nunca fica estagnada.*

Em nossas primeiras pesquisas no campo, perguntamos aos decisores de compras quais eram as competências ou atributos mais importantes de um *key account manager*. A resposta foi, esmagadoramente, integridade. Ao conversar sobre esse tema com gerentes de clientes, alguns disseram que se sentiam ofendidos só ao imaginar que os clientes não reconhecem a integridade deles. Não é que os clientes assumam automaticamente que os *key account managers* careçam de integridade, mas os KAMs precisam demonstrar, reiteradamente, que são íntegros, por meio de pequenos gestos, como chegar com pontualidade às reuniões, e de grandes gestos, como garantir modalidades especiais de entrega para os clientes estratégicos. Às vezes, são atitudes pessoais, de que o decisor do cliente se lembra, como o KAM, que dirige à noite seu próprio carro para entregar ao cliente uma peça importante. Muitos *key account managers* têm casos sobre compromissos pessoais excepcionais que assumiram em relação aos clientes, como se reunir em subsidiárias, em zonas de guerra, e negociar com órgãos do governo a liberação imediata de peças retidas na alfândega.

Pesquisas subsequentes sugerem que a capacidade de aprender a estratégia e as operações do cliente – e aplicar os produtos, os serviços e as capacidades de sua organização para ajudar o cliente a ser bem-sucedido – é o atributo que distingue o melhor KAM. É o que geralmente se denomina "cocriação de valor", por ser necessário envolver o cliente no processo de *design*. Isso não é de modo algum fácil, mas é algo que pode ser ensinado. Programas KAM mais sofisticados fornecerão as ferramentas e técnicas capazes de ajudar nesse processo.

> Evidentemente, o cliente insiste em que não quer "ficar vendido" – logo, o KAM precisa da habilidade de evitar conflitos.
>
> Steve Jackson, Gerente de Desenvolvimento de Negócios de uma empresa global de manufatura e serviços

Em razão do amplo conjunto de competências necessárias, o desenvolvimento é um processo contínuo para os *key account managers*. É o tipo de profissão que nunca fica estagnada. Ninguém já nasce um KAM perfeito, e os indivíduos precisam de diferentes planos de desenvolvimento.

A nomeação de *key account managers* era geralmente a primeira providência das empresas ao transitarem para relacionamentos de prazos mais longos com os clientes estratégicos, mas o investimento não podia ficar só nisso. Os clientes eram encorajados a perguntar – de que adianta ter um ótimo gerente de clientes se ele não tiver autoridade no restante da organização? Qual é a vantagem de ter um ótimo gerente de clientes se ele ficar tapando buracos de sistemas que não funcionam para nós? Portanto, o programa de investimentos se deslocou para equipes de clientes estratégicos e para projetos de infraestrutura e processos.

> Com base em nossa experiência, uma academia KAM deve levar a gestão de clientes e o treinamento de vendas para outro patamar. As competências básicas de negociar, planejar e gerenciar relacionamentos estão disponíveis. Os *key account managers* que conduzem programas extremamente bem-sucedidos estão em situação vantajosa porque pensam, planejam, inovam e lideram equipes transfuncionais e impulsionam as mudanças estratégicas

necessárias para a obtenção de resultados contínuos ano após ano. Por meio da entrega exitosa da academia KAM nos mercados de hoje, o *key account manager* torna-se executivo-chefe por seus próprios méritos, gerenciando o próprio portfólio e direcionando recursos para promover parcerias fortes com a sua base de clientes. Isso não pode se limitar a uma série de exercícios em sala de aula, mas sim envolver um programa sustentado de pensamento e de intervenções realistas, educando e desafiando esses líderes para que alcancem o nível seguinte na carreira e na vida.

Liz Machtynger, Sócia da Customer Essential

Equipes de *key accounts*

Nem todos os relacionamentos de negócios exigem o portfólio completo de competências e atributos em uma pessoa. É prudente que um cliente estratégico seja atendido por uma equipe de *key accounts*. A forma de organização das equipes de clientes varia entre as empresas. Fornecedores de bens de consumo de rápida movimentação (FMCG), com grandes cadeias de varejo como clientes, podem ter mais de 200 pessoas participando diretamente do apoio a um varejista internacional. Essas pessoas podem trabalhar em merchandising, sistemas de informação, operações ou marketing. Nessas grandes operações, o gerente de clientes globais é o maestro de uma grande orquestra. Competências de gestão e liderança eclipsarão a necessidade de competências técnicas, que estarão disponíveis em outros membros da equipe.

A vida nem sempre é fácil para os membros de uma equipe de *key accounts*. Considere o exemplo de um funcionário de clientes, na Espanha, trabalhando para o cliente estratégico, na Espanha, da subsidiária francesa de uma empresa americana. O diretor financeiro geral da empresa americana espera que todos os funcionários de clientes encarem a probidade financeira como a primeira obrigação de todos os empregados. O gerente de país, na Espanha, quer que os funcionários de clientes garantam que o fluxo de caixa das operações espanholas seja sua mais alta prioridade. Em seguida, vem o KAM, na Espanha, que quer ajudar o cliente estratégico da subsidiária francesa a desenvolver negócios internacionais, o que envolve ampliação do crédito em todos os países. O funcionário de clientes deve diligenciar para que tudo isso seja feito, apesar das instruções conflitantes. Mesmo que o cliente estratégico ofereça, em troca, maior espaço em prateleira, e a alternativa seja menor espaço em prateleira, a missão ainda é difícil. É muito complexo lidar com "ambiguidades na função", ou seja, ser incumbido de tarefas que parecem contraditórias (ver Figura 7.1). Em consequência, as pesquisas confirmam que o "espírito de equipe" é extremamente importante em equipes de *key accounts*. É difícil para as grandes empresas desenvolver culturas em que pessoas trabalhando em diferentes fusos horários, exercendo diferentes funções, oriundas de diferentes culturas sejam capazes de se perceber como parte de uma importante missão cooperativa, como representante de área estratégica do negócio. Mas esse clima é indispensável para implementar o plano de negócios acordado para o cliente estratégico.

FIGURA 7.1: Dilema do funcionário de clientes –
três chefes, três objetivos conflitantes

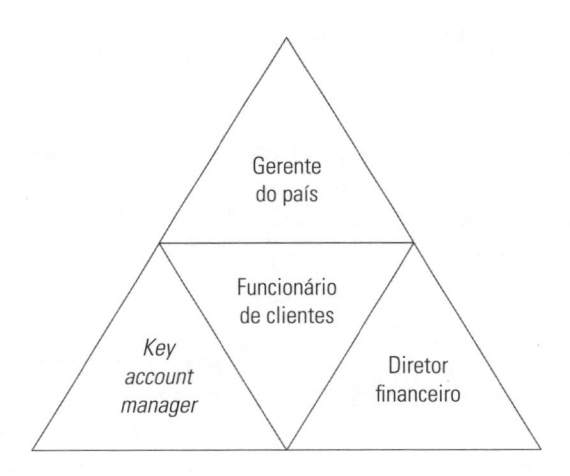

Fonte: Adaptado de material didático de B. Rogers, Portsmouth Business School

Numa empresa pequena, as equipes de apoio a *key accounts* têm condições de ser muito flexíveis. Embora rivalidades internas possam surgir em organizações muito pequenas, ocorre que geralmente é mais fácil para os empregados de empresas pequenas ver o "panorama geral" em qualquer projeto especial ou relacionamento, e superar os interesses funcionais para promover os objetivos gerais da empresa. As comunicações são mais fáceis e as equipes podem ser constituídas e alteradas com muita rapidez. Com efeito, a flexibilidade na constituição da equipe pode ser vantajosa, na medida em que os interesses do cliente variam no tempo. É importante garantir que a equipe apresenta o conjunto de competências necessárias, mas também é preciso atentar para as funções dos membros da equipe (ver Quadro 7.2). A função de apoio mais importante nas equipes de *key accounts* é a de gerente de projeto, cuja atribuição é garantir a execução do plano para o cliente. O cliente espera que o KAM seja uma "pessoa de ideias" – e esse atributo nem sempre se encaixa bem em indivíduos que "fazem acontecer".

> Nossos dados indicam associação positiva significativa entre envolvimento da alta administração e sucesso do KAM.
>
> Workman; Homburg; Jenson (2003, p. 16)

QUADRO 7.2: Funções na equipe de *key accounts*

Papel	Descrição	Função típica
Detetive	Disposto a sair para obter informações e trazer ideias externas	P&D
Líder de torcida	Ajuda a equipe a desenvolver o espírito de equipe	Gerente sênior
Coordenador	Ajuda a distribuir as tarefas	RH
Pessoa de ideias	Pensador criativo e "fora da caixa"	Deve ser o KAM
Amigo crítico	Pessoa lógica que garante a capacidade de entrega da equipe	Operações/finanças
Especialista(s)	Conhecimento profundo de alguma coisa hoje relevante para o cliente	Vários
Indutor	Fornece energia para fazer acontecer	Vários
Gerente de projeto	Pega o plano e trabalha para executá-lo	Gestão de projetos
Acabador	Atenção para detalhes	Operações/finanças

Fonte: Adaptado de Belbin (1993)

O leitor perceberá que um alto executivo é parte da equipe de *key accounts* típica. Trata-se de característica associada ao sucesso em vários estudos de pesquisa. O alto executivo que se dedica à equipe envia uma mensagem clara aos membros da equipe, de que são parte importante da empresa, e envia uma mensagem ainda mais clara ao cliente, qual seja, o cliente é de importância estratégica para o fornecedor. Os pesquisadores efetivamente tentaram quantificar o aumento da fatia do fornecedor nos gastos do cliente que pode ser atribuído à presença de um alto executivo na equipe de clientes, e constataram que o efeito pode ser muito positivo. Portanto, o investimento de tempo pelo alto executivo na equipe de clientes gera retorno significativo. Em grandes empresas, observamos a existência de um subcomitê do Conselho de Administração que se reúne mensalmente com os *key account managers*, além de gerentes seniores que atuam no Conselho de Administração, como patrocinadores de determinados clientes.

Se o Conselho de Administração reconhece que os clientes estratégicos são críticos para o sucesso da empresa, eles realmente precisam desenvolver a cultura organizacional certa, em que o KAM se torna sustentável. Isso significa não só *talking the talk* (falar bonito), mas também *walking the talk* (cumprir o prometido). Também significa aderir a um programa de investimentos de longo prazo em toda a empresa, como mostra a Figura 7.2. Cada estágio da evolução do KAM pode levar até dois anos para ser concluído. Implementar com rapidez mudanças por atacado exige ainda mais investimentos e envolve riscos consideráveis. No entanto, uma empresa menor, assumindo um cliente global, acostumado com o método KAM, pode achar que o cliente demanda evolução rápida.

Decisões sobre recursos

Conforme indicado na Figura 7.2, muitas são as decisões sobre recursos a serem tomadas quando da implementação do KAM. Primeiro, há a mobilização de recursos e a reformulação de processos. Talvez se precise de ajuda externa para alcançar esses objetivos. Uma das principais decisões sobre recursos é a referente ao papel do KAM. Deve ser alguém remanejado na própria empresa? Ou alguém selecionado no mercado de trabalho? Ou essa atividade poderá ser terceirizada?

Muitos são os anúncios de recrutamento de *key account managers*, com enorme variação nos salários e benefícios. Diz-se que o KAM do cliente mais estratégico é a segunda pessoa mais importante da empresa, depois do CEO. Inevitavelmente, os nomes das grandes marcas no mercado empregador são os que chamam mais atenção e atraem mais candidatos. A competição pode ser muito difícil para as empresas menores. As competências de profissionais de vendas, sobretudo em posições mais altas, são escassas. Mesmo no auge da recessão, pesquisas do governo descobriram empregadores relatando dificuldade no recrutamento de *key account managers*. Assim sendo, o que fazer? Uma empresa de médio porte do setor farmacêutico decidiu contratar uma organização de vendas para recrutar e selecionar, para ela, *key account managers*. Em última instância, em todas as decisões sobre recursos, os altos executivos devem pesar os prós e os contras do desenvolvimento de recursos internos ou do recrutamento externo, em outras organizações.

FIGURA 7.2: A evolução do KAM

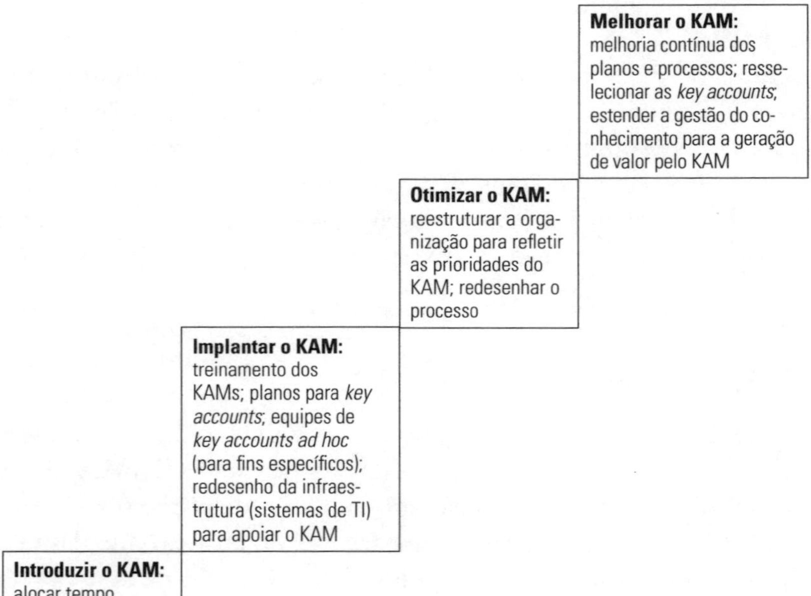

Melhorar o KAM: melhoria contínua dos planos e processos; resselecionar as *key accounts*; estender a gestão do conhecimento para a geração de valor pelo KAM

Otimizar o KAM: reestruturar a organização para refletir as prioridades do KAM; redesenhar o processo

Implantar o KAM: treinamento dos KAMs; planos para *key accounts*; equipes de *key accounts ad hoc* (para fins específicos); redesenho da infraestrutura (sistemas de TI) para apoiar o KAM

Introduzir o KAM: alocar tempo do Conselho de Administração; nomear KAMs; caso de negócios e métricas

Fonte: Adaptado de Davies e Ryals (2009)

É especialmente difícil imaginar a terceirização de KAM. Afinal, os clientes estratégicos são tão valiosos para o fornecedor que eles por certo esperam que o fornecedor empregue alguém diretamente para servi-los. Sem dúvida, o risco para a reputação é aspecto a ser levado em conta na decisão, mas esse risco deve ser ponderado com outros fatores, como mostra a Quadro 7.3.

QUADRO 7.3: Os estágios da decisão em fazer-ou-comprar na interface com o cliente

Primeiro estágio	Segundo estágio	Terceiro estágio	Resultados.
Custos	Risco para a reputação	Mercado de fornecimento	Movimentação interna Recrutamento
Competências		Capacidade gerencial	Terceirização parcial Terceirização plena
Flexibilidade			

Fonte: Adaptado de Rogers e Rodrigo (2015)

Os decisores precisam considerar os custos em qualquer decisão sobre recursos. Curiosamente, em vendas B2B, apenas os líderes de custos parecem considerar custos o fator de maior peso. As competências necessárias para aproveitar uma oportunidade são mais importantes, e geralmente levam à preferência por recrutamento. Como as oportunidades podem ser incertas, a flexibilidade é também aspecto importante. Os padrões de recursos talvez precisem mudar rapidamente. Quanto maior for o risco, maior será a probabilidade de que o remanejamento e o recrutamento sejam muito demorados e muito inflexíveis, e que a terceirização pouco duradoura seja a opção preferencial quando a flexibilidade for indispensável.

Como mostra o Quadro 7.3, o próximo estágio do processo é o risco para a reputação. Isso poderia comprometer o relacionamento com o cliente? É algo que os clientes também fazem ou pareceríamos para o mercado menos centrados no cliente se adotarmos essa prática? Geralmente, os fornecedores percebem que o emprego é menos arriscado do que a terceirização, embora o custo da "má contratação" possa ser considerável. A terceirização de vendas e de serviços aos clientes nos mercados de consumo não é bem-conceituada. Há, porém, algumas CSOs (Contract Sales Organizations) muito profissionais em mercados B2B e B2G (*business-to-government*).

O terceiro estágio introduz fatores pragmáticos de difícil consideração para muitas empresas. Primeiro de tudo, como comparar os mercados de fornecimento? Talvez seja difícil encontrar boas CSOs em alguns setores e em algumas regiões. Também pode ser oneroso e demorado encontrar bons *key account managers* no mercado de recrutamento aberto. Qual é o menor problema? Finalmente, até que ponto somos bons em gerenciar profissionais altamente qualificados na interface com o cliente? Sabemos como tratá-los e mantê-los? Os vendedores frequentemente falam em mudar de gerente em vez de mudar de cargo. Se a empresa for pouco experiente em gerenciar KAMs, ou se for muito dispendioso desenvolver essa competência, talvez faça sentido deixar que uma empresa especializada assuma esse encargo. Esses são os dois fatores que geralmente determinam o que pequenas e médias empresas podem fazer, e porque algumas estão escolhendo a terceirização. Um KAM, empregado de uma CSO, pode ser exclusivo da sua marca e um bom embaixador da marca. Um compromisso ganha–ganha às vezes se revela um arranjo "de temporário para permanente", em que o KAM contratado pode acabar como empregado da empresa, com um contrato por prazo indeterminado.

> ! *Um* key account manager, *empregado de uma CSO, pode ser exclusivo da sua marca e um bom embaixador da marca.*

Recrutamento, seleção e *onboarding*

No caso de KAM, o resultado de uma decisão sobre recursos é geralmente "recrutar". Há boas maneiras, e outras não tão boas, de recrutar. Muitas empresas incluem especificações muito restritivas em seus anúncios, como "deve ter dez anos de experiência na venda de caixas de marchas automáticas no setor de carros de luxo". Se você quiser atrair os KAMs de seu concorrente direto, é prudente recorrer a *headhunters*, em vez de publicar anúncios de recrutamento. O custo de anunciar não se justifica quando apenas muito poucas pessoas tendem a atender às especificações. Todavia, tenha cuidado ao cobiçar os recursos dos concorrentes. Isso cria "pensamento de grupo" no setor e sufoca a inovação. Também prejudica a diversidade na força de trabalho, associada a melhor desempenho e a maior responsabilidade social da empresa. Além disso, estimula a promiscuidade da claque reivindicatória de *key account managers*, disparando um vórtice de níveis salariais crescentes, que não se justifica no mundo real.

Faz sentido ter mente aberta ao procurar indivíduos excepcionais. Nem todos os KAMs têm antecedentes em vendas. Em empresas manufatureiras, os engenheiros não raro assumem funções de KAM, mas essa mudança de carreira também é possível para contadores, profissionais de marketing e especialistas operacionais. Há quem diga que a mais difícil de todas as mudanças é um vendedor acostumado a fazer negócios transacionais tornar-se *key account manager*, porque a nova função exige amplo espectro de competências. Para esses indivíduos, o investimento em treinamento é significativo, na medida em que eles precisam desenvolver mentalidade mais estratégica e habilidades em pensamento crítico.

Anúncios para key accounts

Os anúncios devem ser exatos. Poucos anúncios se referem às longas horas de negociação das políticas internas para garantir que o cliente estratégico faça jus a condições de negócios consistentes entre as empresas do mesmo grupo ou além das fronteiras nacionais. Ironicamente, os clientes valorizam mais o tempo que o KAM passa nas organizações promovendo os interesses do cliente. Há uma correlação entre a rede interna do KAM e sua capacidade de entregar resultados com os clientes. Portanto, se desenvolver relacionamentos internos é importante, os anúncios não devem criar a impressão de que todo o trabalho consiste em reforçar o relacionamento com o cliente.

Também se recomenda exatidão quanto ao *status* da empresa. Os candidatos podem fazer pesquisas em sites, como Glassdoor, e observar o que os atuais empregados pensam sobre os termos e condições de emprego e sobre a qualidade gerencial da empresa, ou podem usar contatos no LinkedIn para avaliar o empregador potencial. Evidentemente, os empregadores também podem pesquisar perfis on-line dos empregados potenciais, e compará-los com o *curriculum vitae* apresentado.

Selecionando key account managers (KAMs)

A seleção é um processo de mão dupla. O empregador deve adotar uma abordagem eficaz e justa na seleção de candidatos, mas os candidatos também devem seguir alguns critérios na seleção do empregador potencial. Nestes dias de carreiras de portfólio, multiempresas, os profissionais, em muitas empresas, constroem marcas pessoais. Essa marca pessoal tem bom encaixe com a marca da empresa? Também esse aspecto é parte da negociação durante a seleção. Na maioria dos casos, a seleção de pessoal sênior, hoje, inclui não só entrevistas, mas também simulações em diferentes cenários, e esses experimentos podem ser muito mais reveladores, sobretudo quando abrangem muitas pessoas que podem oferecer *feedback* sobre suas avaliações dos candidatos. Se for difícil ou dispendioso criar cenários, dispõe-se atualmente de centros de avaliação on-line que podem ser de alguma ajuda. Testes psicométricos são controversos, mas podem contribuir para a avaliação. As pesquisas indicam que os *key account managers* devem ser extrovertidos, conscienciosos e amistosos, para maximizar o sucesso (MAHLAMÄKI; UUSITALO; MIKKOLA, 2014), mas esses atributos também são indispensáveis na maioria das funções de interface com o cliente.

Durante todo o processo de seleção, seja transparente e faça anotações detalhadas. Além da necessidade de fundamentar o *feedback* inteligente aos candidatos malsucedidos, essas notas podem ser úteis no processo de recepção e integração dos candidatos bem-sucedidos.

Onboarding *de* key account managers

> **!** *Oferecer ao novo membro tão valorizado da equipe, no primeiro dia de trabalho, uma mesa empoeirada, com um velho laptop "que ainda funciona", leva-o a questionar o que o atraiu tanto naquela empresa.*

Conhecemos a expressão "remorso do comprador", quando um consumidor faz uma grande compra e de repente se dá conta do quanto gastou na aventura e de como está inseguro quanto ao valor do produto. O mesmo sentimento também se observa na mudança de emprego. Há um grande risco do atual empregador do candidato cobrir a sua oferta ao tomar ciência do pedido de demissão do empregado. As ofertas para cargos de alto nível também podem ser rejeitadas por muitas outras razões, tais como necessidade de mudança de residência da família; insegurança do candidato quanto ao novo ambiente de trabalho, sobretudo em relação aos colegas; e, neste caso específico, até o cliente estratégico em si. O candidato tende a se sentir nervoso no período entre a aceitação da oferta e o início do trabalho no novo emprego, ainda que esteja otimista. Daí a importância do contato contínuo entre as partes do novo relacionamento nesse período de transição. A recepção e a integração adequadas do novo empregado são absolutamente fundamentais. Oferecer ao novo membro tão valorizado da equipe, no primeiro dia de trabalho, uma mesa empoeirada, com um velho laptop "que ainda funciona", leva-o a questionar o que o atraiu tanto naquela empresa.

Os novos empregados precisam adquirir enorme quantidade de novos conhecimentos em muito pouco tempo e os gerentes raramente têm tempo para planejar o *onboarding* de maneira adequada. O Quadro 7.4 pode ser um guia útil.

QUADRO 7.4: *Onboarding* de um novo *key account manager*

	INTERNO			KEY ACCOUNT
	Informar	Recepcionar	Orientar	O alto executivo instrui o novo empregado e o apresenta ao cliente
Aspectos culturais da empresa (jargão, histórias, mitos, etc.)		Instruído por colegas em reuniões ou em ambientes sociais		Discussões informais com a equipe de *key accounts*
Tarefas	Especificação do cargo e entrevista com gerente		*Loops* de *feedback*	Plano para a *key account*
Conhecimento sobre o produto/ serviço	Documentação e treinamento			Documentação e treinamento
Relacionamentos de trabalho	Designação de um mentor sênior	Apresentações	Esforços positivos para envolver o novato em projetos.	Transferência da equipe de *key accounts*/principal contato com o cliente
Relacionamentos sociais		Oportunidades para interações sociais, como em intervalos para café	Designação de um "amigo" para ajudar a fazer conexões	Facilitado por membro importante da equipe de *key account* ou pelo colega
Política interna			Quase sempre transmitida pelo mentor ou pelo colega	Explicada por membro importante da equipe de clientes ou pelo colega
Normas	Treinamento on-line e instruções	Indução formal com RH e outras funções	Exemplos de aplicação expostos por colegas	Documentos (em sistema de gestão do conhecimento)

CONTINUA ▷

	INTERNO			KEY ACCOUNT
Estrutura	Organograma	Indução formal com RH e outras funções		Documentos (em sistema de gestão do conhecimento)
Critérios de desempenho	Especificação do cargo e entrevista com gerente		*Loops* de *feedback*	Plano para o cliente
Estratégia e objetivos da empresa	Treinamento e instruções	Indução formal com RH e outras funções	Exemplos de aplicação expostos por colegas	Plano para o cliente

Fonte: Adaptado de Klein e Heuser (2008)

O modelo "informe, recepcione, oriente" foi desenvolvido por um de nossos ex-alunos para o mapeamento de como os novos *key account managers* adquirem o conhecimento necessário nas primeiras poucas semanas. Uma complicação para o *key account manager* é precisar saber tudo sobre o novo empregador *e* sobre o novo cliente estratégico. Em nada surpreendente, embora grandes empregadores tendam a estar preparados para transmitir noções objetivas sobre políticas e estruturas, que a importância de se sentir bem recebido pelos colegas e de ser apresentado ao lado informal da empresa geralmente seja negligenciada. É extremamente importante para o forasteiro se sentir "em casa" tão rapidamente quanto possível – acelera o processo de *onboarding* e melhora a produtividade. No caso dos *key account managers*, ser aceito pelos contatos no cliente também é fundamental para decidir ficar e para alcançar o sucesso. Mudanças no pessoal-chave são ocasiões em que os clientes podem procurar fornecedores alternativos. As contrapartes no cliente querem ter a certeza de que a nova pessoa é ainda melhor que a antecessora.

Panorama geral

> **!** *O KAM tem alto preço. É um modelo de negócios que precisa de investimentos em pessoas, infraestrutura e processos; o mais alto de todos, porém, é em pessoas.*

A implementação de um programa KAM envolve muitas mudanças nas organizações. Ao alcançar marcos, o programa provavelmente está pronto para reconfigurações. Até agora, já retornamos a numerosos temas nessa narrativa e, antes de passarmos para a internacionalização, o Quadro 7.5 fornece um resumo de todos os fatores de sucesso nos programas KAM.

QUADRO 7.5: Resumo dos fatores de sucesso em programas KAM

Estratégia	Valores compartilhados	Estilo	Sistemas	Equipe	Competências
Desenvolvimento de conceito de cocriação de valor	Trabalho em equipe	Participativo	Desempenho de equipes: metas e recompensas (curto prazo e longo prazo)	Equipes transfuncionais	Geração de ideias
Perspectiva de longo prazo para *key accounts* selecionadas	Foco no cliente	Consultivo	Treinamento e coaching transfuncionais	Altos executivos como membros de equipes e/ou de subcomitês de *key accounts* do Conselho de Administração	Acuidade financeira
Seleção correta das *key accounts*	Inovação	Assunção de riscos	Flexibilidade de cargos		Formulação de estratégia
Alocação de recursos para os clientes estratégicos		Tolerância ao fracasso	Sensoriamento de mercado e pesquisa específica por cliente	*Key account managers*	Conhecimento do setor
Gestão do risco em *key accounts*		Aprendizado transformacional	Análise da lucratividade do cliente		Negociação
Equilíbrio do portfólio de clientes			Planejamento e orçamentação do cliente		Apresentação
			Análise do valor		Comunicações
					Mapeamento de processos
					Redesenho da rede de fornecimento
					Liderança
					Gestão de projetos
					Ética

Fonte: Adaptado de Guenzi e Storbacka (2015)

O KAM tem alto preço. É um modelo de negócios que precisa de investimentos em pessoas, infraestrutura e processos; o mais alto de todos, contudo, é em pessoas. Embora o pessoal existente se ajuste e se transforme em equipes de clientes, as demandas cada vez maiores sobre o KAM significam que essa é a função que será cada vez mais monitorada pelo empregador e pelo cliente. Este capítulo esboçou a natureza da função e a maneira de preenchê-la. Também analisamos a composição das equipes de *key accounts* e a maneira de decidir sobre recursos. Achamos que as coisas mudaram desde quando o gerente de compras da Darnley se queixou de que apenas um KAM poderia compreender o que ele queria, mas a barra continua subindo.

LISTA DE TAREFAS

Reveja a composição da sua equipe de *key accounts*. As funções relevantes estão sendo executadas? Quem é o patrocinador da alta administração? Como melhorar o envolvimento dele?

Reveja como são tomadas as decisões sobre recursos. Todos os fatores estão sendo considerados?

Reveja o seu processo de recrutamento – ele prossegue com seleção e *onboarding*?

Referências

BELBIN, R. M. *Team Roles at Work*. Oxford: Butterworth-Heinemann, 1993.

DAVIES, I. A.; RYALS, L. J. A Stage Model for Transitioning to KAM. *Journal of Marketing Management*, v. 25, n. 9–10, p. 1027–48, 2009.

GUENZI, P.; STORBACKA, K. The Organizational Implications of Implementing Key Account Management: A Case-Based Examination. *Industrial Marketing Management*, v. 45, p. 84–97, 2015.

KLEIN, H. J.; HEUSER, A. E. The Learning of Socialization Content: A Framework for Researching Orientating Practices. *Research in Personnel and Human Resources Management*, v. 27, n. 8, p. 279–336, 2008.

MAHLAMÄKI, T.; UUSITALO, O.; MIKKOLA, T. The Influence of Personality on the Job Performance of Strategic Account Managers. In: D. WOODBURN, D.; WILSON, K. (Orgs.). *Handbook for Strategic Account Management*. Chichester: John Wiley & Sons Ltd, 2014. p. 539–53.

MCDONALD, M.; ROGERS, B.; WOODBURN, D. *Key Customers: How to Manage them Profitably*. Oxford: Butterworth-Heinemann, 2000.

ROGERS, B.; RODRIGO, P. An Exploratory Study of Factors Influencing Make-Or-Buy of Sales Activities: The Perceptions of Senior Sales Managers. *Strategic Outsourcing: An International Journal*, v. 8, n. 2-3, p. 229–61, 2015.

WORKMAN, J. P.; HOMBURG, C.; JENSEN, O. Intraorganizational Determinants of Key Account Management Effectiveness. *Journal of the Academy of Marketing Science*, v. 31, n. 2, p. 3–21, 2003.

GLOBALIZANDO-SE COM
KEY ACCOUNTS

8

Como parte do processo de globalização, que começou no fim da década de 1980, as grandes empresas multinacionais começaram a demandar suporte e precificação consistente em suas operações globais. Embora esses arranjos geralmente sejam negociados em ambiente de escritório central, sua implementação é, com frequência, extremamente difícil para a *key account* e para a empresa fornecedora. Alinhar duas organizações multinacionais em vários níveis (estratégico, tático e operacional, permeando vários países e continentes, é extraordinariamente difícil, quase sempre financeiramente desafiador para o fornecedor e, muitas vezes, acaba em fracasso. As empresas que conseguem implementar com sucesso programas de Key Account Management (KAM) transpõem com êxito numerosos desafios. A iniciativa de cliente global deve ser justificada com o desenvolvimento de um caso de negócios nas organizações do cliente e do fornecedor. Muitas organizações fornecedoras, inclusive a minha, têm critérios rigorosos de seleção e limitação a serem cumpridos antes de o cliente estratégico ser considerado merecedor dos investimentos necessários para tornar-se cliente global.

Simon Derbyshire, Vice-presidente
da Capgemini Saudi Arabia
*A Capgemini é líder global em serviços
de consultoria, tecnologia e terceirização*

O estudo de caso a seguir é típico de um movimento de alguns anos atrás, de grandes empresas manufatureiras para concentrar recursos em fornecedores que fossem capazes de apoiar sua estratégia de globalização. Como de costume, há alguns comentários sobre o estudo de caso dentro do capítulo e outros comentários no fim.

IOQ Automotive Components Ltd

A XYZ Autos AG anunciou o plano de racionalizar suas linhas de produtos e sua base de fornecedores. Em todo o mundo, a XYZ tem 500.000 fornecedores, e está mirando uma redução para 50.000 em cinco anos. Em resumo, os fornecedores terão de descobrir uma maneira de atender a XYZ em todas as localidades em que ela opera, e com um padrão consistente. A IOQ Automotive Components fornece atualmente à XYZ na Alemanha, na Bélgica e no Reino Unido. A IOQ previu que poderia encontrar parceiros em outros países, mas é difícil afirmar que seria capaz de garantir os serviços desses parceiros à XYZ.

A XYZ concordou que os fornecedores menores precisarão de tempo para se ajustar, e propôs um período de três anos à IOQ, que produz componentes para a sua família de carros populares europeus. A IOQ é empresa tradicional e conceituada, mas a perspectiva de uma grande expansão global, com base nas demandas de um cliente, é assustadora. A IOQ sabe, porém, que outros clientes estratégicos também farão demandas semelhantes. A não internacionalização acarretará encolhimento contínuo dos mercados acessíveis à IOQ, ano após ano.

O Conselho de Administração precisa decidir – assumir grandes investimentos e riscos para manter as *key accounts* ou continuar pequena e recuar para mercados de nicho.

! *Em B2B, os clientes com maior probabilidade de serem clientes estratégicos também têm grande probabilidade de serem globais no escopo e de esperarem escopo global de seus fornecedores.*

Os clientes pressionam as empresas a se internacionalizar e o governo oferece recursos públicos para apoiar as exportações, o que inclui treinamento e suporte administrativo. Para as empresas que se iniciaram em economias menores, como Irlanda, Finlândia, Nova Zelândia, Uruguai ou Sri Lanka, a lógica é óbvia. Não há outra forma de crescimento senão o crescimento internacional. A visão é muito diferente para empresas em países com enorme população, como Estados Unidos e China; no entanto, em setores B2B, os clientes com maior probabilidade de se tornarem *key accounts* também tendem a ser globais no escopo, e a esperar escopo global dos fornecedores.

Os modelos tradicionais de entrada no mercado internacional sugerem que a empresa saturaria primeiro a fatia acessível no mercado interno, antes de se aventurar no exterior. As exportações diretas para sucessivos países precederiam as parcerias de longo prazo com distribuidores locais e a formação de subsidiárias. Esse, porém, não tem sido um modelo relevante desde a aurora da internet, em que o acesso a vários mercados de exportação pode ser alcançado logo no começo da vida da empresa. Muitas empresas já alardeiam terem "nascido globais". Tanto os modelos tradicionais quanto os ultramodernos são em grande parte ignorados em discussões sobre KAM, onde os casos examinados são quase sempre de enormes fornecedores globais em parceria com enormes clientes globais. Neste livro, estamos tratando de um portfólio de cenários mais amplos, como fornecedores só de internet, que alcançam um estágio em que precisam contratar *key account managers* (como a Dell); empresas que precisam se internacionalizar para manter um cliente estratégico; e empresas que exportam para diversificar seu portfólio de clientes e reduzir os riscos inerentes ao excesso de dependência em relação a clientes estratégicos.

Razões para se expandir internacionalmente

> **!** *Ouvimos a toda hora que a globalização é a nova regra, mas os desafios de fazer negócios em mercados diferentes, em termos geográficos e culturais, nunca podem ser subestimados.*

Ouvimos a toda hora que a globalização é a nova regra, mas os desafios de fazer negócios em mercados diferentes, em termos geográficos e culturais, nunca podem ser subestimados. Uma das razões mais convincentes para se globalizar é atender às demandas de uma *key account*. Entre 1995 e 2005, muitas grandes empresas racionalizaram sua base de fornecedores e marginalizaram ou abandonaram fornecedores que só podiam cobrir um país ou região. A racionalização dos fornecedores é uma ameaça constante, e os fornecedores frequentemente se defrontam com a realidade de apoiar clientes estratégicos em todos os mercados em que estão presentes, ou não os atender em nenhum mercado. Embora esse dilema pareça desconfortável, o acesso a um ator importante em um mercado externo é o principal facilitador da expansão internacional, o que leva as *key accounts* a sentir que estão ajudando os fornecedores a desenvolver seus negócios.

As tendências macroeconômicas gerais, como o rápido desenvolvimento de mercados até então inacessíveis – por exemplo, Romênia e Vietnam –, além da redução das barreiras comerciais, redundaram na internacionalização da maioria dos setores de atividade. Mesmo subcategorias de produtos altamente locais, como alimentos e moda, estão sendo altamente demandadas em âmbito global. É possível que as partes, corrente acima e corrente abaixo, das cadeias de fornecimento em determinado setor exijam que os atores estejam presentes em determinadas localidades, ou pelo menos sejam capazes de atendê-las. Hoje, parece impensável que qualquer marca séria de hardware de comunicações não opere no Extremo Oriente. Fabricantes de autopeças geralmente atuam ao longo dos principais eixos do setor, na Alemanha, Japão e Estados Unidos. Essas tendências foram muito úteis para fornecedores de países pequenos, com mercados locais limitados, e também para entrantes em mercados locais altamente competitivos, que precisam de portfólios de clientes diversificados.

O impulso de crescimento nas pequenas empresas também é relevante. A mudança de propriedade e o senso de responsabilidade pode trazer novo escopo, novas expectativas, novas alianças e novas capacidades técnicas. As empresas dispõem de várias alternativas de recursos ao optarem pela expansão e, qualquer que seja a escolha, a nova situação exige diferentes competências para garantir que seja bem gerenciada, a fim de entregar o retorno almejado.

> Com muitos clientes hoje executando operações globais, é fundamental para qualquer organização ser capaz de responder às necessidades deles. As empresas fornecedoras devem ser capazes de atender às preferências dos clientes, quanto a operar em nível global ou local, ou até em nível intermediário. Se as organizações estiverem desalinhadas nessa perspectiva, fica difícil alcançar a verdadeira colaboração e parceria.
>
> Os mercados emergentes impõem um desafio diferente quando se trata de adotar uma abordagem KAM, por força da natureza dinâmica desses mercados. Numerosos fatores influenciam essa situação, inclusive a "guerra por talentos": níveis mais altos de rotatividade de pessoal, afetando a sustentabilidade da capacidade organizacional, no fornecedor e no cliente; e condições financeiras mais incertas. Com a consolidação de clientes compradores em muitos setores, o *key account manager* deve ser capaz não só de manejar a unidade decisória, para engajar-se com os influenciadores e decisores adequados nas diferentes funções, mas também de falar a língua deles, a fim de apresentar propostas convincentes.
>
> Darren Bayley, Diretor Comercial da Dentsply Sirona

Avaliando estratégias para a internacionalização

A Figura 8.1 demonstra as escolhas disponíveis para uma empresa quando uma *key account* exige fornecimento internacional ou quando a busca por clientes estratégicos se torna global.

O eixo vertical representa o apetite da equipe proprietária pelo crescimento. Nem todas as empresas podem ou devem buscar o crescimento às expensas da lucratividade ou do fluxo de caixa. Não são apenas os ativistas verdes que questionam a fome por crescimento. O grande estrategista Michael Porter questionou por que os mercados de ações adoram o crescimento quando a lucratividade é muito melhor em termos de retorno para os acionistas. Também é questionável até que ponto o crescimento reportado pelas empresas é efetivamente real, isto é, crescimento "orgânico", intrínseco, por suas próprias forças. As aquisições parecem crescimento no curto prazo, mas, geralmente, acabam erodindo o valor para os acionistas. Entretanto, muitos empreendedores e equipes de gestão prosperam ao explorar oportunidades com mais rapidez do que os concorrentes. Os benefícios de assumir altos riscos é auferir altos retornos, e o gerenciamento do risco gera recompensas substanciais.

FIGURA 8.1: Escolhas disponíveis para a internacionalização de empresas

Fonte: Adaptado de Baum, Schwens e Kabs (2012)

O eixo horizontal na Figura 8.1 representa as competências da atual equipe gerencial. Para se internacionalizar, a empresa precisa desenvolver, recrutar ou, de alguma maneira, adquirir competências. Não basta que os gestores apenas conheçam os mercados internacionais. Muitos gestores viveram e trabalharam em outros países. Alguns países têm importantes redes sociais que induzem ou inibem o sucesso nos negócios, e os gestores com experiência local podem influenciar essas redes. Os gestores com ambições internacionais precisam ter, pelo menos, alguma experiência transcultural, que pode ser adquirida morando ou estudando algum tempo no exterior. As interações em equipe são mais importantes do que as realizações individuais. O gerenciamento de redes de relacionamento on-line é outro aspecto do sucesso. As operações de exportação, mesmo envolvendo um cliente estratégico, geralmente começa com atividade na internet. Tecnologia excelente que se integra facilmente nos sistemas do cliente, apoiada por comunicação eficaz, facilita a internacionalização e aumenta o retorno das operações internacionais.

Liderança na forma de visão clara, compromisso e comunicação são requisitos essenciais para manejar os grandes desafios de gestão da mudança em ambas as organizações. Na organização fornecedora, esse desafio se manifesta de várias maneiras. Por exemplo, a subsidiária local do fornecedor geralmente não se envolve com a subsidiária local do cliente estratégico, e talvez até não tenha as competências e os recursos locais para oferecer apoio, mesmo que queiram. Portanto, sem investimento e desenvolvimento de capacidades no fornecedor local (que deve ser parte do caso de negócios), geralmente não é viável para o fornecedor local comprometer-se em apoiar a *key account*. A subsidiária local do cliente estratégico geralmente resiste à implementação da gestão de *key accounts*, na medida em que sua implantação for percebida como intervenção da sede e ruptura dos relacionamentos com o fornecedor local, que durante tantos anos serviram bem à organização. Resolver essas questões e promover o alinhamento necessário entre tantos países, fusos horários e culturas é difícil e demorado, demandando muita determinação e resiliência das partes envolvidas, para não mencionar os recursos financeiros consideráveis.

Simon Derbyshire, Vice-presidente
da Capgemini Saudi Arabia
*A Capgemini é líder global em serviços de
consultoria, tecnologia e terceirização*

O Quadro 8.1 resume as abordagens estratégicas à internacionalização da Figura 8.1.

QUADRO 8.1: Abordagens estratégicas à internacionalização

Orientação por canal	Com apetite para crescimento, mas com conhecimento limitado, a expansão internacional seletiva pode ser alcançada com a ajuda de agentes de vendas nos mercados escolhidos. No entanto, há dois possíveis problemas. Os clientes globais podem não concordar em tratar com terceiros e preferir formar parcerias com fornecedores que invistam capital nos mercados em que operam. Caso se aceitem terceiros como embaixadores da marca, a gestão desses terceiros deve ser robusta. Além de objetivos qualitativos e quantitativos para o parceiro de canal, talvez seja necessário promover arranjos de longo prazo, em acordos de licenciamento, que possibilitem a compra dos direitos de distribuição local do parceiro, quando o fornecedor optar por ter sua própria presença local, ou pagamento de indenização ao parceiro, se o fornecedor optar por sair do mercado. Os fabricantes de equipamento original (Original Equipment Manufacturer – OEM) sempre são cautelosos quanto ao risco de os parceiros serem oportunistas e receberem comissão por relativamente nada ou muito pouco. Os canais devem ser gerenciados com tanto cuidado quanto as subsidiárias. Se um fornecedor ajuda um distribuidor/agente a construir seu próprio negócio, investindo nas suas competências em marketing e vendas, é possível reforçar a confiança. Os agentes precisam desenvolver a motivação interna, tanto quanto os empregados. O cliente estratégico esperará que os agentes dos fornecedores ofereçam níveis consistentes de serviço e de representação da marca. Negócio é negócio, mas só o dinheiro não é suficiente para situações ganha-ganha duradouras.

CONTINUA ▷

Potencial global	A combinação apetite para o crescimento e gestores com conhecimento e experiência para vencer pode ser poderosa. Os clientes estratégicos podem ter a certeza de que onde quer que estejam e para onde forem, esse tipo de fornecedor estará a bordo. Como fazer isso? Constituir subsidiárias pode demorar muito e engolir caixa. As aquisições adequadas também podem tomar muito tempo, e serão dispendiosas, se o mercado estiver animado. As subsidiárias podem ser mais difíceis de gerenciar que os parceiros de canal. No entanto, um ator global precisa evitar a "armadilha da virtualidade", ou seja, não ter presença física em certos mercados, atuando apenas na internet, sem a sensibilidade necessária para captar a cultura e as condições do mercado local. Um portfólio equilibrado de subsidiárias, aquisições, agentes e sites locais abrangentes é uma hipótese, mas algumas empresas talvez prefiram um modelo de negócios uniforme, compatível com a sua cultura, e que até seja um fator característico da personalidade da marca.
Nicho local	Sem apetite para o crescimento e sem gestores com experiência internacional, realmente não faz sentido internacionalizar para atender a um cliente estratégico. Há alguns casos em que fornecedores de produtos ou serviços de nicho local podem fazer negócios com *key accounts* para servir num mercado local. Algumas categorias de alimentos e moda só interessam em mercados locais, ou determinadas exigências legais em um país podem demandar que um ator global use *expertise* local.
Exportador	Com apetite limitado para o crescimento mais gestores com habilidades em mercados não internos, a empresa pode beneficiar-se de exportações táticas para ampliar seu portfólio de clientes. Alguns clientes globais aceitam serem servidos em âmbito internacional por uma base em um mercado. Um exemplo óbvio é um varejista de alimentos multinacional comprar uísque irlandês. Nesse caso, ter base na Irlanda seria vantajoso. Os componentes para caixas de câmbio não têm exclusividade local, mas se um cliente global observar que determinada empresa tem o melhor produto, um fabricante e exportador local seria aceitável, se os riscos de interrupção do fornecimento por uma única fonte forem gerenciáveis. O esforço de exportação pode ser bem-sucedido com um website internacionalizado e atuação em ambiente de e-marketplace, ou comércio eletrônico. Muitas categorias de produtos são compradas e vendidas em âmbito internacional, sem muito contato pessoal. O preço do produto, a confiabilidade da entrega e a qualidade do produto em uso são tudo o que importa aos profissionais de compras. Se a frequência e o volume de negócios aumentar a complexidade do processo, talvez seja necessário alguma *expertise* para desenvolver o relacionamento.

Fonte: Adaptado de Baum; Schwens; Kabst (2012)

Com base no pouco que sabemos do estudo de caso da empresa IOQ, a orientação do canal pode ser a opção preferida.

O que ajuda no crescimento internacional?

> **!** *A situação em que uma* key account *quer levar determinado fornecedor para um novo mercado é uma das mais facilitadoras da expansão internacional, uma vez que o fornecedor, automaticamente, passa a ter poderosa fonte de referência e de entrada de caixa.*

A situação em que uma *key account* quer levar determinado fornecedor para um novo mercado é uma das mais facilitadoras da expansão internacional, uma vez que o fornecedor, automaticamente, passa a ter poderosa fonte de referência e de entrada de caixa. Evidentemente, os investimentos devem atender à subsidiária do cliente estratégico no novo mercado, mas eles também servirão para oferecer escopo geográfico mais amplo a outros clientes estratégicos e para atender a novos *prospects* no novo mercado.

O segundo melhor facilitador do crescimento internacional são outros tipos de elos na cadeia de fornecimento. As redes de fornecimento são muito complexas em numerosos setores. Por exemplo, no setor de tecnologia da informação, se um parceiro importante estiver planejando mover-se para um novo mercado, é bem possível que ele queira levar consigo coprodutores estabelecidos, provedores de serviços e fontes de *expertise*.

Elos relacionais

Muitos negócios dependem de redes pessoais. O LinkedIn é um enorme sucesso porque permite que as pessoas se mantenham em contato com toda a sua rede profissional. Quando as pessoas mudam de emprego, elas talvez queiram apresentar os fornecedores que conhecem e de que gostam ao novo empregador, e eles podem ter mudado para uma empresa ou divisão de negócios em outro país.

Mobilização rápida para excluir concorrentes

O meu mantra (inspirado pelo Special Air Service) é "Velocidade, Ambição e Surpresa". Uma estratégia de vendas bem concebida, implementada com rapidez, eficiência e eficácia se beneficiará do fator surpresa, que inibirá o avanço de qualquer concorrente.

Paul Beaumont, Diretor de Vendas Interino

O primeiro entrante em um novo mercado pode conquistar vantagem competitiva sustentável. Um fornecedor com um produto novo ou com um produto tradicional muito mais barato pode ser procurado por clientes potenciais de todo o mundo e precisar fazer escolhas sobre onde o interesse local justifica investimentos. As CSOs (Contract Sales Organizations), em contratos relativamente de curto prazo, podem ser muito úteis e ajudar muito na construção rápida de uma base de clientes na nova localidade. As CSOs também são capazes de contribuir para tornar os fornecedores mais flexíveis. Se as condições de mercado forem difíceis, as CSOs podem manter o foco em seu desenvolvimento. Se as condições de mercado forem favoráveis, o fornecedor pode procurar uma aquisição local ou usar empreiteiras para ajudar a recrutar vendedores locais e a montar um escritório local.

Competências dos key account managers

Operações internacionais não são para os fracos de coração. Como já analisamos, recrutar *key account managers* com pelo menos alguma consciência transcultural é essencial. A compreensão ampla da cultura de um novo mercado, inclusive a língua, é ainda melhor. Embora o inglês pareça a segunda língua de todo o mundo, seria realmente útil se algumas pessoas que têm o inglês como primeira língua fossem falantes proficientes de outras línguas. Se a sua empresa estiver fazendo negócios com a Siemens, é bom que o KAM seja alemão, para compreender melhor a empresa. Do mesmo modo, supõe-se que um americano teria mais sensibilidade para conhecer melhor o WalMart e sua cultura. As empresas não podem contornar suas obrigações legais para garantir igualdade de acesso a oportunidades de carreira, mas a compreensão profunda da cultura nacional, ética, religiosa, social e empresarial que influencia certos clientes estratégicos é consideração importante ao atribuir *key account managers* aos clientes. Quando as empresas não têm pessoas com mentalidade transcultural, talvez seja preferível trabalhar com CSOs ou com agentes de vendas com essas qualificações.

Flexibilidade

O conceito financeiro denominado "opções reais" tem sido aplicado à entrada em mercados internacionais. Resumindo, ele sugere o adiamento de um compromisso, até a redução da incerteza ou do risco de determinado investimento. Geralmente, alcança-se esse resultado trabalhando com parceiros, como CSOs, que estejam mais preparados para focar suas atividades na entrada em mercados e mais dispostos a devolver o relacionamento com os clientes ao seu cliente, quando este conquistar fatia de mercado sustentável.

Quando um cliente estratégico quer serviços em um novo mercado, talvez seja impossível evitar investimentos. No entanto, identificar e trabalhar com terceiros que possam suavizar e agilizar a entrada no mercado é uma maneira de atenuar possíveis erros e perdas. O cliente estratégico talvez já tenha uma rede de fornecimento constituída, e prefira ampliá-la com novos fornecedores. As habilidades em relacionamento e a flexibilidade operacional facilitarão a transição.

O que dificulta a internacionalização?

> A trajetória e a escala do desenvolvimento do mercado chinês, a cultura chinesa e o sistema de capitalismo de estado chinês criam condições que são intrinsecamente chinesas.
>
> Murphy; Li (2015, p. 116)

Começar como pura empresa de internet tem suas vantagens em termos de gestão de custos, e muitas marcas poderosas do século XXI devem seu sucesso a compromissos de longo prazo com e-channels, na década de 1990. As empresas, porém, não se mantêm virtuais para sempre. Alguns autores se referem à "armadilha da virtualidade", porque a compreensão profunda dos vetores subjacentes de mercados e clientes é difícil de alcançar por meio de canais eletrônicos impessoais. Alguns atores que só atuam na internet tornaram-se tão atraentes para clientes importantes a ponto de exigir investimentos em *key account managers*. Mudar o modelo de negócios ou gerenciar vários modelos de negócios é decisão de extrema importância para as organizações, que pode envolver mudanças culturais e investimentos significativos em pessoas e em ativos fixos. O argumento para a mudança deve ser convincente, bem compreendido em toda a empresa, e bem implementado.

> **!** *A compreensão profunda dos vetores subjacentes de mercados e clientes é difícil de alcançar por meio de canais eletrônicos impessoais.*

> As pessoas levam sua bagagem cultural com elas para onde vão – inclusive para o ambiente de trabalho.
>
> Jeanne Brett, Professora de Solução de Disputas e Negociações (*apud* KNIGHT, 2015)

Antes da chegada da ferrovia ao Reino Unido, as pessoas raramente se afastavam mais de cinco quilômetros do lugar onde haviam nascido, e os forasteiros da aldeia mais próxima eram vistos como alienígenas. Ao longo do século XIX, essas percepções foram superadas e as economias nacionais emergiram. A facilidade do comércio internacional e o advento da internet propiciaram o comércio global, mas o mundo ainda não é uma aldeia global.

Os vínculos relacionais contribuem para a expansão internacional, e a falta deles pode tornar a internacionalização muito difícil. Várias são as páginas de internet com exemplos de problemas de linguagem simples que tornam impraticáveis os *slogans* de propaganda e os nomes de marcas em algumas partes do mundo. Por exemplo, um carro denominado "Nova" pode sugerir "novo" em inglês, mas não dará certo na Espanha, onde "No va" significa "não vai".

No local em que uma empresa global fornece a uma empresa global, a equipe de *key accounts* pode ter mais de 200 pessoas, oriundas, talvez, de 40 nacionalidades diferentes. Já observamos que muitos profissionais que trabalham em empresas globais aceitam que a cultura da organização prevaleça sobre sua própria cultura local. Por exemplo, quem trabalha na IBM geralmente se vê como *IBMense* primeiro. As empresas também encorajam a formação de equipes transfronteiriças de clientes estratégicos, para desenvolver o próprio espírito de equipe ou até a própria subcultura dentro da cultura organizacional total, o que pode contribuir para a eficácia da equipe. Isso não é fácil de reproduzir em empresas menores ou em redes de negócios, mas é preciso pensar na busca de pontos em comum para discussões sociais, como esportes.

Considere seu próprio senso de pertencimento...

Por exemplo:

> **!** *Eu sou, primeiro e acima de tudo, inglês? Ou parte de uma comunidade global de profissionais de vendas? Ou embaixador da marca, em defesa dos valores da minha empresa? Ou eu sou, antes e sobretudo, fã do Bolton Wanderers? Ou eu me sinto mais orgulhoso como membro da minha grande família?*

Os leitores talvez estejam familiarizados com o vocábulo chinês "Guanxi" (a pronúncia anglicizada grosseira seria "Gwan-shee"). Guanxi, e redes pessoais semelhantes nas culturas orientais (ver Quadro 8.2), são diferentes das redes pessoais nas economias desenvolvidas do Ocidente, em que a história desses conceitos está enraizada nos tempos em que a sobrevivência dependia da troca de favores com amigos confiáveis e quando a lealdade à tribo ou ao grupo tinha de superar o individualismo. As trocas são pessoais, sociais e frequentes, e as obrigações não se limitam no tempo. As empresas ocidentais teriam dificuldade de engajar-se com essas redes sociais e manter os padrões de transparência e objetividade definidos pelos legisladores. A Bribery Act (Lei do Suborno) do Reino Unido proíbe qualquer distorção do comércio. A conectividade é muito importante em numerosas culturas de negócios, mas é preciso tomar cuidado para não supor que as redes locais atuam com base nos mesmos princípios que regem o marketing de relacionamento nos Estados Unidos ou no Reino Unido.

QUADRO 8.2: Exemplos de redes sociais informais com especificidades culturais

China	Guanxi
Oriente Médio	Wasta/Et moone
Tailândia	Boon Koon
Rússia	Blat
Japão	Kankei
Coreia	Kwankye

> **!** *O foco em cumprir a promessa comercial – entrega dos produtos, com certas especificações e padrões, em determinada data – é a primeira regra de construção da confiança, em qualquer lugar do mundo.*

Em países onde predominam costumes específicos sobre construção de relacionamentos, os pesquisadores insistem com os novos exportadores para que não tentem usá-los, uma vez que os erros são inevitáveis e prejudiciais. É interessante observar que eles sugerem manter o foco no cumprimento das promessas comerciais – bens e serviços, com certas especificações e padrões, em determinada data – é a primeira regra de reforço da confiança, onde quer que você esteja no mundo. No entanto, é aconselhável manter certa prudência na preparação para reuniões com clientes internacionais, que devem ser consideradas não como fontes de confusão e tensão, mas sim como oportunidade para o aprendizado de indivíduos e empresas. Eis uma *checklist* dos aspectos a considerar.

- O que usar – em dúvida, seja formal.
- Linguagem corporal – gesticulação, contatos visuais, expressões faciais, espaços interpessoais (proxêmica) e posições dos assentos variam entre as culturas. Na dúvida, seja conservador.
- Cumprimentos – a maioria das culturas exige algum tempo entre cumprimentos e apresentações.
- Linguagem – falar com clareza e simplicidade, sem jargão, é muito valorizado. Pense nos intervalos durante as conversas e no equilíbrio entre falar e ouvir. Dar ao cliente tempo para falar e oportunidade para demonstrar compreensão é muito importante. Do mesmo modo, faça uma pausa antes de responder às perguntas. É demonstração de respeito em muitas culturas.
- Humor – evite-o, até realmente conhecer o interlocutor.
- Os conceitos de tempo – "agora" e "logo" têm significados diferentes em culturas diferentes. Seja específico ao discutir prazos.
- Direto ao ponto e conversa fiada – a objetividade é altamente valorizada em algumas culturas e considerada indelicadeza grave em outras; mas, em todos os encontros de negócios, vale a pena tentar alguma conversa informal para construir o relacionamento. Não pergunte aos interlocutores o que você já deveria ter pesquisado, como o *status* profissional e pessoal. Presuma que, em geral, o *status* das pessoas é superior ao que parece óbvio.
- Lidar com conflitos – é muito difícil em qualquer cultura, mas é inevitável. Propor uma solução ganha-ganha para os problemas é crucial.

- Trabalho em equipe e liderança – as ideias sobre como trabalhar em equipe variam entre as culturas, e os *key account managers*, com equipes internacionais, precisam descobrir o que esperam os membros da equipe. Tratar as pessoas com justiça e mantê-las focadas no cliente e nos objetivos da empresa tendem a superar outras formas de pertencimento dos membros da equipe.

As primeiras reuniões são plataformas para predispor à simpatia e à empatia. Os elementos centrais de qualquer relacionamento de negócios são desempenho contratual, competências e boa vontade, mas a boa vontade é necessária antes das demonstrações de desempenho contratual e de competências. A Figura 8.2 é uma sinopse dos principais conceitos envolvidos.

FIGURA 8.2: Elementos individuais e organizacionais na construção da confiança do cliente

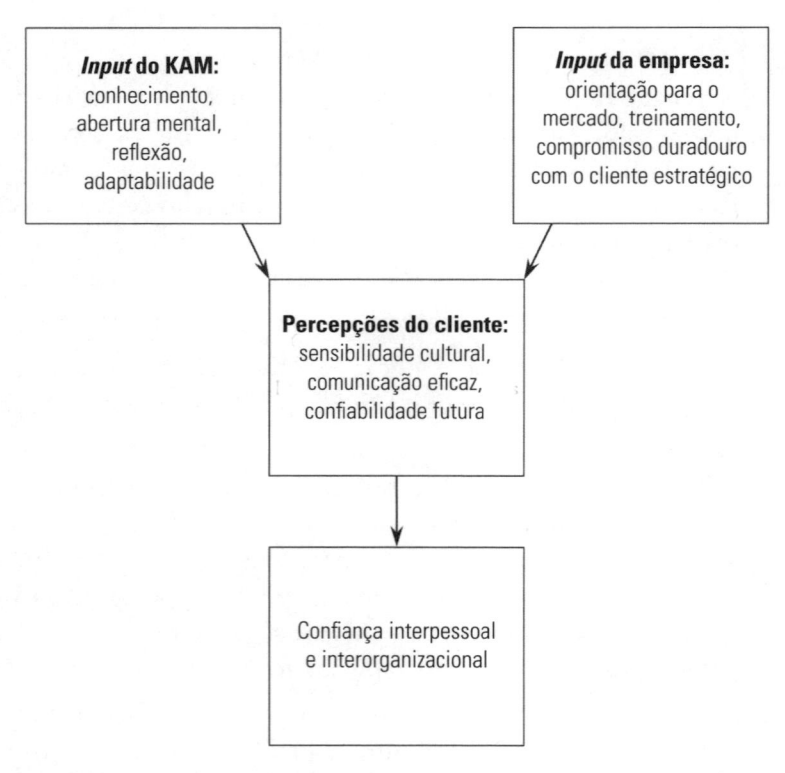

Input do KAM: conhecimento, abertura mental, reflexão, adaptabilidade

Input da empresa: orientação para o mercado, treinamento, compromisso duradouro com o cliente estratégico

Percepções do cliente: sensibilidade cultural, comunicação eficaz, confiabilidade futura

Confiança interpessoal e interorganizacional

Fonte: Adaptado de Harich e LaBahn (1998)

Na empresa do nosso estudo de caso, a IOQ, quanto mais distantes, em termos culturais, forem as subsidiárias da XYZ a serem servidas pela IOQ, maior será a probabilidade de que tenham de recorrer ao apoio de terceiros.

Lidar com as diferenças nas culturas nacionais é fundamental, mas quase sempre é questão contornada ou ignorada. Esse é um dos desafios que, em muitas organizações, se lança na caixa "difícil demais", mesmo nas que se consideram multiculturais. O KAM se originou entre as práticas de negócios ocidentais – e com isso me refiro a Estados Unidos e Europa Ocidental – e foi concebido como um dos mecanismos usados para operacionalizar o marketing de relacionamento, como resposta à globalização. É, portanto, um reflexo e uma conceituação de como as relações de negócios se desenvolvem nesse contexto ocidental. No que tem de melhor, o KAM fornece ricos *insights* sobre a organização do cliente e serve como plataforma de criação de valor para ambas as organizações. No que tem de pior, é um exercício simplista, de múltipla escolha, que agrega pouco valor. Fora do contexto ocidental, contudo, pode ser quase inútil, e até danoso, para o processo de desenvolvimento de relacionamentos.

Em muitos países fora do Ocidente – inclusive os do Oriente Médio, atravessando a Ásia e o subcontinente indiano, até chegar aos do Extremo Oriente – a natureza e a estrutura da sociedade são profundamente diferentes. O desenvolvimento de relacionamentos e suas obrigações, direitos e deveres são complexos e exóticos para os ocidentais. Em várias dessas sociedades, não há distinções perceptíveis entre relacionamentos pessoais/sociais e relacionamentos de negócios. É quase inconcebível que uma modalidade seja independente da outra, e um relacionamento pessoal ou social geralmente é pré-requisito para o desenvolvimento de um relacionamento de negócios. Esse tecido social, de estreita contextura, recebe diferentes nomes, em diferentes países: na China, é "Guanxi"; no Oriente Médio, "Wasta" ou "Etmoone"; na Tailândia, "Boon Koon"; e na parte asiática da Rússia, "Blat": em todos os contextos, não importa o nome, envolve vínculos sociais profundos, contratos psicológicos, direitos e deveres recíprocos, e outras obrigações diferentes, entre amigos e parceiros de negócios. No Ocidente, esses processos sociais geralmente são vistos com desconfiança e descartados como nepotismo, e até corrupção; mas essa reação é simplista, grosseira e preconceituosa, oriunda da ignorância, e propicia perdas de oportunidades para transpor o fosso. As organizações ocidentais mais exitosas encontram meios de se adaptar a essas diferenças culturais, sem comprometer as boas práticas de negócios éticos, uma vez que o valor para os negócios daí resultante pode ser considerável.

Certa vez, descrevi para um colega saudita os conceitos de KAM. Ele achou engraçado que precisássemos de um processo, gabaritos, planilhas e sistemas de TI para construir relacionamentos com os clientes, e perguntou: "Por que vocês simplesmente não conversam com os clientes e compreendem suas dores?".

As questões aqui abordadas geralmente se manifestam entre a organização da sede social da empresa multinacional do fornecedor e as empresas subsidiárias locais que geralmente são incumbidas da tarefa de fazer o KAM funcionar no contexto global. Muitas grandes empresas multinacionais extraem sua vantagem competitiva de seus processos de negócios globais, padronizados e industrializados, sem os quais suas organizações descambariam para o caos. Sua disposição e desejo de adaptar esses processos para se ajustar aos mercados locais e às necessidades culturais geralmente é nenhuma, porque, depois que você começa a se adaptar às necessidades locais, esses processos deixam de ser padronizados – perde-se a vantagem competitiva e se instala o caos. Para a empresa subsidiária local, isso talvez seja desmotivador, por saberem que a tarefa de que está sendo incumbida é em grande parte perda de tempo nesse contexto. A resposta para essa charada é geralmente criar um modelo híbrido que satisfaça a sede social, mas também funcione no local. Desde que os dois processos sejam transparentes e as relações entre eles sejam claras, daí pode surgir a base de um modelo elegante.

Simon Derbyshire, Vice-presidente
da Capgemini Saudi Arabia
A Capgemini é líder global em serviços
de consultoria, tecnologia e terceirização

A construção de relacionamentos é uma abordagem à redução de riscos ao operar em mercados desconhecidos e, evidentemente, é fator crítico do KAM. Um dos obstáculos a qualquer tipo de relacionamento de negócios é um preconceito comum em economia e em direito, segundo o qual é do interesse das partes de um acordo evadir-se de seus deveres ou ser oportunista em busca de vantagens, às expensas da outra parte. O objetivo dos contratos é impedir essas práticas. Se, porém, o contrato tiver de ser invocado, a confiança já se rompeu e os danos já ocorreram.

Todos os países têm sua parcela de organizações quase criminosas, passando por organizações lícitas. Normalmente, elas miram em consumidores vulneráveis, embora pequenas empresas de boa-fé também possam aparecer em seus radares. Em algumas economias em desenvolvimento, empresas exportadoras se preocupam com a pirataria de sua propriedade intelectual e outras violações da confidencialidade. Se seu novo parceiro internacional for a subsidiária de um cliente estratégico, isso dificilmente aconteceria. Mesmo que seja um novo agente potencial para servir a um cliente estratégico em novo território, o cliente potencial poderia ser útil em encontrar uma empresa adequada. Em outras situações, associações comerciais e órgãos do governo podem ser úteis ao sugerir maneiras de encontrar parceiros confiáveis. O oportunismo é um risco que sempre deve ser reconhecido e gerenciado. O risco é obviamente mais alto em mercados e em sistemas legais desconhecidos.

Uma estratégia centralizada de compras em grupo não é garantia de que todas as divisões ou localidades seguirão a mesma estratégia. Certa vez, consegui um contrato para toda a Europa com uma das principais marcas do mundo. No entanto, cada localidade (mais de cem) tinha seu próprio orçamento de manutenção; e as compras em grupo não podiam impor a maneira de aplicar os recursos disponíveis. Em essência, a política de grupo era só um conjunto de princípios norteadores. Você, por certo, não quer depender de planos de preços de grupo nesse tipo de situação. Pergunte sobre o escopo dos acordos e indague se a visão de compras central é compulsória ou opcional.

Exemplo de um *key account manager* experiente

Globalizar-se pode ser muito dispendioso, razão porque empresas menores geralmente iniciam seus empreendimentos internacionais em e-marketplaces, ou ambientes de comércio eletrônico. Isso é mais do que feiras comerciais on-line. A intenção é promover transações. O benefício para os fornecedores é que os novos clientes potenciais de todo o mundo possam encontrá-los e experimentá-los. No caso de desenvolver novos clientes estratégicos internacionais, os e-marketplaces são onde os novos fornecedores possam ser descobertos por novos compradores de empresas. Os compradores de empresas percebem que os e-marketplaces lhes dão acesso a novas fontes de fornecimento e os capacitam a gerenciar todas as fontes de fornecimento com mais eficácia em relação ao custo. Isso nem sempre significa foco na redução dos preços de compra. Os e-marketplaces devem ser uma vitrine do valor a ser oferecido pelos fornecedores. No Reino Unido, o Chartered Institute of Purchasing and Supply tem parceria com a Applegate, que foca em informações sobre mercados e em serviços de comércio eletrônico para profissionais de compras.

Em comparação com os custos de montar estandes em feiras comerciais no exterior e de fazer propaganda em vários países, os e-marketplaces também oferecem aos fornecedores melhores condições de aumentar a eficácia em relação ao custo. Como já mencionamos, os e-marketplaces podem levar à mobilização de CSOs (Contract Sales Organizations) ou ao recrutamento de *key account managers* onde surgirem oportunidades com potencial de longo prazo.

> ! *Em comparação com os custos de montar estandes em feiras comerciais no exterior e de fazer propaganda em vários países, os e-marketplaces também oferecem aos fornecedores melhores condições de aumentar a eficácia em relação ao custo.*

Equilibrando atividade e controle

Basicamente, como em qualquer caso de expansão de negócios, os gestores de uma empresa que quiserem servir a *key accounts* em vários países ou encontrar novos clientes estratégicos em outros países precisam controlar sua expansão, sem sufocá-la. A Figura 8.3 mostra as possibilidades e os riscos. A maioria das empresas quer assumir posições moderadas – controlar os recursos com intensidade razoável e expandir as atividades em ritmo razoável. As opções na Figura 8.3 são resumidas no Quadro 8.3.

FIGURA 8.3: Avaliando o risco de internacionalização

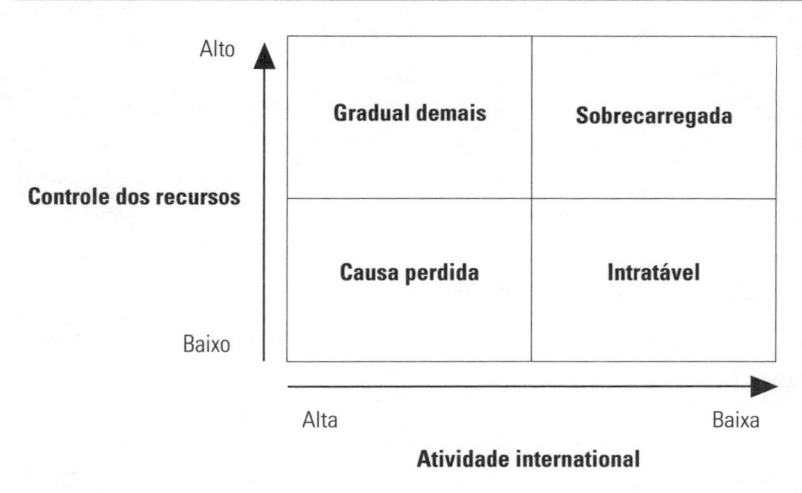

Fonte: Adaptado de Solberg (2012)

QUADRO 8.3: Avaliando o risco de internacionalização

Gradual demais	Se a internacionalização não for empreendida com rapidez suficiente, os concorrentes aproveitarão as oportunidades. A afirmação se aplica ainda mais aos clientes estratégicos. Os fornecedores que foram capazes de servi-los na mais ampla variedade de localidades terão maiores chances de conquistar fatia dominante da carteira.
Sobrecarregada	O alto controle de altos níveis de atividade pode parecer ideal, mas essa situação envolve riscos diferentes. Os custos fixos do controle, como subsidiárias ou pontos de fornecimento locais, podem ser um ônus, sobretudo se o cliente estratégico quiser apoio em mercados idiossincráticos, com poucas oportunidades de dispersão do portfólio de clientes na localidade.
Causa perdida	Se não houver impulso para a internacionalização, a empresa também pode reconhecer suas restrições e manter-se local. Isso também limitará o tipo e a variedade de clientes a serem considerados estratégicos.
Intratável	A consecução de altos níveis de atividade com o mínimo de controle provavelmente significa que os intermediários, como o agente de vendas ou o cliente estratégico, estão colhendo a maior parte dos benefícios.

Fonte: Adaptado de Solberg (2012)

Considerando nosso estudo de caso, IOQ, parece que todos esses riscos se aplicam. Eles precisam encontrar uma maneira de gerenciar muitas novas atividades internacionais, de maneira que seja consistente e pareça factível e plausível para a XYZ.

Recursos para a gestão de clientes globais

Depois de iniciar a jornada global com os clientes estratégicos, o desafio é persistir na iniciativa e ajustar a trajetória às condições do percurso. A mudança é constante na maioria dos ambientes de negócios, mas, ao operar em âmbito global, a probabilidade de mudanças súbitas em alguns mercados é maior. Portanto, é importante desenvolver capacidades que sejam úteis na gestão dos relacionamentos de negócios em escala mundial.

Avaliando possíveis mudanças no mercado

O sensoriamento do mercado e os *insights* dos clientes são fundamentais. Quanto maiores forem os seus conhecimentos e quanto mais você os reexaminar, maior será a probabilidade de que os riscos possam ser gerenciados. Algumas empresas globais são muito competentes em planejamento de cenários em vários mercados internacionais, estimando seu impacto provável e elaborando planos de contingência. A Figura 8.4 mostra um diagrama muito usado em planejamento de cenários.

FIGURA 8.4: Exemplo de diagrama usado em planejamento de cenários

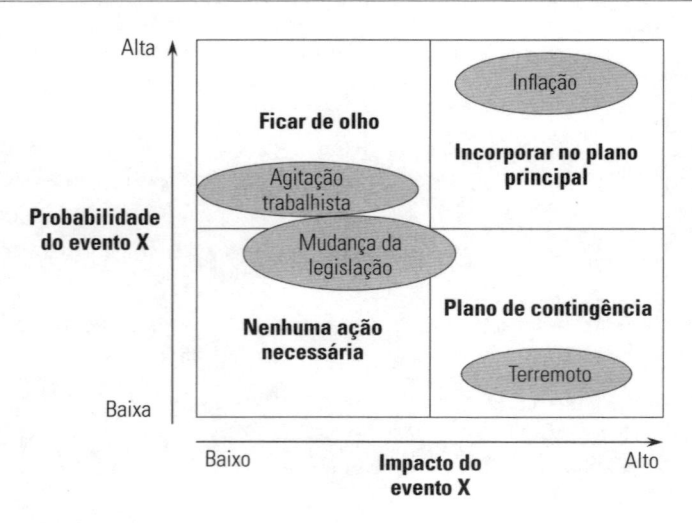

Fonte: Adaptado de Hillson (2002)

Nota: Os riscos/eventos podem ser positivos ou negativos, por exemplo, mudanças na legislação comercial podem ser de liberalização, o que poderia criar novas oportunidades.

Qual é a probabilidade de que X aconteça? Se acontecer, qual será o impacto? Quando se trata de fatores ambientais nos mercados internacionais, essas perguntas são críticas. O uso dessa ferramenta de análise pode levar à elaboração de planos principais para os cenários mais prováveis e de planos de contingência para os cenários de mais alto impacto.

O mesmo procedimento também pode ser aplicado a eventos dos clientes e a atividades dos concorrentes (isso nos leva de volta à análise subjacente aos planos para clientes, em geral, e à necessidade de cenários e simulações, como vimos no Capítulo 5).

> **!** *Prestar serviços integrados e consistentes e reconhecer as sensibilidades dos mercados locais podem ser poderosos recursos a oferecer.*

Criação de valor

Muitos clientes globais pedem serviços globais aos fornecedores, na expectativa de padronização de produtos, processos, serviços e preços nos mercados internacionais. Ao mesmo tempo, todo o propósito de ser um cliente estratégico é receber soluções customizadas. O cliente estratégico em si precisa estabelecer um equilíbrio entre padronização global e diferenciação local. Com efeito, prestar serviços integrados e consistentes e reconhecer as sensibilidades dos mercados locais podem ser poderosos recursos a oferecer, como já explicado por Simon Derbyshire, neste capítulo.

Reconfiguração

Também já mencionamos, neste capítulo, a teoria das opções reais. Com base em estudos recentes, reconhecemos o risco de a organização KAM se tornar tão burocrática quanto qualquer outra solução anterior. Nos mercados internacionais, a capacidade de mudar canais, rotas de fornecimento e termos contratuais tende a ser necessária e deve ser desenvolvida.

Pensamentos finais

Neste capítulo, examinamos:

- A vontade de globalizar-se com os clientes estratégicos ou de buscar novas *key accounts*.

- Os fatores capacitadores e inibidores da expansão internacional, inclusive a consciência cultural.
- O controle de fatores e riscos.

O KAM é, cada vez mais, um fenômeno internacional e/ou global, e empresas menores que planejam servir a clientes maiores devem estar preparadas para se globalizar com eles.

E agora, o que acontecerá com a IOQ?

Antes de tudo, ela precisa convocar todas as subsidiárias e parceiros já existentes, para testar todas as implicações de ser fornecedor global de clientes globais. Aí se incluem:

- Plano para alcançar a excelência nos processos, em todo o mundo;
- Gestão transcultural.
- Preparação para o volume de comunicações necessárias nas equipes de clientes globais, e com os clientes globais.
- Atenção para os detalhes na gestão do escopo do trabalho.
- Certeza de que os parceiros atuais e futuros aderem à oferta feita ao cliente estratégico.

O que aconteceu em algumas situações como essa é que fornecedores com mentalidade semelhante que atendem a um conglomerado global, ao se defrontarem com os mesmos desafios, aproximam-se e formam alianças, que, com o tempo, podem evoluir para fusões e aquisições.

LISTA DE TAREFAS

Considere quais dessas matrizes e checklists você pode usar para melhorar o seu potencial internacional.

Aprenda mais sobre a língua e a cultura do seu cliente estratégico.

Referências

BAUM, M.; SCHWENS, C.; KABST, R. Determinants of Different Types of Born Globals. In: GABRIELSSON, M.; KIRPALANI, V. H. (Orgs.). *Handbook of Research on Born Globals*. Cheltenham: Edward Elgar, 2012. p. 36–45.

HARICH, K. R.; LABAHN, D. W. Enhancing International Business Relationships: A Focus on Customer Perceptions of Salesperson Role Performance Including Cultural Sensitivity. *Journal of Business Research*, v. 42, n. 1, p. 87–101, 1998.

HILLSON, D. Extending the Risk Process to Manage Opportunities. *International Journal of Project Management*, v. 20, n. 3, p. 235–40, 2002.

KNIGHT, R. How to Run a Meeting of People from Different Cultures. *Harvard Business Review*, 4 dez. 2015.

MURPHY, W. H.; LI, N. Government, Company, and Dyadic Factors Affecting Key Account Management Performance in China: Propositions to Provoke Research. *Industrial Marketing Management*, v. 51, p. 115–21, 2015.

SOLBERG, C. A. The Born Global Dilemma: Trade-Off Between Rapid Growth and Control. In: GABRIELSSON E, M.; KIRPALANI, V. H. (Orgs.). *Handbook of Research on Born Globals*. Cheltenham: Edward Elgar, 2012. p. 57–70.

OS RISCOS DO KEY ACCOUNT MANAGEMENT (KAM)

9

Começamos este capítulo com um estudo de caso baseado em alguns exemplos reais de excesso de confiança em um cliente estratégico.

Wireless Devices Inc

A Wireless Devices foi fundada em 1910, produzindo peças para aparelhos de rádio. Logo desenvolveu negócios regulares com a KZQ Inc , importante fabricante de produtos de eletricidade. À medida que a demanda por aparelhos de rádio e outros itens de entretenimento doméstico se expandia e a KZQ Inc assumia a liderança do mercado na América do Norte e na Europa, a Wireless Devices também crescia, junto com o seu cliente poderoso. Ambas se tornaram grandes marcas de produtos industrializados. O relacionamento era cordial. O desenvolvimento de produtos conjuntos era normal. Com efeito, a KZQ ostensivamente desencorajou a Wireless de se diversificar para outros clientes e outros setores. E também se comportava de maneira semelhante com outros fornecedores de longa data. Como ator dominante na cadeia de fornecimento, ela acreditava que o sistema de marketing quase vertical de abastecimento de matériasprimas, até o cliente final, era desejável. Essa foi uma abordagem comum nos Estados Unidos e em partes da Europa, dos anos 1930 aos anos 1970.

Era algo semelhante ao sistema japonês *keiretsu*, de cadeias de fornecimento interdependentes, mas não tão formais.

Esse sistema depende de muita boa vontade. Também depende de relativa estabilidade econômica. À medida que a industrialização avançava no Extremo Oriente durante as décadas de 1980 e 1990, os acionistas passaram a esperar que as grandes empresas por eles financiadas encontrassem fontes de fornecimento de partes e peças mais baratas. Empresas como a KZQ tinham de negociar intensamente com os fornecedores domésticos ou acessar novos fornecedores em novos mercados, mesmo que fosse um tanto arriscado abastecer-se de componentes no outro lado do mundo. Ou podiam conciliar as duas soluções. Evidentemente, o processo precisava ser justo. Em breve ocorreria enorme exercício de reformulação das listas de fornecedores para uma nova geração de tecnologia, à qual somente uns poucos sobreviveriam. A Wireless Devices não estava acostumada a concorrer em escala tão grande. Durante muitas décadas, a fatia dos negócios destinada a um único comprador foi grande demais. A KZQ representava 30% do faturamento da Wireless. Num dia terrível de 2002, ela recebeu a informação de que não havia sido incluída na nova plataforma de tecnologia da KZQ. Não obstante o fato de a Wireless ter outros clientes e de ainda contar com alguns anos antes de liquidar todos os negócios em curso com a KZQ, o mercado de ações se tornou hostil à Wireless, percebendo sua não inclusão como fornecedor na nova plataforma de tecnologia da KZQ como indicador de falta de inovação. Em breve, a Wireless quebraria.

A Wireless Devices fazia negócios com a KZQ havia muitas décadas. Poucos eram os contratos formalizados, e não existia plano de saída. Alguns fornecedores na mesma situação processaram a KZQ em busca de indenização. A Wireless Devices foi comprada por um concorrente que havia sido bem-sucedido na licitação da KZQ para a seleção de novos fornecedores de sua nova plataforma tecnológica.

Analisamos os princípios do marketing em setores B2B e o conceito de KAM. Também examinamos a visão da profissão de compras, como fazer propostas de valor significativas, como planejar o sucesso de cada cliente estratégico, e como alocar recursos para o KAM na condição de competência para a empresa, inclusive o potencial para tornar o KAM internacional ou global. Muitos anos de melhores práticas e de pesquisas diligentes apoiam o KAM como abordagem positiva para a conquista de clientes importantes duradouros e lucrativos. O KAM, porém, não é panaceia para todos os desafios de vendas. O secretário da empresa deverá ter um registro de riscos a ser apresentado regularmente ao Conselho de Administração, para análise. É importante considerar alguns dos itens a serem incluídos nesse registro de riscos, em consequência da execução de estratégias para *key accounts*. Todos esses itens devem ser avaliados quanto à probabilidade de ocorrência e de seu impacto provável, para possibilitar decisões esclarecidas sobre a gestão de clientes estratégicos (ver Figura 9.1).

FIGURA 9.1: Modelo padronizado de gestão de risco (adaptado de vários modelos)

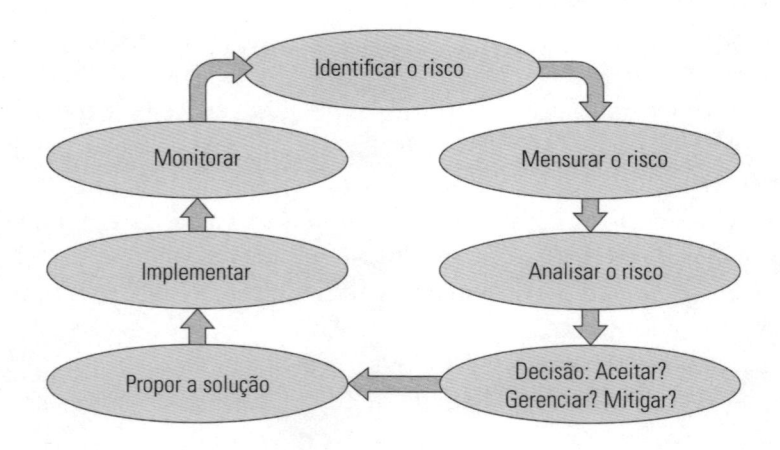

Riscos financeiros

Excesso de concentração de recursos em clientes estratégicos

Se um cliente representar mais de 10% do seu faturamento, há, por certo, motivos para muita preocupação. Nada haveria de inédito no fato de *key accounts* tradicionais, que se destacaram nessa condição durante décadas, mudar sua estratégia de compras e abandonar antigos fornecedores em situação de dependência. Um varejista notório era conhecido por encorajar os fornecedores a vê-lo como cliente estratégico dominante, até concluir que havia fontes de fornecimento mais baratas. Processo judicial subsequente demandando indenização não foi totalmente bem-sucedido, sob a alegação de que os fornecedores assumiram o risco de trabalhar em condições de quase exclusividade para o varejista. É fantástico conquistar e desenvolver negócios com um cliente estratégico, mas as capacidades resultantes desse relacionamento devem ser exploradas para ampliar o portfólio de clientes.

Como vimos no Capítulo 3, são vários os tipos de clientes, e muitos podem ser igualmente lucrativos. Alguns deles são os clientes estratégicos de amanhã. Portanto, para tranquilizar o Conselho de Administração, o diretor de vendas precisa gerenciar todo o portfólio de clientes, gerando novos negócios e desenvolvendo os clientes existentes, e é importante ter um plano de saída para todos os clientes estratégicos que representam proporção significativa do faturamento. Em geral, as empresas não querem a má publicidade que pode ser associada ao descarte de fornecedores tradicionais e à destruição de empregos. No entanto, mesmo assim, elas descartam fornecedores – que não fizeram nada errado, se assim exigirem as circunstâncias econômicas, se a tecnologia ficar superada, ou se o produto deles simplesmente sair de moda.

Usando o KAM nos lugares errados

Vale a pena notar que, em alguns setores industriais, a cultura não é favorável às parcerias. Se o distanciamento e até o antagonismo for o padrão no relacionamento fornecedor-cliente, não é impossível superá-lo, mas as empresas deverão ser muito seletivas. A maioria dos clientes poderá aceitar as vantagens do relacionamento especial e ainda assim jogar os fornecedores uns contra os outros, em busca de melhores condições. O KAM é investimento significativo no longo prazo e deve ser explorado em busca de melhores retornos.

Riscos legais

O risco das quase parcerias

> **!** *Os clientes é que, normalmente, são mais sensíveis a se tornar "cativos" de determinados fornecedores, mas os fornecedores também devem tomar cuidado para não se tornar "cativos" de determinados clientes.*

Os clientes é que, normalmente, são mais sensíveis a se tornar "cativos" de determinados fornecedores, mas os fornecedores também devem tomar cuidado para não se tornar "cativos" de determinados clientes. Embora cadeias de fornecimento com participações cruzadas coesas sejam muito normais no Japão (*keiretsu*), nos Estados Unidos e na maioria dos países da Europa Ocidental essa mesma estrutura é combatida pelas entidades de regulação e fiscalização, como prática anticompetitiva. Se não há *joint-venture* formal e as empresas estão promovendo o desenvolvimento conjunto de produtos, compartilhando processos e praticando *co-branding*, as empresas participantes devem atentar para o risco. Parcerias estreitas são fontes de inovação e redução de custos, mas qualquer compartilhamento de propriedade intelectual ou investimento conjunto deve ser estruturado de maneira legal.

> Embora pouco tenha sido divulgado a esse respeito, na imprensa ou na literatura, discussões em workshops entre executivos revelaram vários casos de empresas em estreita colaboração com clientes importantes que receberam "cartão amarelo" dos legisladores. Os órgãos de defesa da concorrência estão assumindo cada vez mais a posição de que a colaboração estreita entre comprador e vendedor pode ser anticompetitiva.
>
> Pierce; Lane (2006, p. 24)

"Distorção do comércio"

! *Algumas empresas estão ficando muito cuidadosas em relação a qualquer tipo de cortesia – e os fornecedores precisam ser muito sensíveis às políticas dos clientes.*

É muito comum para qualquer KAM levar o decisor de um cliente para almoçar ou jantar, quando a conversa se prolonga tarde afora ou noite adentro. Do mesmo modo, conjugar um seminário sobre um novo produto com um evento esportivo é oportunidade muito explorada para passar algum tempo com os clientes. No entanto, algumas empresas estão ficando muito cuidadosas em relação a qualquer tipo de cortesia – e os fornecedores precisam ser muito sensíveis às políticas dos clientes, e à legislação. No Reino Unido, qualquer distorção do comércio pode ser questionada por um concorrente, sob a forma de descontos, cortesias ou presentes. As percepções de distorção do comércio são muito contextuais. O patrocínio de eventos esportivos para todo um departamento, como evento anual regular, pode ser aceitável, enquanto uma refeição suntuosa para um executivo antes da assinatura de um contrato seria suspeita. Os elementos contextuais incluem momento, beneficiário, local, custo e teor das conversas. O bom senso deve prevalecer.

A maioria dos gerentes de compras é membro, ou *fellow*, do Chartered Institute of Purchase and Supply, e serão muito claros sobre a política da empresa referente às cortesias para eles ou para qualquer outro decididor.

> Trecho do código de conduta do CIPS:
>
> Reforçarei e protegerei os padrões da profissão [...] não aceitando cortesias ou presentes (além dos expressamente sancionados pelo meu empregador); não admitindo ofertas por parte de indivíduos interessados em influenciar minhas decisões de negócios.
>
> https://www.cips.org/Documents/About%20CIPS/CIPS_Code_of_conductv2_10_9_2013.pdf.

Os fornecedores, porém, devem evitar parecerem demasiado frugais. A maioria dos executivos não se sentiria à vontade depois de viajar durante horas para o evento de um fornecedor e ser recebida com nada mais do que café de máquina e sanduíches ensacados.

Riscos organizacionais

Falta de uma infraestrutura robusta para o KAM

Nos primeiros dias do KAM, os gerentes de compras frequentemente se queixavam de que, embora gostassem do *key account manager* de determinado fornecedor, eles observavam que ele ou ela tinha responsabilidade sem autoridade. Em outras palavras, o

KAM era a tia velha a quem se queixavam, mas não tinha poder na organização do fornecedor para fazer acontecer em favor do cliente. Agora, a maioria das empresas evoluiu e tem infraestruturas KAM em que a entrega de valor é dirigida pelo *key account manager*. No entanto, muitas empresas ainda estão tentando definir a estrutura certa para o KAM, em especial a gestão de clientes globais. Não é fácil quando as equipes de *key accounts* incluem várias funções, várias divisões de produtos e várias organizações de países. Como podem todas essas áreas chegar a um acordo quanto à entrega do mesmo alto padrão de produtos ou serviços, em todos os pontos de contato com o cliente estratégico? De alguma maneira, é preciso chegar a esse nível de excelência.

Não importa como seja o organograma, o princípio básico deve ser o de que os gerentes de clientes estratégicos devem ter contato regular com o Conselho de Administração, de modo a serem vistos como detentores de poder simbólico. A quantidade de *key accounts* pode ser um fator de quantos clientes estratégicos os membros do Conselho podem patrocinar com razoável nível de atenção. Outro princípio norteador poderia ser a otimização do tempo bem remunerado do *key account manager*. Se todo o tempo dele for destinado a apagar incêndios resultantes dos bloqueios organizacionais, algo deve estar errado na infraestrutura. O *design* organizacional precisa capacitar o KAM a ser "empreendedor" (em outras palavras, a facilitar a mudança interna de maneira empreendedora). Muitas empresas encontraram maneiras de acomodar o intraempreendedorismo no desenvolvimento de produtos e serviços. Também é necessário para o desenvolvimento de clientes.

> **!** *O princípio básico deve ser o de que os* key account managers *devem ter contato regular com o Conselho de Administração, de modo a serem vistos como detentores de poder simbólico.*

Perdendo o ponto

Nunca se esqueça de como é difícil para os *key account managers* e para os membros das equipes de clientes estratégicos atuar como embaixadores da marca da empresa junto às *key accounts* e como advogados dos clientes estratégicos perante a empresa. Esse papel "fronteiriço" sempre causa estresse, e os gerentes seniores devem ficar alertas e cautelosos em relação aos seus indícios. Há uma linha tênue entre o conceito positivo de *boundary-spanner* (uma espécie de relações públicas), em posição fronteiriça entre o fornecedor e o cliente, para alcançar os objetivos de ambos, e o conceito negativo de "ambiguidade de papéis". A ambiguidade de papéis ocorre quando as pessoas que se situam na fronteira com o cliente ficam confusas quanto ao que devem conseguir para cada *stakeholder*. Com base em muitas décadas de pesquisa, conhecemos a mensagem consistente dos estudos sobre produtividade de vendas — a ambiguidade de papéis produz efeitos negativos.

O papel da equipe de *key accounts* é, pela própria natureza, fronteiriço, exigindo que a equipe *venda* em duas direções — a venda óbvia dos serviços do empregador para o cliente estratégico, e talvez a venda menos óbvia dos benefícios do cliente estratégico para o fornecedor, internamente, na própria organização do empregador. Essa é uma dessas linhas tênues que precisam ser percorridas com cuidado, no contexto KAM, especialmente em relação à *venda* agressiva do cliente estratégico na organização do empregador. O excesso de zelo na defesa da *key account* internamente pode ser questionado com comentários do tipo "Lembre-se de quem é o seu patrão!" ou "Lembre-se de quem paga o seu salário!". Em casos extremos, a equipe de *key accounts* pode ser acusada de ter "desertado para o outro lado", no sentido de que perdeu a perspectiva e não mais está desempenhando o papel fronteiriço. Teriam, na verdade, se deixado influenciar demais pelo outro lado, assumindo a cultura e fazendo a política da organização do cliente estratégico; a única solução seria descartá-los e substituí-los.

Para evitar essa situação, a organização do fornecedor deve adotar um conjunto de freios e contrapesos. Aí se incluem reduzir os encargos de uma equipe pequena, expandindo a estrutura de governança ou adotando um modelo de governança de vários níveis. Reuniões de avaliação mensais com os altos executivos e sessões regulares de treinamento interno para tratar de novas ofertas e serviços que talvez sejam do interesse da *key account*, tudo ajuda a manter a equipe de clientes estratégicos ancorada e focada no objetivo primário, que é promover negócios lucrativos.

Simon Derbyshire, Vice-presidente
da Capgemini Saudi Arabia
A Capgemini é líder global em serviços de consultoria, tecnologia e terceirização

Perda de pessoal qualificado

Key account managers altamente qualificados não crescem em árvores, e perdê-los para um concorrente, por aposentadoria precoce, ou até por promoção dentro da empresa, deve ser registrado como risco e gerenciado de maneira adequada. É enorme o ônus para as empresas menores ao tentar recrutar KAMs. Em geral, suas marcas não são bastante fortes para atrair candidatos com as competências necessárias. Todavia, temos visto empresas recorrerem a terceiros, como agências de gestão temporárias e CSOs para mobilizar KAMs com rapidez e eficácia. A pessoa não precisa ser seu empregado direto para acreditar na sua marca e atuar como seu embaixador.

Riscos de marketing

Não usar o KAM para se diferenciar

Ficamos um pouco desanimados quando diretores de vendas nos dizem que a qualidade de suas vendas e a atividade de gestão de clientes provavelmente não são reconhecidas pelo cliente, de alguma maneira, como superiores às dos concorrentes. Se esse for o caso depois da implementação do KAM, alguma coisa ainda precisa ser feita. Obviamente, os clientes podem ter sua própria versão do KAM. No setor de TI, onde a maioria dos atores importantes têm *key account managers* altamente treinados, como pode o KAM de uma empresa ser diferente do de outra? Pode ser mais flexível, mais criativo, mais planejado, mais internacional ou mais responsivo. O KAM deve ajudar as empresas a superar os concorrentes. À medida que o KAM evoluía, do estágio de melhores práticas para o estágio de regra, os pioneiros do KAM melhoraram o próprio jogo. O KAM tem partes constituintes – grande variedade de ativos, processos e competências – e pode diferir entre as empresas pela combinação de componentes. A busca pela melhor combinação nunca cessa.

Incidentes críticos negativos

Quando algo dá errado com um cliente, a correção deve ser muito rápida. Ouvimos comentários de e sobre *key account managers* que dirigem os próprios carros, à noite, para terem condições de gerenciar a reação, fazendo pessoalmente a entrega urgente de uma peça, em vez de a deixarem por conta de terceiros. Encher as prateleiras do cliente estratégico com produtos dos concorrentes quando a produção ou entrega da sua empresa falhou é outro exemplo. O cliente estratégico, em troca do compromisso com um fornecedor estratégico, espera não enfrentar surpresas desagradáveis e desfrutar boas noites de sono. Ainda por cima, os decisores de compras esperam que os colegas os admirem por terem escolhido fornecedor tão confiável e eficaz. Quando a bem-aventurança estratégica entre o fornecedor e a *key account* se limita ao nível dos Conselhos de Administração, mas as equipes operacionais do cliente estratégico se sentem abandonadas pelo fornecedor, o relacionamento acaba nos tribunais.

Os incidentes críticos negativos (ICNs) são sempre um risco, mas o risco é maior quando se trata de *key accounts*. Mesmo que não haja publicidade adversa na imprensa comercial, nem implicações legais, já vimos em capítulo anterior como os decisores de compras anotam as opiniões alheias ao avaliarem um fornecedor potencial. O boca a boca negativo é tão destrutivo para os negócios quanto as mídias sociais para as marcas de consumo.

Ironicamente, a recuperação exitosa de um incidente crítico negativo pode convencer o cliente da sua credibilidade como fornecedor; portanto, os ICNs nem sempre são um desastre completo. Aceita-se que o inesperado acontece, sobretudo quando uma inovação está sendo empreendida. Se seu plano de contingência para fracassos for mais robusto que o dos concorrentes, ele pode ser atraente para os clientes.

A maioria das organizações adota um método visual para o registro de riscos, como mostra a Figura 9.2 – geralmente vermelho, âmbar e verde, em vez de tons de cinza, como aqui.

FIGURA 9.2: Registro de risco

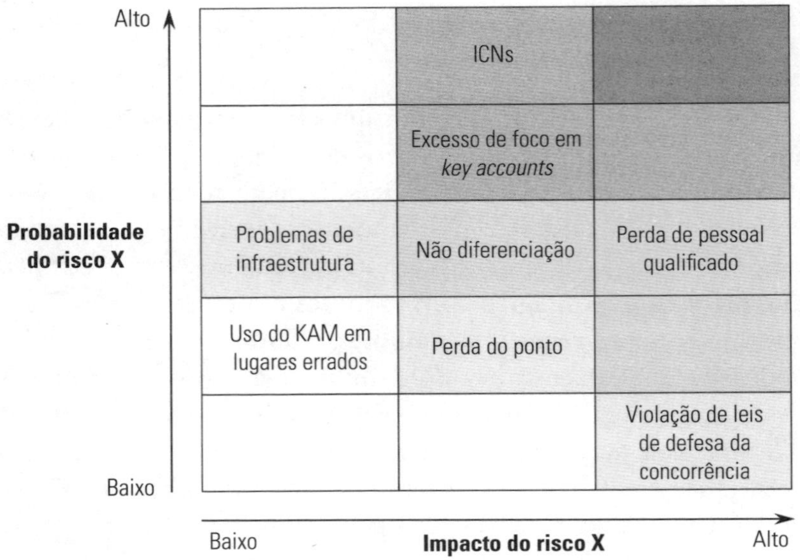

Fonte: Adaptado de Hillson (2002)

O KAM poderá sair de moda?

Alguns comentaristas de negócios especulam sobre o mundo pós-KAM, movido pela internet das coisas e pelas ferramentas de análise de clientes. A tecnologia existe efetivamente para monitorar tudo o que acontece na máquina do cliente ou em seu *outlet* de varejo, que pode alimentar outros sistemas de informação para gerar uma proposta de valor na tela do decisor certo, na hora certa. Evidentemente, as empresas devem investir para extrair o melhor da tecnologia, onde quer que possam mobilizá-la com eficácia e ao menor custo, e onde o cliente achá-la útil, em vez de frustrante e intrusiva.

Ouvimos gerentes de compras dizer: "Por favor, automatizem transações não essenciais e rotineiras". Sabemos que muitos deles têm pouco tempo para discutir questões filosóficas com os fornecedores. No entanto, quando os fornecedores efetivamente exercem certa "liderança intelectual" em sua categoria, eles podem conquistar o direito de exercê-la. Percebemos que o KAM avançou do foco na importância dos relacionamentos duradouros, na década de 1980, para o foco no valor comprovado, combinado com expectativas de inovação.

Sempre argumentamos que o KAM só existe quando o fornecedor compreende em profundidade as necessidades do cliente e pode oferecer valor específico, superior ao das ofertas dos concorrentes. É muito simples, mas muitas empresas ainda acham difícil descobrir ou desenvolver KAMs capazes de conversar com os altos decisores dos clientes sobre o *value-in-use* financeiro das soluções que se dispõem a oferecer. Admiramos a SKF, que pôs tantos milhares de exemplos do valor de uso de seus produtos em seu site: http://www.skf.com/uk/knowledge-centre/index.html.

Em 2011, lançou-se o conceito de "venda desafiadora" (Dixon; Adamson, 2011). Vários observadores do *hype* da mídia em torno do livro propuseram duas ideias. Primeiro, que vendedores que exploravam relacionamentos não eram bem-sucedidos; e, segundo, que somente os vendedores bem-sucedidos diziam aos clientes que eles estavam errados (isto é, desafiavam os clientes). Essas conclusões não eram justas com o livro, que explicava em profundidade as nuances da pesquisa. Percebemos que o conceito de venda desafiadora reforçava o *corpus* de conhecimento a sugerir que os *key account managers* devem tornar-se orientadores de confiança e, portanto, ter conversas difíceis com os clientes sobre como poderiam fazer melhor as coisas. Eles, porém, não adquiririam esse direito se não fossem bons construtores de relacionamentos. Obviamente, a construção de relacionamentos sem a discussão de questões estratégicas fundamentais sobre o uso de seus produtos pelo cliente não faria muito sentido.

> **!** *Há demanda duradoura e crescente por pessoas que compreendem as melhores práticas do KAM e que podem imaginar e implementar práticas ainda melhores.*

Assim, não vemos sinais imediatos de queda do KAM. Em tese, mesmo quando as pessoas trocavam ferramentas de pedra por contas e conchas, alguns clientes eram considerados mais importantes do que outros. Mesmo que todas as operações de compra e venda fossem concebidas por inteligência artificial, os fundamentos do KAM teriam de ser parte do programa. Para dizer o mínimo, o interesse crescente nas associações profissionais por vendas consultivas e a disponibilidade crescente de cursos de qualificação em vendas e gestão de clientes nas instituições de educação superior demonstram que há demanda duradoura e crescente por pessoas que compreendem as melhores práticas do KAM e que podem imaginar e implementar práticas ainda melhores.

Apesar dos riscos aqui analisados e os que ocorreriam em cenários específicos, entendemos que o KAM tem futuro, e esse é o tópico do nosso capítulo final.

Referências

DIXON, M.; ADAMSON, B. *The Challenger Sale: Taking Control of the Customer Conversation*. Nova York: Penguin, 2011.

HILLSON, D. Extending the Risk Process to Manage Opportunities. *International Journal of Project Management*, v. 20, n. 3, p. 235–40, 2002.

PIERCY, N. F.; LANE, N. The Hidden Risks in Strategic Account Management Strategy. *Journal of Business Strategy*, v. 27, n. 1, p. 18–26, 2006.

10

O FUTURO DO KEY ACCOUNT MANAGEMENT (KAM)

Gostaríamos de agradecer a nossos colegas Dr. Rodrigo Guesalaga, Ralph Baillie, Dr. Sue Holt, Kate Davies e Dr. Ian Speakman, cujo relatório "The Future of Key Account Management" forneceu inspiração para este capítulo. Também chamamos sua atenção para o apêndice deste capítulo, que relata nossas previsões para o KAM.

> Com a economia mundial em significativo estado de fluxo, a única certeza é a de que as coisas não serão monótonas nos próximos anos. O impulso contínuo para o desenvolvimento de negócios no comércio internacional e a abertura de novos mercados serão muito mais intensos. Para que esses empreendimentos sejam bem-sucedidos, será preciso concentrar mais esforço e foco no manejo de diferentes culturas nacionais e na adaptação adequada do KAM e do ABM.
>
> Simon Derbyshire, Vice-presidente
> da Capgemini Saudi Arabia
> *A Capgemini é líder global em serviços*
> *de consultoria, tecnologia e terceirização*

O ambiente de negócios sofreu vários choques nos últimos anos, e as maneiras de fazer negócios precisam mudar. Às vezes, é uma questão de melhoria contínua, e outras, as práticas de negócios precisam ser reconfiguradas rapidamente. É fácil dizer que a melhor estratégia para o crescimento dos negócios envolve a aplicação dos recursos certos às oportunidades certas, mas também precisamos de capacidades e processos para consolidar essas conexões. Evidentemente, essa colagem deve ser feita com "post-it", para que a empresa não se tranque em práticas que sobrevivem à sua utilidade.

As discussões sobre o futuro do KAM se enquadram em várias categorias. De longe, as questões levantadas com mais frequência se referem à maneira como se organiza o KAM. Muitas empresas tentaram divisões únicas para o KAM e várias formas de gestão matricial *hard* e *soft*. A última coisa que queremos é que o KAM seja uma hierarquia burocrática rígida, encastelada no topo de outras estruturas organizacionais, como divisões de produtos ou divisões regionais. As discussões sobre a definição e a redefinição de cliente estratégico também são populares. Isso está vinculado em parte a desenvolvimentos tecnológicos, como marketing baseado em clientes (Account-Based Marketing – ABM), mas também à internet das coisas (*Internet of Things* – IoT), que podem acrescentar novas possibilidades vibrantes à personalização ou customização automática. Mudanças no comportamento do comprador e o desafio constante de *cocriar* valor também são tópicos quentes. Posicionamos em último lugar essa categoria porque talvez seja onde se situa a maioria das incertezas. Se os clientes concluíssem que não há valor no KAM, ele morreria. Sentimo-nos encorajados por pesquisas sobre ciclo de vida, segundo as quais (embora o interesse de alguns clientes no KAM possa desvanecer) surgirão outros clientes que precisam de fornecedores estratégicos. Observamos que os princípios de responsabilidade, rastreabilidade e sustentabilidade nas cadeias de fornecimento estão participando cada vez mais das discussões da alta administração.

Organização do KAM

> Clientes estratégicos, servidos por equipes "exclusivas", são relativamente escassos, uma vez que poucos clientes exigem alto nível de recursos exclusivos. Ao mesmo tempo, a maneira mais comum de as empresas atenderem a clientes estratégicos é utilizar equipes "fluidas", que tendem a ter composição dinâmica, em vez de equipes exclusivas.
>
> Bradford *et al.* (2012)

É justo dizer que, para a maioria das empresas, as *key accounts* que demandam equipes exclusivas são poucas, mas, quando necessárias, elas são muitas. Nos fornecedores globais, que atendem a clientes globais, talvez com muitas organizações parceiras, vimos equipes de clientes estratégicos com mais de 200 pessoas. Esses membros de equipes precisam manter níveis consistentes de serviços ao cliente, ao longo de diferentes ambientes físicos, fusos horários e culturas, o que representa um enorme desafio de liderança a ser enfrentado pelo *key account manager*.

Assim sendo, devemos constituir uma Divisão de Key Accounts, ou é preferível adotar algum tipo de estrutura matricial? A primeira solução envolve o risco de criar uma organização burocrática e uma estrutura de poder concorrente, enquanto a segunda solução pode ser fonte de conflito e confusão, embora seu propósito seja exatamente resolver e eliminar esses problemas. Conversamos no Capítulo 7 sobre os desafios de enviar mensagens mistas aos empregados, que tentam fazer o melhor para o gerente de linha funcional, para o gerente regional e para o KAM. O Conselho de Administração precisa fornecer um referencial de compreensão e priorização. Onde houver conflito entre interesses concorrentes (o que nem sempre ocorrerá), qual é a prioridade? Muitas empresas decidiram – o cliente primeiro; depois, os interesses da função ou do produto; e o país em terceiro. Mas, evidentemente, são as exceções que confirmam a regra. Se o cliente fizer uma exigência que quebrará a empresa, nenhum gerente de cliente concordará com ela. É preciso adotar o espírito de conflito criativo para que a equipe de *key accounts* cultive ideias inovadoras. Qualquer pessoa que exerça papéis envolvendo gestão de clientes deve ser capaz de enfrentar alguma ambiguidade na vida de trabalho. O ambiente de negócios está sempre mudando; os clientes acompanham o ritmo do ambiente de negócios e precisam que os fornecedores também sejam agentes de mudança.

Um aspecto que constatamos exercer impacto significativo sobre o desempenho financeiro dos clientes estratégicos é que o envolvimento dos altos executivos é fundamental. Já analisamos esse aspecto no Capítulo 7. Vale, porém, repetir, pois é improvável que mude no futuro. Há quem defenda a necessidade de cada *key account* ter um alto executivo como patrocinador, ou pelo menos a empresa precisa de um subcomitê do Conselho de Administração para supervisionar os clientes estratégicos. Estudo de caso de Christoph Senn (2006) sugere que esse recurso é fator crítico para o crescimento rápido da fatia da empresa nas *key accounts*.

> As empresas que se empenham em promover um processo de envolvimento dos executivos podem beneficiar-se da intimidade com os clientes, algo difícil de copiar, o que, por seu turno, resulta em novas fontes sustentáveis de vantagem competitiva.
>
> Senn (2006, p. 27)

Surge, então, a questão – quantas *key accounts* qualquer membro do Conselho de Administração pode gerenciar? Provavelmente, não muitas – se o patrocínio tiver alguma profundidade. Convém notar que ser produtivo exige algum tipo de patrocínio executivo.

> O KAM floresce com mais viço sob um líder inquisitivo (i.e., que pergunta: "Qual é o problema?", "Como sabemos disso?", "O que podemos fazer?"), em vez de alguém que dita soluções com base na experiência passada.
>
> Guesalaga *et al.* (2016 p. 15)

Portanto, ao considerar quantos clientes estratégicos realmente temos, talvez a resposta seja – quantas *key accounts* o Conselho de Administração pode patrocinar? Se o Conselho algum dia perder o interesse pelo KAM, ou se sentir sobrecarregado ou amofinado, os problemas deletérios entre os departamentos que prestam serviços aos clientes estratégicos podem ressurgir. Esse clima destrutivo aumenta os custos de servir e agrava os riscos de os concorrentes identificarem a oportunidade de atrair seus clientes estratégicos.

No relatório Cranfield (Guesalaga *et al.*, 2016), os profissionais também mencionaram numerosas questões sobre o futuro, que analisamos nos capítulos anteriores. A demanda constante por *key account managers* que equilibrem o combate aos incêndios do presente com a elaboração da estratégia para o futuro; conciliem as metas financeiras de curto prazo com os objetivos relacionais de longo prazo; sejam o porta-bandeira do fornecedor perante o cliente e o porta-bandeira do cliente perante os colegas; desfrutem da credibilidade do chão da fábrica a fim de representá-lo perante o Conselho de Administração das duas organizações; atue como "intraempreendedor" e agente de mudança para o cliente e para seu próprio empregador impõe desafios que não se perdem no horizonte. Por isso é que o KAM precisa ter *status* de alto executivo, competências avançadas e um pacote sofisticado de ferramentas de avaliação e recompensa. Esses são os nossos argumentos. Também mencionamos a necessidade crescente de todos os membros da equipe de *key accounts* se considerarem integrantes da equipe de vendas, e a tendência de as equipes de clientes estratégicos transporem as fronteiras da empresa e percorrerem as cadeias e as redes de fornecimento. Esperamos que essas tendências se acentuem com o passar do tempo.

Definição de *key accounts*

O Capítulo 3 discute em detalhes como definir e selecionar as *key accounts*. As pesquisas sugerem enfaticamente que os erros de seleção são os primeiros indícios de fracasso dos programas KAM. Como mencionamos abaixo, o desafio de selecionar e resselecionar os clientes estratégicos com muita eficácia tende a aumentar no futuro.

A evolução do KAM também tende a desenvolver níveis crescentes de foco e especificidade, exigindo qualificações muito mais profundas do cliente, além da capacidade de clientes pré-qualificados de atender a critérios de atratividade. Isso é apenas um reflexo do fato de que o KAM exige investimentos para ser eficaz e exitoso na entrega do retorno almejado. Os recursos disponíveis para investimento são cada vez mais finitos, assim como a capacidade de desenvolvimento de relacionamentos profundos entre os executivos, em contextos significativos. Essa meta de poder de fogo, no contexto do KAM, provavelmente se enquadra na definição de marketing baseado em clientes (ABM).

Simon Derbyshire, Vice-presidente
da Capgemini Saudi Arabia
*A Capgemini é líder global em serviços
de consultoria, tecnologia e terceirização*

Mudança da tecnologia

Entre nossos colaboradores profissionais, o papel da tecnologia é, definitivamente, um "tópico quente". Somos muito gratos a Karen Bell pela análise a seguir, sobre como a tecnologia está afetando o KAM no setor farmacêutico.

O futuro do KAM

Na medida em que a indústria farmacêutica concentra mais o foco em pacientes e resultados para conquistar a aceitação de seus medicamentos pelo governo e pelas seguradoras, as empresas agora precisam considerar como se lembrar do paciente em todos os passos. Cada vez mais, elas devem demonstrar com clareza como seus medicamentos beneficiam os pacientes. Hoje, os *key account managers* precisam compreender as necessidades das organizações de compras e, de fato, as condições econômicas das instituições de saúde locais, com mais detalhes do que nunca. Eles devem ser capazes de elaborar um proposta de valor forte para uma faixa de *stakeholders* cada vez mais diversificada. Se não o fizerem, correm o risco de alienar esses clientes importantes, diminuindo o valor a ser agregado pelas empresas farmacêuticas.

No futuro, as empresas de maior sucesso empregarão, cada vez mais, pessoas não só competentes, mas também hábeis em se engajar facilmente com atores, fornecedores e clínicos, em ampla variedade de contextos, e que também transitem entre atividades de acesso ao mercado, de promoção de vendas e de desenvolvimento de serviços. Recrutar, desenvolver e reter esses indivíduos especiais é fator crítico na estratégia de vendas da empresa.

Cerca de metade dos atuais profissionais de saúde confia intensamente em canais digitais e remotos como fontes primárias de pesquisa e educação médica; por isso, é essencial que as empresas e seus *key account managers* atualizem seus métodos de interação com os clientes. Os KAMs do futuro deverão possuir ou desenvolver competências em tecnologia da informação e em ferramentas digitais, assim como habilidades em serviços remotos ao cliente. Sempre foi essencial influenciar com eficácia o pessoal administrativo e de suporte, pelo telefone, para ter acesso aos profissionais de saúde. Agora, cada vez mais, também é importante que os KAMs sejam eficazes no engajamento com profissionais de saúde, pelo telefone e em plataformas de detalhamento de medicamentos a distância, sobretudo com os profissionais de saúde que estejam menos familiarizados com as mídias de acesso remoto. A familiaridade com o detalhamento promocional remoto (por telefone), com o uso de plataformas digitais (como o WebEx) e com o coaching a distância de profissionais de saúde para engajar esses novos canais de entrega são competências essenciais que todos os *key account managers* terão de desenvolver em um futuro próximo.

É provável que, no futuro, também vejamos o desenvolvimento contínuo de gerentes híbridos de clientes estratégicos. A abordagem de vendas multicanal, ou híbrida, é uma mistura de detalhamento de medicamentos presencial e remoto, tipicamente com a distribuição flexível de um a dois dias por semana dedicados a atividades a distância, em função da disponibilidade dos clientes, em vez de estabelecer dias fixos para atividades presenciais e remotas. Os gerentes híbridos de *key accounts* também podem complementar suas atividades de detalhamento de medicamentos a distância com outros métodos de contato remoto, como remessa por e-mail de material promocional aprovado e sinalização a profissionais de saúde de recursos de educação médica ou de apoio a pacientes, para o que é essencial que antes se obtenham as permissões necessárias dos profissionais de saúde.

Gerentes híbridos de *key accounts* se tornarão cada vez mais comuns no futuro, mas só serão bem-sucedidos se as empresas desenvolverem e implementarem estratégias robustas para essa abordagem, considerando com cuidado os tipos de pessoas adequadas para essa função e promovendo treinamento e desenvolvimento contínuos. Tecnologia, sistemas e governança compatíveis também são indispensáveis para que todas as interações com os clientes sejam feitas de maneira adequada. O ideal é que todas as interações remotas com os clientes sejam registradas e monitoradas com regularidade, o que pode ser oneroso para muitas empresas.

A coexistência bem-sucedida de métodos presenciais e remotos de detalhamento de medicamentos e a abordagem mista "gerentes híbridos de clientes estratégicos" depende da seleção do tipo de entrega preferido pelo cliente. As empresas farmacêuticas precisam mapear com eficácia as preferências dos clientes e fazer visitas pelos canais escolhidos, usando ampla variedade de ferramentas e conteúdos digitais, assim como empregando adequadamente representantes ou propagandistas qualificados. Além disso, necessitam do apoio de tecnologia, de sistemas e de processos capazes de garantir que todas as visitas sejam efetuadas de maneira profissional e apropriada, sem infringir as regras do Código de Práticas setorial aplicáveis ao detalhamento de medicamentos a distância.

Mais importante, as empresas devem recrutar, treinar e desenvolver profissionais capazes de planejar e adotar, com facilidade, métodos multicanal em suas interações com o cliente, e de demonstrar confiança e proficiência na aplicação da tecnologia e na execução de visitas de vendas por meio de canais remotos de telefone e internet.

Karen Bell, Diretora de Desenvolvimento de Negócios da Ashfield, parte da UDG Healthcare plc

Ashfield, parte da UDG Healthcare plc, é líder global em serviços de comercialização para a indústria farmacêutica e de saúde, operando em duas amplas áreas de atividade: serviços comerciais e clínicos e serviços de comunicação. Foca no apoio a profissionais de saúde e a pacientes, em todos os estágios do ciclo de vida do produto.

A divisão dispõe de equipes de vendas para atendimento centralizado e domiciliar, comunicações sobre saúde, apoio a pacientes, auditoria, consultoria, informações médicas e gestão de eventos para mais de 300 empresas de saúde, e mais de 50 países. Para mais informações, visite: www.ashfieldhealthcare.com.

ABM movido a tecnologia

Embora tenhamos incluído um capítulo sobre ABM, convém refletir mais uma vez sobre a interdependência crescente entre KAM e ABM. O relacionamento entre marketing e gestão de clientes necessita de atenção gerencial estratégica.

O futuro do KAM depende de métodos de vendas mais movidos a conhecimento, que impactarão todos os estágios do processo: identificação de necessidades, demonstração do valor, fechamento do negócio. O marketing explora dados para engajar melhor o público, enquanto o KAM extrai conhecimento dos relacionamentos pessoais. O ABM conjuga o melhor desses dois mundos.

Primeiramente, o ABM possibilita que marketing e vendas colaborem em estruturas comuns, para identificar e classificar clientes estratégicos de maneira mais pragmática. E assim ajuda a caracterizar e analisar processos de compra complexos, cujos padrões e influências são exclusivos de cada cliente. Em consequência, é possível desenvolver estratégias mais eficazes para otimizar o engajamento do cliente e a alocação de recursos.

Os *key account managers* precisam sair de sua zona de conforto, vendendo além de seus contatos tradicionais. Para tanto, é necessário identificar novas necessidades, ao longo de diferentes linhas de negócios. O ABM fornece dados para promover essas atividades, captando sinais de compra de canais digitais, a fim de identificar com mais exatidão oportunidades potenciais que contribuirão para a estratégia total do cliente estratégico.

Finalmente, o ABM capacita os *key account managers* a diferenciar sua proposta de valor e a reforçar sua credibilidade, contando histórias realmente relevantes para cada tipo de cliente. Na era digital, os compradores são mais esclarecidos do que nunca, e preferirão recomendações dos pares ou mídias sociais aos discursos de vendas. Para os KAMs, conversar sobre seus desafios e contextos singulares será cada vez mais a chave do sucesso.

Cédric Belliard, Gerente de Marketing
de uma empresa de tecnologia global

A Strategic Account Management Association, que representa grande número de empresas globais, empregadora de *key account managers*, tratou recentemente dos efeitos da digitalização:

O futuro da gestão de clientes estratégicos e globais é talvez o tópico avulso a pressionar a mente dos profissionais e especialistas atuantes nesse campo que mais desperta sentimentos de entusiasmo, incerteza e preocupação, ao mesmo tempo. O motivo é a aceleração da mudança resultante do crescimento exponencial das tecnologias digitais. Em janeiro de 2017, a Strategic Account Management Association (SAMA) e o parceiro de pesquisa Kaj Storbacka, professor de mercados e estratégia da Escola de Negócios da Universidade de Auckland, publicou sua avaliação inicial do impacto das tecnologias digitais sobre a gestão de clientes estratégicos, em *The Digitalization Drive: Elevating Strategic Account Management*. Talvez o *insight* mais importante dessa primeira fase da pesquisa seja "a constatação de que as mudanças nas práticas de Strategic Account Management - SAM (gestão de clientes estratégicos) são induzidas não só pelo surgimento de novas tecnologias digitais, mas também, e ainda mais importante, pelas modificações na estratégia e nos modelos de negócios impulsionados pela digitalização. Em consequência, os programas SAM precisam ser elevados para uma função ainda mais estratégica: impulsionar a transformação estratégica capacitada pela digitalização, tanto dos fornecedores quanto dos clientes".

É como um membro da SAMA observou num estudo de pesquisa de 2016, da SAMA, "Changes and Predictions Affecting Strategic Account Management", as tecnologias digitais estão "mudando as regras do jogo" e afetando a natureza básica do relacionamento entre cliente estratégico e fornecedor. Os clientes hoje interagem através da internet e, no estilo *omnichannel*, adquirem informações e *insights* sobre fornecedores, produtos, serviços e fontes alternativas, onde podem bater papo, escolher, comentar e coletar imensa quantidade de dados, tudo antes de conversar com um fornecedor específico.

As implicações da digitalização forçam os programas SAM a redefinir-se em várias dimensões. A trajetória de mudança abrangente é que o *SAM está se tornando mais estratégico,* de fato fazendo jus, finalmente, ao seu rótulo. Entre as muitas novas avenidas de oportunidades que as tecnologias digitais oferecem às organizações KAM/SAM, destacam-se:

• O uso de análise avançada – em que seu valor real tem a ver com a criação de produtos e serviços mais valiosos.

- Tecnologias de automação – usando máquinas inteligentes, agentes autônomos, aplicativos algorítmicos; importante aplicação é o ABM, que considera e se comunica com cada cliente, prospectivo ou ativo, como mercado de um, em vez de espalhar os recursos de marketing com base em segmentos ou mercados. O ABM ajusta uma abordagem para cada cliente, com o objetivo de apoiar a jornada do cliente rumo à consecução de seus objetivos. Ferramentas e tecnologias como CRM, automação de marketing e análise avançada tornam o ABM muito mais escalável.
- Mudança de *valor de troca* para *valor de uso* – a ideia subjacente ao valor de uso assume que a criação de valor no mercado só acontece quando o cliente usa o produto ou serviço. Para KAM/SAM, isso implica a necessidade de integrar ainda mais esse conceito no processo de criação de valor para o cliente estratégico e de exaurir todos os dados que puderem ser usados para esse propósito.
- Expansão do ecossistema cliente-fornecedor – onde o SAM, como atividade transfronteiriça, precisa expandir sua visão, de relacionamento com o cliente para conjuntos mais complexos de organizações colaborativas.
- Interfaces de Programação de Aplicativos (Application Programming Interfaces – API). API é um conjunto de rotinas, protocolos e ferramentas para a construção de aplicativos de software – essencialmente, a maneira como um software pede a outro para executar um serviço. As APIs possibilitam aumento drástico na colaboração entre organizações. A disponibilidade generalizada de APIs foi um dos fatores que possibilitou a experiência da internet. Mais importante, as APIs possibilitam que muitas empresas criem negócios e inovem a taxas extraordinárias, compartilhando serviços com outras empresas.

Em relação às suas funções e atribuições, os *key account managers*, estratégicos e globais, precisam pensar em si mesmos menos como consultores de clientes e mais como facilitadores de comunicação. Ao participarem de mídias sociais e de outras plataformas, eles podem se conectar regularmente com os clientes e se preparar para novas oportunidades de criação de valor. As empresas precisam oferecer aos participantes de KAM/SAM (e suas equipes) oportunidades para desenvolver sua acuidade digital relacionada com vendas baseadas em valor.

A digitalização deprecia o valor da experiência e muda a natureza da *expertise*. O resultado é que as decisões de negócios se basearão menos na experiência (uma vez que as experiências não são muito comuns nessa nova era) e mais no que os dados e a análise correlata indicam. Talvez ainda mais importante, o papel de SAM e o processo de SAM devem ser desenhados de tal maneira a possibilitar a liderança dispersa em processos colaborativos; e os programas SAM precisam abraçar as oportunidades que as tecnologias digitais oferecem em termos de eficiência e eficácia.

Bernard Quancard, Presidente e CEO da Strategic Account Management Association (SAMA)

A SAMA é uma associação sem fins lucrativos, com mais de 10.000 membros em todo o mundo. A SAMA se empenha exclusivamente em ajudar a estabelecer a gestão de clientes estratégicos, especiais e globais como profissão, carreira e estratégia empresarial de valor comprovado para o crescimento dos negócios. Para mais informações, ver: www.strategicaccounts.org.

O uso das mídias sociais

Apesar de sua reputação popular de hospedagem do trivial, algumas plataformas de mídias sociais são adequadas para atividades de negócios. A maioria dos decisores se sente à vontade ao procurar contatos e ao trocar mensagens de negócios via LinkedIn. Isso sugere que são mais aplicáveis ao desenvolvimento de novos negócios do que a relacionamentos B2B maduros (ver Quadro 10.1); mas, como se vê na citação de Simon Derbyshire na página seguinte, os *key account managers* já estão usando as mídias sociais para melhorar seus resultados, e é possível que as mídias sociais se tornem um método implícito de escaneamento e comunicação de mercado para as novas gerações de KAMs.

QUADRO 10.1: Uso de mídias sociais

Propósito da comunicação	Uso de mídias sociais pelos *key account managers*.
Identidade	Ter presença que esclareça a identidade profissional.
Credibilidade	Apresentar valores e *expertise*, via participação em grupos, compartilhamento de postagens e criação de blog.
Conexão	Comunicar-se com decisores de *key accounts*, talvez com base em apresentações por conexões anteriores.
Retenção	Uso de mídias sociais como recurso de pesquisa, para compreender o que os clientes e os concorrentes estão fazendo.
Engajamento	Mesmo quando os relacionamentos mudam para reuniões face a face, as conexões em mídias sociais ainda devem ser mantidas. Verificar quando os contatos mudam de função nos clientes é importante.

Fonte: Adaptado de Lacoste (2016)

O futuro do KAM, como o futuro de muitas atividades de negócios, envolverá tecnologia de informação, digital e de mídias sociais. Um estudo do Aberdeen Group, de 2012, mostrou que 64% das equipes de vendas que usam mídias sociais alcançam seus indicadores-chave de desempenho (Key Performance Indicators – KPIs), em comparação com 49% das equipes de vendas que não usam mídias sociais em seus processos de vendas. As equipes de vendas que usam mídias sociais também apresentaram melhores taxas de renovação de clientes e maior exatidão nas previsões de vendas. Embora não seja KAM, isso por certo se tornará parte do futuro das equipes e organizações KAM, inclusive seus clientes.

Os grupos e usos de mídias sociais em negócios já estão acontecendo, com o intuito de compreender percepções e sentimentos, o que, por seu turno, está influenciando marcas, marketing, RP e estratégias promocionais.

Embora as mídias sociais ainda não estejam sendo usadas intensamente por *key account managers*, eu argumentaria que estamos diante de uma questão geracional. Nas organizações tanto do cliente estratégico quanto do fornecedor, há uma geração que começou a trabalhar antes da era dos computadores, para a qual as mídias sociais não são um meio natural de promover relacionamentos. À medida que os membros da Geração

Y amadurecem e exercem funções mais altas em KAM e no relacionamento com os clientes, o uso de mídias sociais e digitais será o padrão de fato. Esse fenômeno acelerará consideravelmente quando a Geração Z assumir o controle. Para ela, um mundo sem mídias sociais e digitais é completamente incompreensível, uma vez que a construção de relacionamentos com base nessas tecnologias é completamente natural e esperada.

Simon Derbyshire, Vice-presidente
da Capgemini Saudi Arabia

*A Capgemini é líder global em serviços
de consultoria, tecnologia e terceirização*

Debate em curso – o que é valor e como é compartilhado?

Nós realmente compreendemos o que é cocriação de valor?

Durante muitos séculos, os conceitos de valor eram simples. Alguém beneficiava alguma matéria-prima, agregava-lhe valor com as próprias competências e recursos, e vendia o produto no mercado. Daí resultaram as empresas industriais, movidas a produtos. Nos setores de tecnologia, se empresas enormes se afastavam dos clientes e não os atendiam com inovações, novas empresas entravam no mercado, inovavam conforme os desejos dos consumidores e se tornavam as novas líderes do mercado. Nos últimos 20 anos, os clientes passaram a se interessar mais pelo "valor de uso" dos produtos e se tornaram mais propensos a se engajar com os fornecedores em conversas sobre os produtos ou serviços que desejavam. Os consumidores podem ser consultados pela internet sobre novas faixas e conceitos de serviços, e milhares participarão desses debates.

Os conceitos modernos de valor são muito complexos. Os criadores de um modelo extremamente influente de criação de valor, que se associa à ideia de cocriação, estenderam recentemente sua teoria a estes cinco princípios:

1. Serviço é a verdadeira base de troca entre fornecedores e clientes. Isso não significa que as pessoas não comprem produtos, mas sim que elas os compram pelo que fazem, não pelo que são.

2. O valor é cocriado por muita gente, sempre incluindo seus beneficiários diretos. Em outras palavras, os clientes contribuem com as próprias qualificações para obter valor com as soluções que estão comprando. Por isso as negociações consideram a extensão do serviço prestado pelo fornecedor para mudar alguma coisa no negócio do cliente *versus* a extensão do risco operacional absorvido pelo cliente.
3. Todas as pessoas envolvidas no uso da solução, inclusive a rede de fornecimento, são partes do processo. Por isso as equipes de *key accounts* precisam ser transfuncionais e colaborar com equipes transfuncionais do cliente.
4. É a pessoa que se beneficia com o valor da solução que determina a extensão e profundidade do valor. Basicamente, o importante é percepção do valor de uso exclusivamente dos usuários, que pode ser muito diferente da visão de outros *stakeholders*.
5. A cocriação de valor é coordenada pelas organizações, seus empregados e seus processos.

Adaptado de: Vargo; Lusch (2016)

Durante muito tempo, entendeu-se que quando o fornecedor e o cliente estão investindo juntos é que realmente se sabe que o KAM está funcionando. Algumas situações de criação de valor B2B são extremamente complexas e podem ser muito duradouras – como a construção de uma usina elétrica. Nesse caso, a cocriação de valor não cessa até que o contrato seja rescindido; as instalações, desativadas e demolidas; e o terreno, reciclado. No caso da Tasty Pies, por exemplo, do Capítulo 5, as perspectivas de cocriação de valor por certo abrangeriam o marketing conjunto com o varejista e discussões abertas sobre reduções de custo e armazenamento em frigorífico, mas também poderia envolver o valor nutricional para o consumidor final, o valor da produção de carne para determinadas comunidades agrícolas e a facilidade de reciclagem da embalagem.

Embora sempre se argumente que valor é questão de percepção dos benefícios auferidos menos os custos de obtenção, há mais maneiras de criar e usar valor, e os *key account managers* devem continuar desenvolvendo suas competências para compreender as alternativas.

De uns tempos para cá, constata-se aumento na quantidade de estudos acadêmicos do que é denominado "lado escuro" dos relacionamentos de negócios estreitos. A dificuldade da gestão de relacionamentos de negócios nunca foi subestimada pelas partes envolvidas. Raramente visitamos uma empresa sem ouvir um exemplo de decisores de um cliente importante que exibem comportamento quase psicopático em comunicações e expectativas. E, evidentemente, a imprensa de negócios narra casos regulares de grandes empresas na cadeia de fornecimento que exploram fornecedores menores. É inevitável que em qualquer arranjo envolvendo duas ou mais partes ocorram dificuldades de adaptação e entendimento mútuos, para garantir que os benefícios duradouros do relacionamento prossigam sem contratempos. Os *key account managers* geralmente são hábeis em desarmar conflitos.

> Os relacionamentos de negócios não são em si bons ou maus, mas podem produzir efeitos positivos e negativos simultâneos. O lado escuro dos efeitos, assim que surge, pode ser útil, se as empresas forem capazes de promover o aprendizado eficaz. No entanto, a incapacidade de aprender e se ajustar nos relacionamentos de negócios pode contribuir para o aparecimento precoce de conflitos.
>
> Abosag; Yen; Barnes (2016, p. 7)

Há, porém, a tendência de os relacionamentos de negócios se deteriorarem com o passar do tempo. Durante a fase de crescimento, quando a situação avança com rapidez, não faltam incentivos para fornecedores e clientes se empenharem na eficácia do processo. O amadurecimento dos relacionamentos de negócios geralmente propicia oportunidades para retroceder, analisar os mercados e fazer novas demandas ao fornecedor incumbente, para justificar seu *status*. O contraste entre conflito construtivo e tolerável e conflito destrutivo e intratável é apresentado no Quadro 10.2.

A facilidade dos testes de mercado nos dias de hoje, de ampla disponibilidade de informações sobre fornecedores, acessíveis a um clique ou toque, significa que os fornecedores precisam ficar atentos. Onde quer que haja potencial de conflito e/ou óbvio desequilíbrio de poder ou dependência, o cuidado com a gestão do risco deve ser intenso e contínuo. Os clientes também precisam ter o escrúpulo de não praticar abusos de poder. Os fornecedores podem e devem descobrir maneiras de reconfigurar a rede da cadeia de fornecimento, e há, ainda, o risco para a reputação de ser percebido como cliente que promove negociações demasiado duras. Por isso, algumas marcas atraentes não fazem negócios com algumas cadeias de varejo, e algumas organizações recebem respostas decepcionantes a seus convites para licitações.

QUADRO 10.2: Contraste entre formas de conflito

	"Lado escuro" tolerável			"Lado escuro" intolerável	
Questão relacional	Necessidade de aprendizado	Problemas rotineiros	Tensão resultante de percepções de "relaxamento"	Ruptura da comunicação	Comportamento oportunista
Resposta	O fornecedor e o cliente se comunicam e se adaptam		Afastamento de atores-chave do relacionamento	Negociações e ameaças antagônicas	Potencial de rescisão e judicialização

Fonte: Adaptado de Abosag, Yen e Barnes (2016)

KAM em diferentes culturas

Dedicamos um capítulo à internacionalização do KAM. Observamos que a opinião pública nos Estados Unidos e na Europa demonstra, agora, profunda decepção com o globalismo. Essa tendência talvez leve as empresas a precisar marcar presença local em mais países e, por conseguinte, criar mais empregos locais e valorizar a cultura local.

Sustentabilidade e valores

Já vimos, neste livro, como determinadas organizações, apesar da sensibilidade ao preço, querem garantir que os fornecedores compartilhem valores comuns e se disponham a apoiar as comunidades em que operam. Embora tenhamos focado na necessidade de o KAM se justificar em termos de suas contribuições para o sucesso financeiro do cliente estratégico, é a maneira de vender que deve gerar vantagem para a reputação. Essa vantagem pode ser ampliada por outros valores da marca. Sabemos que sustentabilidade significa alguma coisa para organizações que compram de outras organizações, tanto que o Chartered Institute of Purchasing and Supply tem um índice de sustentabilidade.

> Desenvolvido por especialistas em compras, o CSI (Índice de Sustentabilidade do CIPS) é uma ferramenta de avaliação on-line abrangente, simples, rápida e eficaz da sustentabilidade ambiental, econômica e social [...] é a única ferramenta de mensuração independente e auditada disponível, capacitando os fornecedores a demonstrar suas credenciais de sustentabilidade e os compradores a conseguir informações essenciais sobre sustentabilidade, de maneira mais eficiente do que via questionários individuais longos e confusos.
>
> **Como comprador**, o CSI oferece-lhe melhor visão da cadeia de fornecimento e reduz o risco do seu fornecedor.
>
> **Como fornecedor**, o CSI ajuda-o a demonstrar excelência em sustentabilidade, no nível aprovado pelo setor, reforçando o compartilhamento de informações com os clientes e sustentando suas novas propostas de negócios.
>
> https://www.cips.org/en/cips-for-business/supplyassurance/cips-sustainability-index/

Devemos observar que a terminologia desse índice – fornecedores que podem defender "sua sustentabilidade ambiental, econômica e social", isto é, planeta, lucro e pessoas – oferece meios para os membros do CIPS reduzirem o risco do fornecedor. Não há nada novo nessa terminologia. O conceito de "triplo resultado" é atribuído ao trabalho de John Elkington, na década de 1990 (cf. ELKINGTON, 1998), mas é relativamente novo que essa abordagem à elaboração de relatórios empresariais desempenhe papel importante nas decisões de compra. Os *key account managers* precisarão de mais do que apenas acuidade financeira para explicar os três elementos desse novo paradigma popular.

Esse retorno ao conceito de valor conclui nossa exploração do futuro do Key Account Management. O KAM continuará avançando, principalmente porque os clientes o apreciam, mas o KAM terá de se adaptar e evoluir, como qualquer estratégia de negócios. Esperamos que, recorrendo a este livro conciso, você seja capaz de manter o seu programa KAM à frente das tendências de negócios.

E, finalmente...

Esperamos que você tenha gostado deste livro e que, agora, saiba um pouco mais sobre KAM do que antes de lê-lo. Receberemos de bom grado o seu *feedback*, através da editora, das mídias sociais, ou de resenhas em websites. Desejamos-lhe boa sorte em sua carreira.

Referências

ABOSAG, I.; YEN, D. A.; BARNES, B. R. What Is Dark About the Darkside of Business Relationships? *Industrial Marketing Management*, v. 55, p. 5–9, 2016.

BRADFORD, K. D. *et al*. Strategic Account Management: Conceptualizing, Integrating, and Extending the Domain from Fluid to Dedicated Accounts. *Journal of Personal Selling & Sales Management*, v. 32, n. 1, p. 41–56, 2012.

ELKINGTON, J. Partnerships from Cannibals with Forks: The Triple Bottom Line of 21st-Century Business. *Environmental Quality Management*, v. 8, n. 1, p. 37–51, 1998.

GUESALAGA, R. *et al. The Future of Key Account Management*. Bedford: Cranfield School of Management, 2016.

LACOSTE, S. Perspectives on Social Media and its Use by Key Account Managers. *Industrial Marketing Management*, v. 5, n. 4, p. 33–43, 2016.

SENN, C. The Executive Growth Factor: How Siemens Invigorated Its Customer Relationships. *Journal of Business Strategy*, v. 27, n. 1, p. 27–34, 2006.

VARGO, S. L.; LUSCH, R. F. Institutions and Axioms: An Extension and Update of Service-Dominant Logic. *Journal of the Academy of Marketing Science*, v. 44, n. 1, p. 5–23, 2016.

Apêndice 10.1

Dezenove anos atrás, em nosso livro *Key Account Management: Learning from Supplier and Customer Perspectives*, fizemos várias previsões sobre o futuro do KAM. No Quadro 10.3, refletimos sobre até que ponto acertamos.

QUADRO 10.3: Reflexões a respeito das nossas previsões
de 1998 sobre o futuro do KAM

Previsão de 1998	Grau de sucesso
"Bolos" de valor, em vez de cadeias de valor, isto é, receitas que misturam valor de diferentes fontes	As redes de fornecimento envolvem receitas muito mais complexas do que antes. Em especial, observamos como a gestão de *key accounts* nem sempre se relaciona com links vizinhos nas cadeias de transações, mas com outros atores da rede de fornecimento. Fornecedores menores geralmente têm que se associar a outras empresas para servir aos clientes estratégicos.
Associação profissional para a gestão de clientes	Para ser justo, a Strategic Account Management Association foi fundada em 1964. No entanto, na época, ela se concentrava nos Estados Unidos e agora é uma organização global, com quadro de afiliados muito mais extenso e ofertas muito mais amplas aos afiliados. A National Occupational Standards for Sales foi constituída, no Reino Unido, em 2005, com um dos autores deste livro (Beth Rogers) presidindo o *steering group* (grupo gestor). A Strategic Account Management Association, o Chartered Institute of Marketing e o Institute of Sales Management estão oferecendo certificados em vendas estratégicas e gestão de clientes. Recentemente, fundou-se no Reino Unido a Association for Professional Sales, que já fez contribuição imediata e positiva para a definição de padrões e qualificações profissionais. Também se constituiu na Europa a Association for Key Account Management (AKAM).
Mais foco no Key Account Management nas empresas	Os clientes estratégicos, no mínimo, tornaram-se mais poderosos e, portanto, requerem mais atenção estratégica. Já observamos neste livro que outras categorias de clientes também demandam recursos estratégicos. No entanto, em face de sua complexidade, o KAM deve receber apoio e atenção do Conselho de Administração.
KAM como meio de diferenciação	Os decisores de compras ainda relatam que alguns fornecedores são melhores em KAM do que outros. O nível está sempre subindo, e os profissionais de KAM devem continuar investindo em conhecimento e competências.
Cadeia de fornecimento ética – qualidade, rastreabilidade	Escândalos nas cadeias de fornecimento, como o da carne de cavalo no Reino Unido em 2013, levaram as marcas a serem mais responsáveis do que antes por toda a rede de fornecimento. O conceito de triplo resultado está angariando popularidade, e os profissionais de compra parecem propensos a esperar que os fornecedores concorram também em sustentabilidade, como elemento de valor.

CONTINUA ▷

Previsão de 1998	Grau de sucesso
Globalização dos relacionamentos fornecedor-cliente	Tendência ainda em curso, mas talvez esteja a ponto de reverter-se, na medida em que muitos eleitores em democracias se voltaram contra a globalização, por a perceberem como exportadora de empregos. Essa reversão pode deslocar o equilíbrio global/local nas grandes empresas, para a fabricação local e o abastecimento local.
Sofisticação do consumidor	A disponibilidade de informação na internet significa que os consumidores estão muito mais propensos a exercer o poder de compra individual e coletivo, e pressionarão as marcas em questões que lhes importam. Em setores de negócios, compras continua a deslocar mais recursos para a coleta de informações e tenta reduzir o tempo dedicado aos fornecedores.
Tecnologia da informação e automatização de processos	Essa foi uma previsão fácil. Agora, estamos adotando a internet das coisas, que tornará os processos ainda mais controlados por *gadgets*, sem intervenção humana. Isso pode ser ótimo para os fornecedores, que, com a permissão dos clientes, embutem sensores em produtos e usam os dados coletados para ajudar os clientes a usar os produtos com mais eficiência e a oferecer mais serviços com base em seus padrões de uso.
Compra inteligente	A profissão de compras de fato ampliou sua influência e competências. Também automatizou muitas *commodities*, liberando mais tempo para ter foco na estratégia.

Apêndice 1
As dez diretrizes de McDonald e Rogers para o Key Account Management (KAM) lucrativo

Há muito a digerir neste livro, mas se você se lembrar das dez diretrizes abaixo para o Key Account Management (KAM), seus resultados deverão melhorar:

1. Compreenda que KAM não é apenas supervendas, nem só gestão de vendas.
2. Selecione (e prepare-se para resselecionar) um pequeno número de clientes estratégicos.
3. Classifique as *key accounts* de acordo com o potencial de cada uma para ajudar sua empresa a crescer com lucratividade no período de planejamento.
4. Compreenda *em profundidade* as necessidades de cada cliente estratégico selecionado como organização e todas as necessidades profissionais dos *stakeholders* nesses clientes. O que eles estão tentando alcançar em seus mercados e como as suas capacidades se encaixam nesse processo ?
5. Classifique os seus clientes estratégicos de acordo com as forças relativas da sua empresa como fornecedor de cada um desses clientes, *em comparação com as forças de seus principais concorrentes como fornecedores desses mesmos clientes.*
6. Compreenda todo o seu portfólio do cliente e o use para equilibrar os riscos inerentes aos clientes estratégicos.
7. Estabeleça objetivos e estratégias realistas para aumentar suas vendas e lucros em todos os segmentos de clientes (calcule se o

total agregado dos objetivos e estratégias da *key account* criam valor para os acionistas).

8. Aplique a tecnologia para gerar *insights* sobre os clientes estratégicos e forneça-lhes serviços automatizados.

9. Desenvolva planos estratégicos para as *key accounts* selecionadas e teste-os quanto à robustez, usando simulações que antecipem as respostas dos concorrentes.

10. Garanta que os seus *key account managers* são altamente qualificados e dê-lhes a autoridade necessária, o apoio adequado de uma equipe de *key accounts*, e recompensas de curto e longo prazo, equilibradas com sensatez.

Adaptado de: WOODBURN; MCDONALD, 2012.
Key Account Management: The Definitive Guide.
Chichester: John Wiley & Sons, 2012.

Os altos executivos podem usar este questionário em reuniões com *key account managers*, e os KAMs, por seu turno, também podem usá-lo ao se prepararem para reuniões com altos executivos.

Até que ponto você conhece a sua *key account*?

Você conhece (escore de 1 a 10):

1. Proporção da sua empresa nos gastos totais da *key account* com produtos/serviços da sua categoria?
2. Saúde financeira da *key account* (retorno sobre o capital investido, índices de liquidez, etc.)?
3. Detalhes do plano estratégico da sua *key account*?
4. Processos de negócios da sua *key account* (logística, compras, fabricação, etc.)?
5. Clientes, segmentos e produtos da sua *key account*?
6. Quais dos seus concorrentes também fornecem ao seu cliente estratégico, e por que e como a sua *key account* os avalia?
7. Que atributos a sua *key account* valoriza nos fornecedores?
8. Quais são os custos de servir a sua *key account*?
9. O valor vitalício projetado da sua *key account*?
10. O risco de perder a sua *key account*, e os riscos de mantê-la?

Adaptado de: WOODBURN; MCDONALD, 2012.
Key Account Management: The Definitive Guide.
Chichester: John Wiley & Sons, 2012.

Apêndice 3
Artigos e pesquisas importantes sobre Key Account Management (KAM)

Para os leitores curiosos que gostariam de mais detalhes sobre pesquisas referentes a Key Account Management (KAM), aqui está uma lista de artigos acadêmicos acessíveis. Muitos deles são de visualização gratuita, via Google Acadêmico (Google Scholar) ou ResearchGate. Do contrário, o acesso exigirá o pagamento de pequena taxa ao editor do periódico.

ABRATT, R.; KELLY, P. M. Customer–Supplier Partnerships: Perceptions of a Successful Key Account Management Program. *Industrial Marketing Management*, v. 31, n. 5, p. 467–76, 2002.

AL-HUSAN, F. B.; BRENNAN, R. Strategic Account Management in an Emerging Economy. *Journal of Business & Industrial Marketing*, v. 24, n. 8, p. 611–20, 2009.

ATANASOVA, Y.; SENN, C. Global Customer Team Design: Dimensions, Determinants & Performance Outcomes. *Industrial Marketing Management*, v. 40, n. 2, p. 278–89, 2011.

BIRKINSHAW, J.; TOULAN, O.; ARNOLD, D. Global Account Management in Multinational Corporations: Theory and Evidence. *Journal of International Business Studies*, v. 32, n. 2, p. 231–48, 2001.

BLYTHE, J. Using Trade Fairs in Key Account Management. *Industrial Marketing Management*, v. 31, n. 7, p. 627–35, 2002.

BRADFORD, D. K. *et al.* Strategic Account Management: Conceptualizing, Integrating, and Extending the Domain from Fluid to Dedicated Accounts. *Journal of Personal Selling & Sales Management*, v. 32, n. 1, p. 41–56, 2012.

BREHMER, P. O.; REHME, J. Proactive and Reactive: Drivers for Key Account Management Programmes. *European Journal of Marketing*, v. 43, n. 7-8, p. 961–84, 2009.

CAPON, N.; SENN, C. Global Customer Management Programs: How to Make Them Really Work. *California Management Review*, v. 52, n. 2, p. 32–55, 2010.

DAVIES, I. A.; RYALS, L. J. A Stage Model for Transitioning to KAM. *Journal of Marketing Management*, v. 25, n. 9-10, p. 1027–48, 2009.

DAVIES, I. A.; RYALS, L. J. The Effectiveness of Key Account Management Practices. *Industrial Marketing Management*, v. 43, n. 7, p. 1182–94, 2014.

FRIEND, S. B.; JOHNSON, J. S. Key Account Relationships: An Exploratory Inquiry of Customer-Based Evaluations. *Industrial Marketing Management*, v. 43, n. 4, p. 642–58, 2014.

GEORGES, L.; EGGERT, A. Key Account Managers' Role within the Value Creation Process of Collaborative Relationships. *Journal of Business to Business Marketing*, v. 10, n. 4, p. 1–22, 2003.

GOSSELIN, D. P.; BAUWEN, G. A. Strategic Account Management: Customer Value Creation Through Customer Alignment. *Journal of Business & Industrial Marketing*, v. 21, n. 6, p. 376–85, 2006.

GOSSELIN, D. P.; HEENE, A. A Competence-Based Analysis of Account Management: Implications for a Customer-Focused Organization. *Journal of Selling & Major Account Management*, v. 5, n. 1, p. 11–31, 2003.

GOUNARIS, S.; TZEMPELIKOS, N. Key Account Management Orientation and its Implications: A Conceptual and Empirical Examination. *Journal of Business to Business Marketing*, v. 20, n. 1, p. 33–50, 2013.

GOUNARIS, S.; TZEMPELIKOS, N. Relational Key Account Management: Building Key Account Management Effectiveness Through Structural Reformations and Relationship Management Skills. *Industrial Marketing Management*, v. 43, n. 7, p. 1110–23, 2014.

GUENZI, P.; GEORGES, L.; PARDO, C. The Impact of Strategic Account Managers' Behaviors on Relational Outcomes: An Empirical Study. *Industrial Marketing Management*, v. 38, n. 3, p. 300-11, 2009.

GUENZI, P.; GEORGES, L.; PARDO, C. Relational Selling Strategy and Key Account Managers' Relational Behaviors: An Exploratory Study. *Industrial Marketing Management*, v, 36, n. 1, p. 121–33, 2007.

GUENZI, P.; STORBACKA, K. The Organizational Implications of Implementing Key Account Management: A Case-Based Examination. *Industrial Marketing Management*, v. 45, p. 84–97, 2015.

GUESALAGA, R. Top Management Involvement with Key Accounts: The Concept, its Dimensions, and Strategic Outcomes. *Industrial Marketing Management*, v. 43, n. 7, p. 1146–56, 2014.

HARVEY, M.; MYERS, M. B.; NOVICEVIC, M. M. The Managerial Issues Associated with Global Account Management: A Relational Contract Perspective. *Journal of Management Development*, v. 22, n. 2, p. 103–29, 2003.

HARVEY, M. G. *et al*. Global Account Management: A Supply-Side Managerial View. *Industrial Marketing Management*, v. 32, n. 7, p. 563–71, 2003.

HENNEBERG, S. C. *et al*. Value Dimensions and Relationship Postures in Dyadic "Key Relationship Programmes". *Journal of Marketing Management*, v. 25, n. 5–6, p. 535–50, 2009.

HOLLENSEN, S. Global Account Management (GAM): Two Case Studies Illustrating the Organizational Set-Up. *Marketing Management Journal*, v. 16, n. 1, p. 245–50, 2006.

HOMBURG, C.; WORKMAN Jr. J. P.; JENSEN, O. A Configurational Perspective on Key Account Management. *Journal of Marketing*, v. 66, n. 2, p. 38–60, 2002.

IVENS, B. S.; PARDO, C. Are Key Account Relationships Different? Empirical Results on Supplier Strategies and Customer Reactions. *Industrial Marketing Management*, v. 36, n. 4, p. 470–82, 2007.

IVENS, B. S.; PARDO, C. Key-Account-Management in Business Markets: An Empirical Test of Common Assumptions. *Journal of Business & Industrial Marketing*, v. 23, n. 5, p. 301–10, 2008.

JEAN, R-J *et al*. Drivers and Performance Implications of International Key Account Management Capability. *International Business Review*, v. 24, n. 4, p. 543–55, 2014.

JONES, E. *et al*. Key Accounts and Team Selling: A Review, Framework, and Research Agenda. *Journal of Personal Selling & Sales Management*, v. 25, n. 2, p. 181–98, 2005.

JONES, E. *et al*. Developing a Strategic Framework of Key Account Performance. *Journal of Strategic Marketing*, v. 17, n. 3–4, p. 221–35, 2009.

LACOSTE, S. Perspectives on Social Media and its Use by Key Account Managers. *Industrial Marketing Management*, v. 54, p. 33–43, 2016.

MARCOS-CUEVAS, J. *et al*. Implementing Key Account Management: Intraorganizational Practices and Associated Dilemmas. *Industrial Marketing Management*, v. 43, n. 7, p. 1216–24, 2014.

MCDONALD, M.; MILLMAN, T.; ROGERS, B. Key Account Management: Theory, Practice and Challenges. *Journal of Marketing Management*, v. 13, n. 8, p. 737–57, 1997.

MONTGOMERY, D. B.; YIP, G. S. The Challenge of Global Customer Management. *Marketing Management*, v. 9, n. 4, p. 22–29, 2000.

NÄTTI, S.; HALINEN, A.; HANTTU, N. Customer Knowledge Transfer and Key Account Management in Professional Service Organizations. *International Journal of Service Industry Management*, v. 17, n. 4, p. 304–19, 2006.

NÄTTI, S.; PALO, T. Key Account Management in Business-To-Business Expert Organisations: An Exploratory Study on the Implementation Process. *Service Industries Journal*, v. 32, n. 11, p. 1837–52, 2012.

NÄTTI, S.; RAHKOLIN, S.; SARANIEMI, S. Crisis Communication in Key Account Relationships. *Corporate Communications: An International Journal*, v. 19, n. 3, p. 234–46, 2014.

OJASALO, J. Key Account Management at Company and Individual Levels in Business-To-Business Relationships. *Journal of Business & Industrial Marketing*, v. 16, n. 3, p. 199–220, 2001.

OJASALO, J. Key Account Management in Information-Intensive Services. *Journal of Retailing & Consumer Services*, v. 9, n. 5, p. 269–76, 2002.

PARDO, C. *et al.* Unpicking the Meaning of Value in Key Account Management. *European Journal of Marketing*, v. 4, n. 11–12, p. 1360–7, 2006.

PIERCY, N.; LANE, N. The Underlying Vulnerabilities in Key Account Management Strategies. *European Management Journal*, v. 24, n. 2, p. 151–62, 2006.

PRESSEY, A. D.; GILCHRIST, A. J.; LENNEY, P. Sales and Marketing Resistance to Key Account Management Implementation: An Ethnographic Investigation. *Industrial Marketing Management*, v. 43, n. 7, p. 1157–71, 2014.

RICHARDS, K. A.; JONES, E. Key Account Management: Adding Elements of Account Fit to an Integrative Theoretical Framework. *Journal of Personal Selling & Sales Management*, v. 29, n. 4, p. 305–20, 2009.

RYALS, L. Profitable Relationships with Key Customers: How Suppliers Manage Pricing and Customer Risk. *Journal of Strategic Marketing*, v. 14, n. 2, p. 101–13, 2006.

RYALS, L.; DAVIES, I. A. Where's the Strategic Intent in Key Account Relationships? *Journal of Business & Industrial Marketing*, v. 28, n. 2, p. 111–24, 2013.

RYALS, L.; HOLT, S. Creating and Capturing Value in KAM Relationships. *Journal of Strategic Marketing*, v. 15, n. 5, p. 403–20, 2007.

RYALS, L.; ROGERS, B. Holding Up the Mirror: The Impact of Strategic Procurement Practices on Account Management. *Business Horizons*, v. 49, n. 1, p. 41–50, 2006.

RYALS, L.; ROGERS, B. Key Account Planning: Benefits, Barriers and Best Practice. *Journal of Strategic Marketing*, v. 15, n. 2–3, p. 209–22, 2007.

SALOJÄRVI, H.; SAARENKETO, S. The Effect of Teams on Customer Knowledge Processing, *Esprit De Corps* and Account Performance in International Key Account Management. *European Journal of Marketing*, v. 47, n. 5–6, p. 987–1005, 2013.

SALOJÄRVI, H.; SAINIO, L. M.; TARKIAINEN, A. Organizational Factors Enhancing Customer Knowledge Utilization in the Management of Key Account Relationships. *Industrial Marketing Management*, v. 39, n. 8, p. 1395–402, 2010.

SHARMA, A. Success Factors in Key Accounts. *Journal of Business & Industrial Marketing*, v. 21, n. 3, p. 141–50, 2006.

SHARMA, A.; EVANSCHITZKY, H. Returns on Key Accounts: Do the Results Justify the Expenditures? *Journal of Business & Industrial Marketing*, v. 31, n. 2, p. 174–82, 2016.

SHI, L. H. *et al.* Executive Insights: Global Account Management Capability – Insights From Leading Suppliers. *Journal of International Marketing*, v. 13, n. 2, p. 93–113, 2005.

SHI, L. H. *et al.* Global Account Management Strategies: Drivers and Outcomes. *Journal of International Business Studies*, v. 41, n. 4, p. 620-38, 2010.

SHI, L. H.; WU, F. Dealing with Market Dynamism: The Role of Reconfiguration in Global Account Management. *Management International Review*, v. 51, n. 5, p. 635–63, 2011.

STORBACKA, K. Strategic Account Management Programs: Alignment of Design Elements and Management Practices. *Journal of Business & Industrial Marketing*, v. 27, n. 4, p. 259–74, 2012.

SULLIVAN, U.Y.; PETERSON, R. M.; KRISHNAN, V. Value Creation and Firm Sales Performance: The Mediating Roles of Strategic Account Management and Relationship Perception. *Industrial Marketing Management*, v. 41, n. 1, p. 166–73, 2012.

SWOBODA, B. *et al.* Does Centralising Global Account Management Activities in Response to International Retailers Pay Off? *Management International Review*, v. 52, n. 5, p. 727–56, 2012.

TOULAN, O.; BIRKINSHAW, J.; ARNOLD, D. The Role of Interorganizational Fit in Global Account Management. *International Studies of Management & Organization*, v. 36, n. 4, p. 61–81, 2006.

TZEMPELIKOS, N.; GOUNARIS, S. Approaching Key Account Management from A Long-Term Perspective. *Journal of Strategic Marketing*, v. 21, n. 2, p. 179–98, 2013.

TZEMPELIKOS, N.; GOUNARIS, S. Linking Key Account Management Practices to Performance Outcomes. *Industrial Marketing Management*, v. 45, p. 22–34, 2015.

VANHARANTA, M. J. P. *et al.* The Reflexive Turn in Key Account Management: Beyond Formal and Post-Bureaucratic Prescriptions. *European Journal of Marketing*, v. 48, n. 11–12, p. 2071–104, 2014.

WAGNER, E. R.; HANSEN, E. N. A Method for Identifying and Assessing Key Customer Group Needs. *Industrial Marketing Management*, v. 33, n. 7, p. 643–55, 2004.

WENGLER, S. The Appropriateness of the Key Account Management Organization. *Journal of Business Market Management*, v. 1, n. 4, p. 253–72, 2007.

WENGLER, S.; EHRET, M.; SAAB, S. Implementation of Key Account Management: Who, Why, and How?: An Exploratory Study on the Current Implementation of Key Account Management Programs. *Industrial Marketing Management*, v. 35, n. 1, p. 103–12, 2006.

WILSON, K.; WOODBURN, D. The Impact of Organisational Context on the Failure of Key and Strategic Account Management Programmes. *Journal of Business & Industrial Marketing*, v. 29, n. 5, p. 353–63, 2014.

WINTER, S. G. Understanding Dynamic Capabilities. *Strategic Management Journal*, v. 24, n. 10, p. 991–95, 2003.

WOODBURN, D.; WILSON, K. (Orgs.). *Handbook for Strategic Account Management*. Chichester: John Wiley & Sons Ltd, 2014.

WORKMAN, J. P.; HOMBURG, C.; JENSEN, O. Intraorganizational Determinants of Key Account Management Effectiveness. *Journal of the Academy of Marketing Science*, v. 31, n. 1, p. 3–21, 2003.

ZUPANCIC, D. Towards an Integrated Framework of Key Account Management. *Journal of Business & Industrial Marketing*, v. 23, n. 5, p. 323–31, 2008.

ZUPANCIC, D.; MÜLLNER, M. International Key Account Management in Manufacturing Companies: An Exploratory Approach of Situative Differentiation. *Journal of Business to Business Marketing*, v. 15, n. 4, p. 455–75, 2008.

Índice

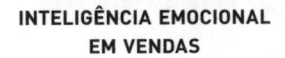 

MITOS DA GESTÃO
Stefan Stern, Cary Cooper
TRADUÇÃO *Afonso Celso da Cunha Serra*

MITOS DA LIDERANÇA
Jo Owen
TRADUÇÃO *Afonso Celso da Cunha Serra*

NEUROMARKETING
Darren Bridger
TRADUÇÃO *Afonso Celso da Cunha Serra*

OS SONHOS DE MATEUS
João Bonomo

PETER DRUCKER: MELHORES PRÁTICAS
William A. Cohen, PhD
TRADUÇÃO *Afonso Celso da Cunha Serra,*
Celina Pedrina Siqueira Amaral

RECEITA PREVISÍVEL
Aaron Ross & Marylou Tyler
TRADUÇÃO *Celina Pedrina Siqueira Amaral*

TRANSFORMAÇÃO DIGITAL
David L. Rogers
TRADUÇÃO *Afonso Celso da Cunha Serra*

VIDEO MARKETING
Jon Mowat
TRADUÇÃO *Afonso Celso da Cunha Serra*

Este livro foi composto com tipografia Bembo e impresso
em papel Off-White 90 g/m² na Assahi.